토머스 머튼

생애와 작품

토머스 머튼: 생애와 작품

Something of a Rebel: Thomas Merton-his life and works

초판 발행: 2005년 11월 24일
저자: 윌리엄 H. 셰논(William H. Shannon)
역자: 오방식
발행처: 은성출판사
등록: 1974년 12월 9일 제9-66호
ⓒ 2005 은성출판사
전화: (02) 477-4404
팩스: (02) 477-4405
주소: 서울시 강동구 성내1동 538-9번지
homepage: www.eunsungpub.co.kr

한국어 출판 및 판매에 관한 모든 권한은 본 출판사가 소유하고 있습니다. 출판사의 사전 서면 허락 없이 상업적인 목적으로 번역, 재제작, 인용, 촬영, 녹음 등을 할 수 없음을 알려 드립니다.

ISBN: 89-7236-336-7 33230
Printed in Korea

Originally edition published by St. Anthony Messenger Press, 1615 Republic Street Cincinnati, OH 45210-1298, USA, Copyrightⓒ 1997 by W. Paul Jones.

Something of a Rebel

Thomas Merton
His Life and Works, An Introduction

William H. Shannon

토머스 머튼

생애와 작품

윌리엄 셰논 지음
오방식 옮김

목차

목차 / 7
한국 독자들을 위하여 / 9
서문 / 13
제1장 토머스 머튼의 생애 / 23
　1. 수도원에 들어가기 전 / 23
　2. 수도승 생활 / 57

제2장 머튼은 현대에 적절한 인물인가? 아니면 시대에 뒤떨어졌는가? / 85

제3장 머튼 갤러리: 저술에 나타난 주제들 / 99
　1. 내면성, 내면을 위해 외치기 / 116
　2. 기도: 내면을 향한 여행 – 관상적인 영성 / 124
　3. 하나님: 숨겨진 사랑의 근원 / 138
　4. 인간의 정체성 / 146
　5. 공동체(인격들의)와 집합체(개체들의) / 158
　6. 내면적 진실의 표현으로서 자유 / 164
　7. 비폭력Nonviolence / 176
　8. 선禪 / 190

제4장 머튼 도서관, 무엇을 먼저 읽을까? / 197
  1. 『칠층산』 / 209
  2. 『요나의 표적』 / 226
  3. 『아무도 섬은 아니다』 / 232
  4. 『새 명상의 씨』 / 239
  5. 『죄인된 방관자의 억측』 / 245
  6. 『선과 맹금』 / 249
  7. 『아시아저널』 / 251
  8. 자 다음은?―편지, 일기, 그 밖의 작품들 / 256

에필로그 / 261
머튼의 저작들 / 265

한국 독자들을 위하여

나의 책이 한국독자들에게 소개되어 무척 기쁩니다.
나는 여러 해 동안 겟세마니 수도원의 유명한 수도승의 글을 읽고, 그에 대하여 글을 써왔습니다. 그런 내가 머튼에게서 받은 수많은 감동 중에 하나를 꼽는다면, 머튼은 기쁨이 충만한 사람이었다는 점입니다. 머튼에게 있어서 생명과 믿음은 당연히 주어지는 것으로 여길 수 없는 놀라운 하나님의 선물이었습니다. 그는 모든 실재 안에서 숨겨진 사랑의 근원으로서의 하나님을 체험하였고 그것을 인간의 언어로 표현하려고 계속 노력했습니다. 그러나 한편 머튼은 단순히 인간적인 언어로 하나님을 파악하는 것이 불가능하다는 것과 인간의 말의 한계를 잘 알고 있었습니다. 그러나 그는 그것을 시도하는 노력을 멈추지 않았습니다.
머튼은 특별한 은사들을 가지고 있었습니다. 심오한 지혜를 소유했으며, 글을 놀랍게 쓰는 재능이 있었습니다. 그는 인간 상황이 가진 예측

불허의 변덕스러움을 탁월하고 놀라운 인식력을 가지고 명확히 표현하는 능력을 가졌습니다. 절망과 경쟁하는 희망, 사랑과 미움, 소외와 진정한 사귐. 그는 인간의 마음 깊은 곳에 들어가서 우리가 들을 때까지, 우리가 표현하고자 애쓸지라도 우리 안에 숨겨져 있고 우리가 묻지 않았던 질문들을 수면 위로 떠오르게 해주었습니다. 내가 믿기로 머튼은 창의적으로 사고하는 자는 아니었습니다. 하지만, 그는 매우 창의적으로 종합하는 능력을 가진 사람이었습니다. 그는 아직까지 어떤 사람도 보지 못했던 방법으로 여러 가지를 함께 묶을 수 있는 능력을 가졌습니다. 그는 사람들이 가지고 있는 하나님과 기도, 인간의 삶에 대한 인식을 어떻게 새로운 수준으로 끌어 올릴 수 있을 것인가를 잘 알고 있었습니다. 머튼은 삶은 살기 위한 것이며 이 삶 속에서 우리는 하나님과 참된 자아를 발견한다는 것을 보여 줄 수 있었습니다. 우리는 사람들을 발견하며 긍휼과 관심을 가지고 상처 입은 세상을 돕기 위하여 손을 내뻗는 것을 배웁니다.

내가 말하고자 하는 것을 요약하는 단순한 방법은 "그의 글들을 통하여 머튼은 당신과의 대화로 들어 갈 것이다. 그는 당신에게 자신에 대하여 말할 것이며 당신은 그 안에서 거울에 비춰는 당신 자신뿐만이 아니라 모든 사람을 볼 것이다."라고 말하는 것입니다. 머튼이 "내가 쓰는 모든 책은 내 자신의 인격과 양심의 거울이다"라고 했습니다. 그는 자서전을 쓰고 우리는 거기서 우리 자신의 전기를 발견합니다. 왜냐하면 그는 살아있는 인간 내면의 깊은 곳을 파고들기 때문입니다. 그의 말들은 그의 시대의 사람들에게 감동을 줄 뿐만이 아니라 오는 시대의 사람들에게도 계속해서 영향을 미칠 것입니다. 그는 한 시대의 사람들뿐만

이 아니라 공통적인 인류에게 말하는 우주적인 사람이 된 평범하지 않은 소수의 그룹의 사람들에 속합니다(그 그룹은 아씨시의 프란시스와 같은 인물을 포함합니다). 토머스 머튼은 가톨릭교회신자가 되었고 미국시민이 되었지만 그렇다고 가톨릭교회나 미국에만 속하지 않았습니다. 전 인류의 종교전통들이 그의 기름진 마음에 스며들어서, 계속 확장하는 우주성을 가진 그 자신의 믿음과 헌신을 풍성하게 했기 때문입니다. 인류의 삶과 운명이 이 사람을 감동시키고 그가 세계 시민이 되도록 만들었습니다.

나는 머튼이 선한 한국 사람들에게 환영을 받을 것을 확신하며 여러 가지 모양으로 머튼의 목소리를 전달하는 오방식 교수의 노력에 감사드립니다.

2005년 9월 8일 윌리엄 셰논

서문

내 생각에 윌리암 셰논William H. Shannon을 묘사하는 많은 단어들—사제, 교수, 저술가, 피정 인도자, 교목—중 가장 그에 어울리는 묘사는 '예수의 제자'이다. 뉴욕 주 로체스터 교구의 신부인 셰논은 그의 모든 성년의 삶을 나사렛 대학교에서 학생들을 가르치고 양육하는 데 바쳤다. 학교를 은퇴한 후에는 나사렛 대학 캠퍼스에 위치한 성 요셉 자매회의 지도신부로서 가르치고 저술하며 피정을 인도해오고 있다.

책과 성화, CD, 머튼과 관련된 수많은 서적과 다양한 물품들로 가득한 그의 서재(그의 책들은 거실에서부터 복도에까지 들어차 있다!)에서 몇 시간을 보낼 수 있는 행운을 가진 사람은 매우 학식있고 거룩하며 (나는 이 단어를 쉽게 사용하지 않는다) 평화로 가득한 사람과 깊은 교제를 나누는 셈이다. 그는 자기 삶 속에 깊은 기도와 평화에 대한 열망, 자신이 만나는 모든 사람에 대한 개방성, 그리고 예리한 아일랜드식 위트를 지닌 사람이다.

지금은 고인이 된 트라피스트 수도승 토머스 머튼에게서 셰논은 자신과 비슷한 정신과 영혼을 발견했다. 머튼의 삶과 글에 대하여 상세히 아는 사람은 별로 없을 뿐 아니라, 그리스도의 제자가 되는 것이 무엇을 의미하는지 이해하는 데 머튼이 얼마나 중요한지를 아는 사람은 더더욱 없다. 셰논은 오랜 기간 동안 머튼의 저작을 접하며 많은 출판물들을 펴냈다. 그는 평화와 사회 행동주의에 관한 머튼의 글 모음집을 발간했을 뿐 아니라, 머튼의 편지들을 모아 엮어내는 편집장으로도 활약했다. 또한 『토머스 머튼의 어두운 길』 Thomas Merton's Dark Path 과 머튼을 이해하는 데 아주 도움이 되는 훌륭한 전기 『고요한 램프』 Silent Lamp 를 저술하기도 했다.

이 책은 지금까지 전혀 머튼과 만나지 못했던, 나이가 들거나 젊은 모든 연령층의 사람들, 혹은 그의 저작물을 약간이라도 접해 본 사람들—아마도 몇 년 전에—또는 머튼을 접했으나 계속 읽지 못한 사람들을 위한 것이다.

저자가 특별히 다가가고 싶어 하는 또 하나의 독자층은 토머스 머튼을 한 번도 소개받은 적이 없는 젊은 세대들이다. 토머스 머튼은 젊은이들을 사랑했다. 그는 수도원에서 그들에게로 나아갔다. 수도원에서 머튼은 자신이 돌보는 젊은 수도승들과 함께 일하는 데서 큰 즐거움을 발견했다. 하나님과 다른 이들을 사랑하는 것, 고통과 불의에 깨어 있는 것, 배우고 듣는 것, 긍휼을 위해 애쓰는 것, 시와 사람들을 사랑하는 이가 되는 것, 자연세계를 바라보는 것, 깊이 헌신하는 것 등 — 머튼의 이러한 열망들은 젊은이와 나이든 사람 모두에게 영감을 주는 것이었다.

셰논의 『토머스 머튼』을 읽는 독자들은 머튼의 이러한 이상들을 만나게 될 것이고, 만약 행운이라면 자신의 삶 속에서 이러한 이상들을 가지고 살도록 힘과 영감을 얻게 될 것이다. 수도원에서 한 친구에게 편지하면서, 젊은이들을 "야생동물처럼 자유분방하고 미식 프로축구에 열렬한 관심을 가지나, 경건의 모양에 대해서는 어떤 흔적도 없는 자들"로 묘사하면서도 그들을 "충분한 가능성을 가진 자들"로 공언하는 이 수도승을 어찌 사랑하지 않을 수 있겠는가?

로렌스 S. 커닝햄
노트르담대학 신학과 교수
1996. 12. 4

머리말

"그는 동료들 가운데 다소 전설적인 인물이었으며 분명히 어느 정도 반항아였다." 1942년 3월 3일 영국 미들랜드의 오캄 스쿨 교장인 탈보트 그리피스G. Talbot Griffith가 한 이 말은 겟세마니 성모수도회 대수도원장에게 전달되기 위하여, 영국 노틀담의 가톨릭 주교에게 보낸 편지의 일부분이다. 이는 토머스 머튼이 25세 때 겟세마니 공동체의 새로운 일원으로 받아들여지기 전, 교회법이 요구하여 제출하게 된 몇 가지 참고 자료의 일부이다. 그로부터 10년 전, 토머스 머튼은 오캄에서 공부를 마쳤다. 10년이란 누군가 "전설적인 인물"이 되기에는 짧은 시간이다. 그럼에도 그가 오캄에서 전설적인 인물이 된 까닭은 "어느 정도 반항아"라는 평판에 달려 있다.

그리피스가 편지를 보낸 지 약 63(초판 54년)년 만에 이 책을 쓰면서 확신하건대, 시간은 오캄의 교장이 자신도 모르게 점차 진실로 드러날 예언적인 말을 했음을 증명해 왔다. 그리피스 이래로 반세기가 넘도록 이 비범한 수도승 주변에 계속 쌓여가는 수많은 이야기들—많은 것들은 사실이지만 어떤 것들은 심히 의심스러운—과 함께 토머스 머튼은 실로 "전설적인 인물"이 되었다. 게다가 수도승이 되었을 때 오캄에서 얻은 "반항아"라는 평판은 끊임없이 진실이 되었다. 대부분의 수도원 생활과 특히 말년에 있어서 그는 줄곧 "어느 정도 반항아"였다. 미국의 포크송 가수이자 사회운동가 조앤 뵈즈Joan Baez는 1967년 머튼을 방문했다. 그 방문을 회고하면서 조앤은 다음과 같이 말했다. "그는 반항아였다. 나는 (수도원에) 묻혀 있는 이 사람이 신부와 수녀와 그 밖의 교회 사람들에게 그들이 취하지 않으면 안 되는 것들로 발걸음을 내딛도록 용기를 주었다고 생각한다."1)

나는 오캄 스쿨교장과 조앤 뵈즈의 회고에 영향입어 제목을 정하였다.2) 이 책은 독자들에게 토머스 머튼의 생애와 그의 작품을 소개하고 영적 여정에 도움을 줄 것이다.

어떤 이들은 겟세마니 수도원의 유명 성직자에 대한 책의 제목으로 "반항아"라는 단어를 사용한 데 대해 의문을 제기할 것이다. 이 용어는 어원적으로 보면 다소 거칠고 심지어 불길하고 천박하기 때문이다. 단어는 "전쟁을 일으키다"라는 의미의 라틴어 *rebellare*에서 유래했는데, "권위에 반항하고 무시한다"는 의미일 수 있다. 이런 의미를 지닌 "반항아"로 머튼을 묘사한다면 몇몇 사람들은 이 책을 그만 덮어 버리고 싶을지도 모른다. 그러나 이것은 내가 원하는 일이 아니다.

"반항아"라는 말은 강하고 의미심장하지만, 약간은 순화될 수 있는

---

1) Ed. Paul Wilkes, *Merton: By Those Who Knew Him Best*(『머튼: 그를 가장 잘 아는 사람들의 증언』), (San Francisco: Harper and Row, 1984), p.43.
2) 역주—이 책의 원제목은 *Something of a Rebel*(『어느 반항아 이야기』)이다.

데, "받아들여진 관습에 대항하다"라는 의미에서 그렇다. 이런 점에서 "반항아"라는 표현은 이미 굳어진 행동 양식에 의문을 제기하는 사람들을 묘사하는 데 사용될 수 있다. 그들이 이렇게 다른 사람들과 다르게 행동할 수 있는 이유는, "우리는 언제나 이런 방식으로 해 왔다"고 말하는 사람들이 갖지 못하는 실재reality에 대한 통찰력을 가지고 있기 때문이다. 예컨대 그들은 이미 받아들여진 행동 양식들이 본래의 의미를 잃어, 재사고가 필요함을 꿰뚫어 볼 수 있다. 그들은 완전히 달라진 현재의 필요에 직면할 힘을 잃어버린 과거의 관습들에 갇히는 것을 거부한다. 반항아들은 역사 과정을 일면 좋게도, 나쁘게도 변화시킬 수 있다. 반항아들은 종종 선지자이다. 물론 진정한 선지자도 있고, 거짓 선지자도 있다. 결국 어떤 사람을 다른 사람들로부터 구별해 내는 것은 오직 시간일 뿐이다.

어떤 점에서 머튼은 "반항아"인가? 가장 특별한 점은 모든 삶의 국면에서 안락하고 생명력 없는 과거에 얽매이지 않으려는 것이다. 이것은 그가 전통에 대한 감각이 약하다는 뜻은 아니다. 도리어 전통은 그에게 아주 중요했다. 다만 그것은 살아 있고 활기찬 전통만을 의미한다. 그는 더 이상 인간의 영혼을 풍요롭게 하지 못하는 사회적 지위status quo에 만족하는 전통을 거부했다. 그는 기독교 믿음에 관하여 반항아는 아니었지만, 아무 생각 없이 받아들이는 것도 거부했다. 왜냐하면 자신의 것으로 만들 수 있는 정도로만 그것들이 자기 삶에 영향을 미친다는 것을 알고 있었기 때문이다. 그는 권위에 관하여 반항아는 아니었지만, 수도원이든 국가든 교회든 맹목적이고 아무 생각 없는 순종은 거부했다. 그는 수도원적인 삶에 관하여 반항아는 아니었지만, 말년에 현대 인류

사회에서 생명력 있는 것으로 수도원 정신이 살아남기 위해서는 중대한 변화가 필요함을 알았다. 장 레끄레르끄Jean Leclercq는 다음과 같이 말했다. "머튼은 자유로운 사람이었다. 이 선한 트라피스트 수도승은 처음에는 기쁨으로 참여해 모든 것을 빨아들였다. 그러나 몇 년 후에 그는 질문하기 시작했다. "왜 저렇습니까? 왜 이렇습니까?" 그것은 파괴하기 위해서도 아니고, 비판하기 위해서도 아닌 단순히 연관성을 찾기 위한 노력이었다."3) 그는 연관성이 없는 것들은 변화시키기 위하여 노력하였다. 이 길이 나아가야 할 방향이라고 믿게 되면 미지의 바다를 건너는 것을 결코 두려워하지 않았다. 이것이 이 책을 통하여 우리가 함께 동행하게 될 머튼에게서 생겨나는 흥겨움의 일부분이다.

    대부분의 반항아들은 함께 지내기가 힘든 사람들이다. 종종 그들은 자신들이 물러설 수 없고 공동체의 다른 사람들도 그렇게 해야 한다고 믿는 것들에 관하여 너무나 완강하다. 분명 토마스 머튼이 힘껏 열정적으로 헌신했던 문제들에 관하여 격렬한 점이 있다. 그러나 나는 그를 구원한 은총은 그의 대단한 유머 감각(대부분의 반항아들에게 부족한 것)이라고 말하고 싶다. 그는 스스로에게 웃을 수 있었다. 자신을 너무 심각하게 몰고 가지 않으려 노력했다. 만약 그가 반항아라면 그는 언제나 "은총이 넘치는" 반항아였다. 또 그는 최선을 다해 설득했다. 종종 그의 설득력은 강했다. 그러나 결코 그의 관점을 강요하려 들지 않았다. 그를 행복하고 온화한 반항아로 만들어 준 선한 의지와 밝은 성품이 있었다. 제네시 수도원장이었던 존 유데스 뱀버거 경Dom John Eudes Bamberger은 이렇게 말했다. "그는 분명 쉽게 관계를 맺을 수 있고, 다가갈

---

3) Ed. Paul Wilkes, *Merton: By Those Who Knew Him Best*, p.130.

수 있으며, 뛰어난 유머 감각을 지닌 외향적인 사람이었다."4)

감히 말하건대 강력한 목적의식, 헌신과 함께 겸비된 친화력, 그리고 유머 감각은, 금세기뿐 아니라 곧 우리에게 다가올 다음 세기에도 손꼽히는 위대한 영적 저자 중의 한 사람이 될 저자와 친분을 나누고자 할 때 이 책 전체를 비추어 줄 것이다.

이 책의 의도를 간략히 언급하겠다. 나는 토머스 머튼을 잘 알지 못하거나 전혀 알지 못하는 사람들에게 그에 관한 입문서를 써 달라는 요청을 받았다. 따라서 나는 먼저 머튼의 생애를 소개하고(1장), 이 20세기 중반기 저자가 새로운 세기를 맞이한 사람들에게 어떤 의미심장한 이야기를 하는지 보여 주고(2장), 내 방식대로 그의 저술들을 통하여 몇 가지 주제들을 발전시키며(3장), 머튼의 방대한 저작물들에 뛰어들려는 사람이 먼저 읽어야 할 책을 소개할 것(4장)이다.

내가 바라는 독자는 20세기의 가장 위대한 사상가이자 영적 저술가 중 한 사람에게 도전받고자 하는 지적이고 호기심 많은 사람이다. 친애하는 독자들이여, 나는 머튼의 생애와 작품들이 당신에게 생동감 있도록 최선의 노력을 다하였다. 만약 이에 실패했다면 그것은 전적으로 내 책임이지 머튼의 책임은 아니다.

---

4) Ed. Paul Wilkes, *Merton: By Those Who Knew Him Best*, p.116.

제1장

토머스 머튼의 생애

머튼의 생애는 거의 대등한 두 부분으로 나누어지는데 (1) 그가 수도원에 들어가기 전, 즉 1915. 1. 31－1941. 12. 9일까지(이 날은 머튼의 27번째 생일에서 불과 한 달 며칠정도가 부족한 날이다)와 (2) 1941. 12. 10～1968. 12. 10으로 즉 정확히 27년간으로 나누어진다.

1. 수도원에 들어가기 전

한 개인의 생애를 이야기할 때 어디서 시작해야 옳을까? 보통 그 사람의 출생부터 시작해야 할 것이다. 머튼은 1915년 1월 31일, 프랑스의 남부 프라데에서 태어났다. 하지만 머튼에 관한 이야기는 출생보다 그의 생애의 중간에 중요한 의미가 있었던 사건을 소개하는 것으로 시작하려 한다. 그렇게 함으로써 우리는 그의 생애를 거슬러 올라가서 무엇이 그를 그 중요한 지점에까지 이르게 하였으며 또 그 중심이 머튼을 어디로 인도하는지를 알 수 있기 때문이다.

1939년 뉴욕 올리안의 오두막

이제 독자들을 뉴욕 주 남서부에 위치한 올리안이라는 도시로 초대하고자 한다. 그림 같은 언덕들이 펼쳐져 있는 올리안의 북쪽에서 남쪽 방향으로 가보고자 한다. 이곳은 보기 드물게 아름다운 곳이다. 펜실베니아까지 뻗어 굽이치는 수마일이나 되는 언덕들은 상록수와 참나무 숲으로 덮여 있으며 기름으로 가득하다. 이 언덕에 살고 있는 사람들은 밤낮으로 그 언덕의 심장 고동소리와도 같은 유전의 장단소리를 듣게 된다.

올리안의 외곽 언덕으로 2~3마일을 가면, 도로 서쪽 숲에 벤지 마커스라는 사람 소유의 커다란 붉은 오두막이 있다. 마커스는 로버트 랙스의 매형인데 관대하게도 그 오두막을 랙스와 랙스의 친구들에게 빌려주었다. 그래서 1939년, 밥 랙스, 에드 라이스, 톰 머튼이(당시 24세) 이 오두막에서 대부분의 여름을 보냈다. 그들은 콜롬비아 대학 동창들로 매우 절친한 사이였다. 오두막은 컸고, 베란다가 넓었다. 먹고 마시고 읽고 쓰고, 예술과 문학, 유럽의 전쟁 등에 관해 떠들어대고, 재즈를 감상하며 하루 종일 뒹구는 것이 이들의 일상이었다. 그들은 우편물을 가지러, 혹은 양식을 사러(다량의 맥주와 위스키 조금을 포함한), 종종 영화를 감상하러 정기적으로 올리안 시내에 들렀다. 올리안은 이 까다로운 뉴욕커들에게는 별다른 매력이 없는 무덤덤한 도시였다. 따라서 이들은 누가 세기의 위대한 소설을 남길 것인지 보기 위하여 많은 시간을 타자기를 두들기는 데 쏟아 부었다. 랙스의 소설 『빛나는 궁전』 The Spangled Palace은 순회하는 나이트클럽 이야기다. 라이스는 『푸른 말』 The Blue Horse을 썼는데 전 세계를 도는 경주에 관한 이야기이다. 머튼은 최초의 두 개의 책 제목을 내던져 버리고, 동료—작가들에게 그의 소설은 『미궁』 The Labyrinth으로 불리게 될 것이라고 선언했다.

──── 은혜의 길들을 되돌아보며 ────

그해 여름 올리안에 온 머튼은 행복했다. 전년도인 1938년은 여러 면에서 기억에 남을 만한 해였다. 그는 1938년 1월 콜롬비아 대학에서 학사 학위를 취득한 후 바로 대학원에 입학하여 문학 석사과정을 시작했다. 그는 윌리엄 블레이크 William Blake에 관한 연구로 1939년 2월에 석사 학위를 취득했다. 또 1938년에는 인도에서 미국으로 막 건너온 힌두교의 승려 브라마차리 Bramachari를 만났다. 그는 머튼에게 동양의 종교를 이해하기 전에 기독교 신비주의 저술들을 읽으라고 충고해 주었다. 그러나 가장 기억에 남을 만한 사건은 1938년 11월 16일, 뉴욕시 웨스트 121번가에 있는 '그리스도의 몸 교회' Corpus Christi Church에서 조셉 무어 Joseph P. Moore 신부에게 로마 가톨릭교회의 영세를 받은 일이었다.

머튼이 영국 케임브리지 대학교 클래어 대학에 있을 당시인 꼭 6년 전에(1933년) 그를 알았던 사람들이 이 소식을 듣는다면 의아해 할 것이다. 케임브리지 시절은 머튼의 미래에 이런 일이 일어나리라 전혀 예상할 수 없었다. 영국 친구들은 그를 술집에나 빈번히 드나들던 사람으로 기억할 것이며, 수없이 많은 날들을 밤새도록 파티를 즐기던 열광적인 파티광으로 기억할 것이다.

그의 소설 『미궁』 The Labyrinth 4장은 자서전적 내용으로, 미간행물로 남아 있는데 "밤의 파티"라는 소제목이 붙어 있다. 그 첫 부분엔 뭔가 빠진 듯한 이야기가 있다. 그의 원고를 빠짐없이 읽어 온 저작 대리인 나오미 스톤Naomi Burton Stone은 모의 십자가 형刑이 재연되었던 열광적인 파티에 대한 이야기를 생생하게 기억하고 있다. 머튼이 바로 십자가에 달렸던 사람일까? 그것은 아무도 모른다. 머튼이 미국에 영주권을 신청했을 때 흥미로운 사건이 있었는데, 그가 서명해야 하는 의향 선언서 the Declaration of Intention 에는 "가시적인 명확한 표시"를 밝혀야 하는 공란이 있었다. 여기 머튼의 선언서에 언급된 명확한 표시는 "오른손 손바닥 흉터"였다. 그가 미국 시민이 된 1951년 6월 26일의 귀화선언서에도 비슷한 묘사가 기록되어 있다. 이는 매우 추정적인 이야기로, 명확한 확증을 제시할 수는 없지만 어쨌든 머튼은 이 괴이한 사건에서 주역 배우였다. 당시 머튼의 삶에 비추어볼 때 그가 이런 소름끼치는 역할을 하고도 남았으리라는 점을 추측할 수 있다.

우리가 확신할 수 있는 한 가지 분명한 사실은 20대 초반까지 머튼의 생활은 절도 없는 생활이었다는 점이다. 그는 삶의 분명한 목표도 없이 늘 변덕스럽게 공상을 좇아 살았다. 아무렇게나 목적 없이 방향감각을 잃고 떠돌았으며, 부도덕한 편이었고, 종교적 신앙도 전혀 찾아볼 수 없었다. 많은 선생님과 학생들과 친구들이 총명하고 재능 있지만 무절제하고 고집 센 이 젊은이의 앞날에 어떤 일이 일어날지 의아해 했다.

그러다 마른하늘에 날벼락처럼, 그가 신앙에 귀의했다는 이야기를 들었다. 그들은 분명히 귀를 의심했을 것이다. 이 사람이 우리가 알고 있는 바로 그 머튼이야? 그에게 무슨 일이 일어났다고? 도대체 무엇이 머튼으로 하여금 그의 인생에서 이런 단계에 이르게 했단 말인가? 이런 종류의 질문에는 어떤 간단한 답도, 적절한 설명도 부족할 것이다. 과연 누가 한 사람의 생애에서 갑작스레 일어난 깊은 영적 회심이라는 신비한 베일을 벗길 수 있을까? 그 자신인들 설명할 수 있을까? 아마 머튼의 회심에 관해 확실히 말할 수 있는 것은 점차적으로 그리고 꾸준히 이 결정적인 순간으로까지 그를 이끌어 온 많은 요인들이 그의 삶속에서 역사했다는 점이다.

책의 은혜

머튼의 생애에 깊은 영향을 미쳤던 것으로 책을 빼놓고는 말할 수 없을 것이다. 회심에 이르는 그의 여정에 있어서 매우 중요한 역할을 했던 것은 바로 독서였다. 머튼이 회심의 여정을 걷기 시작하는 데에는, 질송Etienne Gilson의 『중세 철학정신』 *The Spirit of Medieval Philosophy*이 결정적인 영향을 미쳤을 것이다. 이 책은 전에 아무도 그에게 주지 못했던 것, 즉 하나님의 의미에 관한 통찰을 주었다. 또 하나님에 대한 믿음은 지적으로 존경할 만한 것이라는 확신을 주었다. 이와 같이 질송이 머튼의 머리를 명확히 하는 데 도움을 주었다면, 헉슬리Aldous Huxley의 『방법과 수단』 *Ways and Means*은 보다 깊은 의식의 수준을 가지고 살아가는, 즉 보다 높은 의식 수준의 삶으로 나아가도록 마음을 열어주었다고 할 수 있다. 머튼은 헉슬리가 그에게 보여 준 목표를 기뻐했다. 그러나 헉슬리가 제안한 대로 이 목표를 성취할 유일한 수단, 즉 훈련의 삶을 살 만한 준비가 아직 되지 않은 상태였다. 어거스틴이 그의 생애 가운데 "주여 나로 하여금 주를 좇아 살게 하옵소서. 그러나 지금은 말고요"라고 기도했던 것처럼, 머튼도 훈련을 위한 기도를 했겠지만 "아직은 말고요"

선생님과 영향력 있는 친구들의 은혜

아마 독서보다 더 중요한 것은 그가 영국을 떠나 1934년 1월에 콜롬비아 대학에 입학한 후 만난 사람들의 영향이었을 것이다. 젊은이들에게 도전과 용기를 주고, 그들이 전에는 깨닫지 못했던 자신의 재능과 능력을 발견하도록 해준 선생님들과 함께 고난의 인생길을 가는 사람들은 얼마나 행운아들인가! 좋은 선생님들은 제자들의 삶을 변화시킨다. 나도 내 삶에서 만난 선생님 모두에게 감사를 드린다. 특히, 나는 그들 중 한 분을 기억하며 존경하고 있다. 그분이 내게 준 위대한 선물은 문학에 대한 사랑과 습작에 대한 갈망이었다. 그분은 특별한 선생님이다. 누군가에겐 그것으로 충분할 것이다. 내게 있어서도 그랬다고 믿는다.

머튼의 생애에 있어서 특별한 의미를 갖는 스승으로, 콜롬비아 대학교의 두 선생님과의 만남을 들 수 있는데, 영문학의 권위자 마크 밴 도렌Mark Van Doren 교수와 시간강사로 철학을 가르친 다니엘 월시Daniel Walsh이다. 수업과 개인적으로 나눈 대화를 통해 그들은 머튼이 과거에 얼마나 얕은 삶을 살고 있었는가에 대해 눈을 뜨게 해 주었다. 그들과의 만남은 움츠러들었던 그가 삶에 생기를 불어넣으려는 결심, 즉 헉슬리의 책에서 읽은 삶의 훈련에 대한 결심을 키워가는 것을 강화시켜 주었다. 두 교수와의 교제는 머튼의 남은 일생 동안 계속되었다. 수도원에 들어간 후에도 그들과의 교제는 계속되었다.

또한 아마도 무의식적으로, 미묘하게 그를 가톨릭 신앙 쪽으로 이끌어준 다른 인간적인 요소들이 있었다. 그 중 하나가 가난한 자들을 돕는 등, 당시의 사회적 관심에 참여하는 작은 가톨릭 단체들의 헌신된 모습이었다. 휴익Baroness de Hueck이 설립한 할렘가의 '우정의 집'Friendship House이나, 미국 교회에서 반세기 동안 진정 예언자적 역할을 수행하고 있는 도로시 데이Dorothy Day라는 진취적인 여성에 의해 운영되는 뉴욕 동부의 '가톨릭 노동자'Catholic Worker라는 단체가 그것이다.

머튼이 가톨릭교회로 귀의한 후 거의 30년 흐른 뒤에 머튼은 도로시 데이에 대해 언급하면서 "만약에 '가톨릭 노동자'와 같은 증인들이 없었다면 나는 결코 가톨릭교회와 함께 하지 않았을 것이다"[1]라고 했다.

은혜로서의 회심

하나님은 나를 깊은 심연에서 불러내셨다(『칠층산』)

물론 머튼이 가톨릭 신앙을 수용하게 된 가장 중요한 요인은 하나님의 은혜였다. 하지만 은혜란 백지상태에서가 아니라 한 사람의 삶과 관계 속에서 구체적으로 작용한다는 사실을 잊어서는 안 된다. 결국 1938년 11월 16일에 머튼은 자신을 오랫동안 좇던 은혜를 깨닫게 되었고 그 은혜 앞에 굴복하게 되었다는 사실이다. 가톨릭교회로 회심한 바로 그날의 이야기는 그의 자서전 『칠층산』 The Seven Storey Mountain 에서 감동적이고 격정적인 필치로 전개된다. 그는 그날의 사건 요지를 "그

---

1) Thomas Merton, selected and edited by William H. Shannon. *The Hidden Ground of Love*(『사랑의 숨은 근원』): *The Letters of Thomas Merton on Religious Experience and Social Concerns*, (New York: Farrar, Straus, Giroux, 1985.) (1965. 12. 29. 편지) p.151.

리고 하나님께서 당신의 깊은 심연에서부터 나를 불러내셨다"2)고 마무리한다. 이 선언은 단지 영세(세례)일의 요약으로서만 중요한 의미가 있는 것이 아니다. 그것은 그의 나머지 생애, 즉 하나님께서 그를 하나님의 거대한 심연에서부터 그를 불러내신 것에 대한 묘사로서 충분한 가치가 있다. 그것은 그의 메시지를 구체화하는 성명이기도 하다. 즉 그의 저작들의 중심을 이루는 말이다. 1963년에 머튼은 이렇게 썼다.

> 내가 무엇을 쓰든지 모든 것은 결국 이 한 마디의 진리로 요약될 수 있는데, 하나님께서 사람을 부르신 것은 그로 하여금 하나님 자신과 연합을 이루는 동시에 그리스도 안에서 이웃들과 연합을 이루게 하기 위해서라는 것이다.

1939년 5월 25일, 머튼은 코퍼스크리스티 교회에서 스테반 제이 도나휴 주교에게 견진성사堅振聖事를 받았다. 토머스로 세례를 받고 견진성사 명으로는 야고보James 라는 이름을 택했다. 이 후 그는 자기 이름을 T. F. 머튼 대신 토머스 제임스 머튼Thomas James Merton으로 서명하게 되었다.

~~~~~~ 올리안의 오두막 ~~~~~~

1939년 여름, 머튼이 "작가실"인 오두막으로 다시 왔을 때 여전히 꿈틀거리는 커다란 은혜의 불빛이 있었다. 톰은 이미 여러 권의 소설을

---

2) Thomas Merton, *The Seven Story Mountain*(『칠층산』), (New York: Harcourt Brace, 1948.) p.225.

썼으나 출판사를 만날 수 있는 책은 없었다. 1939년 여름에 썼던 『미궁』도 그랬다. 내가 아는 한 그때 쓰여진 소설 중에 완성된 채 현재 존재하는 것은 없다. 다만 남아 있는 것들을 읽다 보면, 그것들은 거의 같은 소설로 즉 머튼 자신의 삶을 이야기하고 있다. 따라서 1939년 올리안의 오두막에 있는 그를 떠올릴 때, 그 시절로 거슬러 올라가서 그의 이야기를 현재로 가져오는 것은 매우 적절하다.

다시 회상함

그는 글을 쓰면서 틀림없이 1915년 1월 마지막 날 그가 태어났던 프랑스의 프라다를 떠올렸을 것이다. 그는 부모님이 1살 반이 된 자신을 데리고 미국으로 가면서 대서양의 범람한 물을 어떻게 건너갔는지 알고 있었다. 그들은 한동안 머튼의 외조부 외조모와 함께 지내다 다음 몇 년 간 뉴욕의 플러싱에 있는 집에서 살았다.

부모님에 관한 한 마디: 머튼의 어머니 루스 젠킨스는 미술공부를 하러 프랑스로 가기 위해 고향인 더글라스톤을 떠났다. 그녀는 퍼시벌 튜더하트가 운영하는 스튜디오에서, 결혼하여 그의 아이를 낳고 싶은 남자를 만났다. 오웬 머튼은 뉴질랜드에서 태어났지만 영국 여권을 지닌 영 연방 시민이었다. 그 또한 루스처럼 미술가가 되고자 파리에 왔다. 그들은 튜더하트가 스튜디오를 런던으로 옮길 때 따라갔다. 1914년 4월 7일, 그들은 런던의 서부 중심지인 소호의 성 안나 교회에서 결혼했다. 결혼 후 프랑스로 돌아와 1915년 1월 마지막 날 첫째 아들이 태어난 프라다에 정착했다. 루스는 아들의 이름을 토머스가 아닌 톰이라고 짓

자고 하여 프라다 호적에 그렇게 기록된다. 후에 머튼의 후견인이 된 대부 톰 이조드 베네트는 런던의 외과의사로, 뉴질랜드 학교에서 오웬의 동창이었다.

루스 머튼의 죽음

미국에서 루스는 1918년 2월 11일 둘째 존 폴을 낳았다. 2년 뒤에 오웬과 함께 프랑스로 돌아가는 문제에 대해 생각하고 있을 때 루스는 위암 말기였다. 결국 그녀는 1921년 10월 3일 죽었다. 그녀의 죽음은 머튼에게 엄청난 슬픔과 혼란을 남겼다. 아들에게 때때로 가혹한 요구를 했음에도 불구하고 가족들에게 있어서 그녀는 안정을 주는 존재였다. 이제 그녀는 떠나갔고 머튼은 겨우 6살이었다.

나는 그들의 어머니가 암에 걸리지 않고 정상적인 수명까지 살았다면 머튼 형제의 인생이 과연 다르게 전개 되었을지 궁금해 한다. 그녀는 매우 강한 여자였다(머튼은 어머니를 "엄격한 존재"로 생각했다). 그녀는 가족들을 함께 있게 했으며 그들에게 정상적인 환경을 조성해 주었다. 그러나 그녀의 죽음으로 인해 그 가능성은 사라지고 말았다. 오웬은 좋은 아버지가 되고 싶어 했고 또 진심으로 노력했지만, 동시에 저명한 예술가가 되기를 필사적으로 원했다. 불행히도 지금은 그 작품들이 많은 소유자들 가운데 뿔뿔이 흩어져 있기는 하지만 이런 목표를 성취할 만한 재능을 가졌는지는 그가 사용한 많은 물감들을 보면 확인할 수 있다.

오웬 머튼: 갈등의 사람

좋은 아버지, 저명한 미술가라는 두 가지 소중한 야망은 불행히도 쉽게 조화를 이루지 못했다. 종종 미술에 대한 야망이 가정보다 앞섰다. 1930년 6월 뉴질랜드 예술 계간지의 이슈는 오로지 오웬의 예술에 관한 것이었다. 제임스 쉘리[3]는 오웬의 작품에 대한 풍부한 설명과 이에 관한 풍성한 기사를 실었다. 쉘리는 오웬의 미술에 대한 헌신의 강도를 드러내는 결정적인 기사를 썼다.

> 오웬 머튼과 같은 사람에게, 예술은 가지고 노는 부드러운 놀이의 대상이 아니라 숭배하는 열정, 그 에너지의 마지막 남은 힘까지 모조리 강요하는 "학대하는 여신"이다.

"학대하는 여신"의 유혹에 모든 것을 아주 쉽게 양보한 오웬은 아이들을 다른 사람, 그들의 외조부 외조모인 샘과 마르타 젠키스, 혹은 공립학교에 맡기고, 그림을 그리기 위하여 여기저기를 유랑하였다. 수년 후(1966) 겟세마니 수도원에서 은수자로 살며 머튼은 "오늘 미사 후 나는 어머니가 죽고 아버지가 프랑스와 알제리에 계셨던 7세부터 10세 즈음의 유년기가 얼마나 절망적이었는지 깨달았다. 아버지가 와서 나를 프랑스로 데려갔을 때 그것이 얼마나 커다란 의미였는지 몰랐다.[4] 그것은 정말로 나를 구원했다"라고 썼다.

---

[3] 계간지 작가, 그 이상의 신분은 확인할 수 없다.
[4] 그들은 1925년 8월 25일 프랑스로 가는 배를 탔다.

프랑스에서(1925-1928)

"올리안의 소설가"는 틀림없이 1920년 대 중반, 프랑스에서의 시절에 대해 생각했을 것이다. 그들이 정착했던 안토닌 시는 아주 오래된 중세풍의 도시였다. 그 거리를 걷는 것은 중세기로 되돌아가는 것이었다. 오웬은 거기에 집을 지을 계획을 세웠다. 그곳은 그가 마지막으로 두 아들과 함께 살기 원했던 곳이다. 어린 머튼은 안토닌 시에서 남서쪽으로 20마일 떨어진 몬타우반의 공립학교 리세 잉그레스로 보내졌다. 그곳은 그에게 행복하지 않은 곳이었다. 그는 종종 외로웠고 아프기도 했다. 36년 후, 1961년 9월 그는 고(故) 에타 글릭에게 이렇게 편지했다. "나는 리세를 결코 잊지 못합니다. 그곳에서의 지루함은 내 뼛속까지 새겨져 있습니다."5) 그 곳의 소년들은 거칠었고 함께 어울리기가 어려웠다. 머튼은 도전하는 것과 불쾌한 상황에 적응하는 것을 배우고 있었다. 삶의 환경이 그렇게 하도록 강요했기 때문이다. 어쨌든 그는 학교생활에 참여하게 되었다. 그는 소설을 쓰고 다른 사람들의 작문을 비평하는 학생들의 "문학클럽" 일원이 되었다. 사람들은 그때 그가 썼던 소설이 자서전이었는지 궁금해 한다. 그것들은 몇 년 뒤 올리안에서 완성될 작품을 틀림없이 예시해 준다.

비록 리세 잉그레스에서 혹독함과 살아가는 법을 배웠지만, 1928년 5월 아버지가 그들이 영국으로 이사 간다는 것을 알리기 위해 도착했을 때, 그날은 매우 기쁜 날이 되었다. 그들이 몬타우반에서 마차를 몰고 갈 때, 머튼은 길 위의 말발굽 소리를 들었는데, 그 소리는 마치 그에게 "자유, 자유, 자유"라고 말하는 듯이 들렸다.

---

5) Thomas Merton, *The Hidden Ground of Love*, p.345.

머튼이 프랑스를 떠나며 했던 유일한 후회는 오웬이 언제나 짓고 있었지만 결코 완성하지 못한 집에서 한 번도 살아보지 못했다는 것이다. 오웬은 아들들을 위해 그의 땅에 두 그루의 나무를 심었다. 그 나무들은 머튼 형제가 필요로 한 아버지가 되고자 했던 오웬 머튼의 이루지 못한 염원에 대한 무언의 암시 같은 것이었다. 물론 그는 그때 그것을 알 수 없는채 시간은 흘렀고 겨우 2년 반이 지나 후 오웬은 루스처럼 암에 걸려 죽고 말았다.

영국에서(1928-1934)

영국에 도착한 그들은 런던 외곽의 얼링에 사는 오웬의 고모 모드 메리 피어스와 남편인 벤자민 피어스의 집으로 갔다.

머튼은 깔끔한 빅토리아풍의 우아함을 지닌 모드 메리 아주머니를 사랑했다. 아주머니는 그를 위해 옷장을 준비했고, 서레이에 있는 소년들을 위한 기숙학교 리플리 코트에 데리고 갔다. 그곳은 얼링과 매우 가까워서 주말이면 모드 아주머니의 집에 올 수도 있었다. 그들이 머튼의 장래에 대해 이야기할 때, 머튼은 다소 머뭇거리며 그녀에게 말했다. "난 소설가가 되고 싶어요." 모드는 소설가가 생활하기에 적합한 돈벌이가 되는지를 걱정했다. 그러자 머튼은 "아마 나는 기자가 될 수 있을 거예요. 그래서 신문기사를 쓰는 거예요" 라고 말했다.

주말에는 웨스트 호슬리의 페어라운에 사는 아빠의 여동생 그윈 고모와 함께 보내기도 했다. 머튼은 자신보다 몇 살 어린 사촌들과 빨리 친해졌다. 사실 그는 사촌들과 게임을 하고 이야기책을 읽어 주었기에 그들이 가장 좋아하는 방문객이 되었다. 특히 흥미로운 사실은 이야기

책 중 몇 권은 머튼이 직접 썼다는 것이다.

1993년 12월, 로버트 대기 박사는 페어라운에 방문해 토머스 머튼이 쓴 4가지 이야기를 간직하고 있는 사촌 중 한 명을 만났다. 대기 박사가 관찰한 바로는 그것들은 낡아빠진 학생 노트였지만, 필체는 의심할 바 없이 머튼의 것으로서 그의 학교 시절 것이었다. 분명하게 그의 필체는 그의 후대 필체와 같았다.

올리안에 있는 오두막

잠시 올리안에 있는 오두막과, 맹렬하게 타자기를 두드리면서 또는 —마찬가지로 맹렬하게—자신들이 읽은 신간과 이 세상의 비참한 상태에 대해 둘러앉아 토론하고 있는 세 명의 작가들에게 가 보자. 나는 머튼이 『미궁』을 써 나가면서, 그의 사촌들을 즐겁게 하려고 썼던 동화들에 대한 추억을 떠올렸는지 궁금하다. 아마도 그것들은 그의 최초 작품들과 마찬가지로 오래 전에 사라졌으리라 느꼈을 것이다. 그는 그원 고모의 집에서 보냈던 행복했던 1929년 크리스마스 휴가를 떠올렸을까? 그가 써서 당시에 사촌들에게 읽어 주었던 "유령의 성", "위니더 푸" 이야기를 기억했을까? 그는 그의 제멋대로인 상상 속에서 조차 65년 후에 1976년 이래 발간되어 온 '국제 토머스 머튼 협회'의 공식 기관지로서 머튼에 대한 논문과 시들을 다루는 잡지, 『머튼 시즈널』 *The Merton Seasonal*에 그 크리스마스에 읽어주었던 "유령의 성"이 인쇄될 것이라고는 틀림없이 꿈도 못 꾸었을 것이다.

리플리 코트에서

리플리 코트는 어린 머튼에게 고맙게도 프랑스 학교의 고생을 행복한 경험으로 변화시켜 주었다. 정규적인 종교적 실천이 처음으로 그의 생의 일부가 된 것도 리플리 코트에서부터였다. 그가 전에 본 적이 없던 것—밤 기도를 위해 침대 곁에서 공개적으로 무릎을 꿇고 있는 어린 소년들—을 본 것도 그곳에서였다. 식사 전 감사기도 역시 새로운 경험이었다. 모든 소년들이 교구 교회로 행진해 가서 십자형 교회당의 양쪽에 그들을 위해 마련된 자리에서 드리는 주일 예배 역시 그랬다. 후에 그는 리플리에서 보낸 2년을 "그의 인생의 종교적인 단계"로 언급했는데, 슬프게도 그 후의 오캄에서는 그렇지 못했다.

스코틀랜드에서 보낸 방학

1929년 여름, 리플리 코트에서 마지막 학기를 마치자, 머튼의 아버지는 여름 동안 아버딘샤이어에 있는 친구들과 함께 시간을 보내기 위해 스코틀랜드로 가기로 결정했다. 그들이 그곳에서 며칠을 지냈을 때, 확실하게 병든 오웬은 런던에 있는 병원으로 돌아가야 하겠다고 결정했다. 머튼은 여름 동안 스코틀랜드에 남아야 했다. 그 여름은 머튼에게 길고 지루하게 느껴졌다. 그는 점점 더 가족 활동에서 물러나 그의 시간을 독서와(아마도 또한 글쓰기) 시골길을 걷는 데 보냈다. 그는 외로운 어린 소년이었다. 그러나 아마도 머튼은 그것을 깨닫지 못하면서도, 고독의 평화 the peace of solitude 를 발견하고 있었다. 어느 날 머튼은 집에 홀로 있다가 전화벨이 울리는 것을 들었다. 그의 첫 번째 반응은 벨이 울리도록 내버려 두는 것이었지만 결국은 수화기를 들었다. 그렇게 한 것은 다행이었다. 전화는 그에게 온 전보였다. "뉴욕 항에 들어감, 모든 것이 잘되고 있음." 전화 전보는 런던에 있는 아버지에게서 온 것이었다. 분명 아버지의 정신이 이상한 듯했다. 전보는 아버지가 얼마나 심각한 상태인지 말해 준 것 외에는 아무런 의미가 없었다. 집에는 아무도 없었다. 그는 빈 방의 정적 속에서 위 아래로 왔다 갔다 했다. 그는 외롭고 두렵고 마음이 무척 산란했다. 무엇보다 그는 고작 14살이었고, 친구도 가족도 가정도 없었으며, 지금은 아버지마저 없어질 판이었다.

머튼은 급히 "네 아버지는 악성 종양을 앓고 있다"고 알려 준 삼촌 벤이 있는 일링으로 돌아갔다. 머튼은 병원을 방문해서 놀랐지만, 멀쩡한 정신을 갖고 이해력을 잃지 않고 있는 아버지를 발견하고는 안도했다. 그러나 아버지의 이마에는 커다란 혹이 있었다. 오웬은 그 후 일 년 반을 견디었다.

오캄 스쿨

"그는 교과과정보다 더 큰 두뇌를 가졌다."

14세가 되던 1929년 가을, 머튼은 오캄 사립학교에서 3년간의 기숙사 생활을 시작했다. 오캄에서 보낸 시간은 토머스 머튼의 인생에서 중대한 시기였다. 이 기간 동안 머튼은 서툴고 마음이 착한 사춘기를 지나, 세련되고(나는 그것을 "거짓된 세련"pseudo-sophisticated이라고 부르지만) 세계적인 취향을 가지고 자신의 중요성을 더 깊이 자각하면서 세상 속에서 자신의 위치를 찾고자 하는 강한 열망과 확고한 결단을 가진 세속적인 젊은이로 변해갔다. 바로 이 오캄에서 머튼은 "어느 정도 반항아"something of a rebel라는 명성을 얻었다.

오캄 스쿨은 영국에서 작은 사립학교지만(머튼이 오캄에 있었을 때 약 200명이 등록하고 있었다) 긴 역사를 가진 학교였다. 1584년 엘리자베스 여왕으로부터 왕가 허락을 받아 설립된, 영국에서 가장 오래된 학교들 중 하나였다. 캠퍼스는 영국의 가장 작은 주인 루트랜드주 시장 도시 오캄의 중심에 자리 잡고 있는데, 동 미들랜드의 시골집들과 아름다운 시골 전경으로 둘러싸여 있었다. 런던에서 오캄까지는 기차 길로 피터보로를 통과하여 약 90마일이 되었다. 이는 긴 휴일을 제외하고는 머튼이 바로 이곳 오캄과 교외에서 시간을 보냈음을 말해 준다.

자신의 이름을 T. F. 머튼으로 서명하고 있던 당시 머튼은 뛰어나고 명석한 학생으로 입증되었다. 교장Frand C. Doherty은 머튼의 비범한 능력들을 인정하여 고전 연구 수업의 정규과정 이외에도 현대 언어와 문학을 추가로 수업할 수 있도록 허락했다. 머튼의 계획은 외교관이 되려고 준비하는 것이었고, 현대 언어들은 그 분야에서 특별한 자산임을 입증할 것이기 때문이었다.

토론반

머튼은 많은 교내 활동들에도 열심을 내었다. 특히 머튼은 토론반의 영리하고 빈틈이 없는 회원이었다. 그의 토론 실력에도 불구하고, 그가 속한 팀은 자주 졌다. 그 이유는 머튼의 독립적인 정신이 토론하는 주제 중 인기 없는 쪽을 택하게 했기 때문이다. 한 가지 예를 들자면 머튼은 토론에서 오캄의 남녀공학을 주장했는데 당시 영국 사립학교의 남녀

공학은 상상도 할 수 없는 금기와 같은 것이었다. 머튼의 팀은 졌다. 하지만 시간이 흘러 머튼의 생각이 옳았음을 증명해 주었다. 오늘날 오캄은 남학생뿐 아니라 여학생들도 환영하는 학교가 되었다.

간디를 변호함

1930년 영국의 신문들은 괴상한 인도의 정치가요 영적 지도자인 모한다스 간디에 관한 기사들로 가득했다. 소금 관세에 대한 항의의 표시로, 간디는 소금을 추출하는 바다에서 2백마일 행진을 이끌었다. 그는 잠깐 수감되었다가 인도 문제에 관한 런던의 협상 테이블에 참석하도록 허락되었다. 점잖은 영국 사회는 괴상하게 검은 피부에다 가는 다리와 아주 얇은 옷을 입고 런던의 안개를 통과하여 걷는 그의 모습에 깜짝 놀랐다. 영국 사람들은 간디가 영국의 법을 공개적으로 거부하는 데 분노했다.

영국 미들랜드에 있는 오캄 학교 소년들도 간디에 대해 들었고, 그들 역시 충격을 받았다. 그런데, 그들 중 한 학생이 간디와 인도인들은 영국인들이 인도를 떠나 본국으로 돌아가라고 요구할 권리가 있고, 자신들의 법을 제정할 권리가 있다고 뜨겁게 주장하였다. 늦은 밤 기숙사의 불이 꺼질 때까지, 머튼은 이 문제로 반장과 길고 격렬한 논쟁을 하였다. 하지만 머튼도 자신이 몇 년 후 간디의 저작을 연구하고 비폭력이라는 주제로 그의 저서들을 편집하게 되리라고는 상상도 하지 못했다.

오캄에서의 글짓기

오캄에 있는 대부분의 기간 동안, 머튼은 '오캄 사람들'The Oakhamian이란 학교 신문에 처음에는 기자로, 후에는 편집장으로 참여하였다. 이 기간에 출간된 신문에는 상당수의 기사와 시에 T. F. 머튼이라는 서명이 실려 있다.

1985년 오캄을 방문했을 때 나는 머튼과 한 반이었던 존 바버John Barber의 안내로 캠퍼스를 돌아보았다. 우리는 최근에 지어진 스포츠 시설을 방문했는데, 벽에 오캄학교의 수년간에 걸친 럭비팀들이 담겨져 있는 나무 액자가 전시되어 있었다. 머튼이 오캄에서 머문 마지막 해인 1932년 액자에는 존 바버와 머튼의 이름도 포함되어 있었다. 머튼은 럭비를 그다지 잘하지 못했지만, 럭비팀에 들기를 원했었다고 바버가 말해 주었다.

미국에서 온 방문객들

오캄에서 첫 해를 지낸 여름에 머튼의 조부모인 샘(혹은 팝-Pop)과 마르타 제킨스, 동생 존 폴이 방문했다. 팝은 머튼형제의 미래를 준비해 주기 위한 중요한 회동을 위해서 크라운호텔의 자기 방으로 머튼을 불렀다. 이 회동에서 팝은 머튼 형제가 장래를 대비해 충분한 돈이 마련되어 있음을 알리는 일종의 보험을 만들어 주었다. 머튼은 외할아버지의 이 관대함에 깊이 감동받았다. 또한 더 이상 돈을 걱정할 필요가 없다는 사실에 확실히 기뻤다.

가족 모두가 여름 내내 오웬 곁에 있기 위해 런던 근처에 머물렀다.

아버지 오웬의 건강 상태가 급격히 악화되었다. 머튼은 한동안 아버지를 보지 못했다. 머튼이 본 오웬의 흐릿한 눈과 이마의 종양은 그를 큰 슬픔과 영혼의 쓴 아픔으로 가득 채웠다. 머튼은 머지않아 자신이 아버지를 잃게 될 것을 알았다. 오웬이 비록 자주 자리를 비우는 아빠였지만, 머튼은 그가 아들들을 사랑했고 아들들에 대한 관심이 있었음을 알고 있었다. 머튼이 볼 수 있었던 것은 곧 다가올 텅 빈 검은 수렁뿐이었다. 그의 나이는 15세였다.

모드 아주머니에서 톰 베네트에게로

톰 베네트는 오웬의 주치의였으므로, 머튼의 가족들은 그의 많은 부분을 알게 되었다. 팝은 베네트에게 깊은 감동을 받았고, 그를 그의 손자에게 좋은 본이 되는 인물로 여겼다. 베네트는 오웬이 죽으면 머튼의 보호자가 되어 줄 것을 부탁받았다. 게다가 머튼도 모드 아주머니나 아버지의 또 다른 친척들 대신에 베네트 가족과 함께 휴일을 보낸다는 데 동의했다. 이것은 오웬의 친척들에게 특별한 애정이 없는 외할아버지 팝에게 잘 맞았다. 어린 머튼에게 이것은 큰 변화를 나타내는 것이었다. 빅토리아 시대의 보수주의와 모드 아주머니라는 우주의 신성한 순결로부터 베네트와 그 친구들의 보다 세련되고 세속적인 세계로 이동한 것이다. 베네트의 식구들에게서 머튼은 전혀 다른 새로운 양식의 삶을 배웠다. 그들의 삶은 색다르고 흥미 있었다. 그들은 현대 문학 작가들 가운데 선구자들을 머튼에게 소개했다. 제임스 조이스, 헤밍웨이, D. H. 로렌스, 에벌린 휴와 그 밖의 작가들이다. 머튼은 대부분의 오캄 학생들이 거의 혹은 전혀 알지 못하는 또 다른 세계의 비전을 오캄으로 가져왔다. 머튼의 동창들은 머튼이 자신의 지평을 넓혀 가는 방식을 경이에 가까운 존경으로 바라보았다. 내가 오캄을 방문했을 때 만난 존 바버는 이렇게 표현했다. "그는 학과과정보다 더 큰 두뇌를 가졌다."

고독의 매력을 발견함

"나는 단지 거기에 있기 위하여 거기에 갔다."

머튼은 2학년이 되어 오캄으로 되돌아갔다. 비록 외롭고 고독했지만, 그는 학교 활동에 자신을 내던졌다. 그러나 자신이 전혀 이해할 수 없는 일이 자기 안에서 일어나고 있었다. 전혀 다른 측면의 자신을 발견하기 시작한 것이다. 너무나도 자주 홀로 남겨짐을 경험했던 10대 소년이 고독과 조용한 시간에 매력이 있음을 경험하기 시작했다. 오캄에서의 생활을 말하는 그의 미완성 소설 『도버 해협』에서 머튼은 오캄 마을 밖에 위치한 브룩 동산에 대하여 쓰고 있다. "나는 거기에 가는 것을 좋아했고, 그곳에서 혼자 생각하는 것을 좋아했다." 그는 이렇게 이어간다.

> 나는 언덕 꼭대기에서 혼자 있는 것을 좋아한다. 어느 누구와도 말해야할 필요가 없다…나는 혼자 걷거나 몇 시간 동안을 거기에 홀로 앉아 있곤 한다. 어느 누구를 기다리거나, 어떤 것을 찾지도 않고, 어떤 것도 기대하지 않으면서. 단지 넓은 골짜기를 향하여 바라보고, 언덕을 가로지르는 불빛들의 변화를 관찰하면서. 대부분의 시간동안 나는 단지 거기에 있기 위해 거기에 갔고, 주위를 걸으며 생각했다.

"나는 단지 거기에 있기 위해 거기에 갔다." 아직 16세도 안 된 소년의 입에서 나온 고독에 관한 괄목할 만한 말이다. 질적으로 선禪과 유사한 이런 말들은 수년 후 머튼이 쓴 『고독 속의 사색』 Thoughts in Solitude, 1958과 『논란의 질문들』 Disputed Question 에 있는 '고독의 철학에 관한 글' Notes for a Philosophy of Solitude, 1960을 통해 잘 드러났다.

나의 의도는 머튼이 사람들을 멀리했다고 말하려는 것은 아니다. 점차 감지되고 증가해 가는 고독의 가치와 함께 동반한 것은 확실한 사교성gregariousness이었다. 만일 그가 혼자 있는 시간을 사랑했다면, 또한 사람들과 함께 있는 것도 사랑했다(그는 성장해 가면서, 이 두 가지 사랑의 일치가 어려운 일임을 배우게 될 것이다. 그러나 그것을 성취하려는 노력을 멈추지 않으려는 것이 그의 목적이었다). 때때로 그를 찾아 오캄에 오는 사람들이 있었다. 어느 날, 톰 베네트와 그의 아내 아이리스가 그를 방문했다. 수년 후에 그 방문을 회상하면서—종종 그의 일기 속에서 하듯이—머튼은, 톰과 아이리스가 방문했던 일요일, 공원에 다녀온 후, 어떻게 그들이 차를 마시러 갔었는지 등에 대해서 말한다. 또 동급생이었던 헝가리 출신 R. N. 타바코바치가 그들과 동행했다고 언급한다.

1930년 크리스마스 방학에 그는 혼자서 독일어를 공부하기 위해 스트라스부르크에 갔다. 거기에 머무는 동안, 머튼은 나치 독일에서 일어나기 시작한 어떤 것을 경험했다. 이때 그에게 각인된 것이 9년 후 올리안의 오두막에서 다른 두 명의 친구들과 함께 유럽 전쟁이 그들에게 어떤 의미가 있는 지에 대해 쓰고 반추하는데 영향을 미쳤다고 확신할 수 있다.

오웬 머튼의 죽음

어린 머튼이 휴가를 끝내고 오캄으로 돌아온 지 겨우 일주일이 지났을 때, 교장 선생님이 그를 불러 아버지가 돌아가셨다는 슬픈 소식을 알려 주었다. 1931년 1월 18일, 머튼의 16세 생일 13일 전이었다. 그는 고아가 되었고 여전히 매우 어렸다. 그는 아버지의 죽음을 슬퍼했다. 그러나 마침내 이 사건의 슬픔으로부터 벗어나게 되었을 때, 머튼은 새로운 독립심과 반항심에 대해 자각하게 되었다. 그의 신앙적인 믿음이 사라져 버렸다. 그는 주일 예배에 갔을 때(그것은 강제적인 것이었다), 다른 사람들이 신앙고백을 암송하는 동안 그의 입을 굳게 닫아 버렸다(아마도 다른 아이들도 머튼 이상의 믿음을 가지고 있지 않았을 것이다). 그는 더 이상 하나님을 믿지 않았다. 그 당시 그의 유일한 바람은 모든 통제와 억압으로부터 벗어나, 자유로이 자기가 원하는 대로 살아가는 존재가 되는 것처럼 보였다.

미국으로 돌아감

1931년 여름학기가 끝났을 때, 머튼은 조부모로부터 미국으로 오라는 초청을 받고 기뻤다. 머튼은 1925년 오웬과 함께 프랑스로 떠난 이후, 미국으로 돌아간 적이 없었다. 뉴욕에서의 한 달 반은 그를 활기차게 해 주었다. 그는 오캄으로 돌아가기 전에 볼 수 있는 모든 영화를 다 보았고, 인기가 있었던 여러 개의 음반과 오캄으로 가져갈 수 있는 휴대용 카세트를 샀다. 영국으로 돌아온 그는 교장 선생님을 포함하여 오캄에서 어느 누구보다 더 많이 알고 있다고 확신하는 자신만만한 젊은이가 되었다. 오캄에서의 마지막 해에 그는 '오캄 사람들'The Oakhamian의 편집장이었고, 머튼은 이 역할을 다른 이들과 생각을 나누는 기회로 생각하여 환영하였다. 1932년 말 무렵 그는 오캄에서의 공부를 마쳤다.

로마에서

"내가 인식하고 이해했던 어떤 것. 내가 찾아 헤매 왔던 어떤 것."

1933년 1월 31일, 머튼의 대부(동시에 보호자)는 생일파티에서 유럽을 여행할 수 있는 티켓과 꽤 많은 돈이 들어 있는 두둑한 지갑을 선물로 주었다. 드디어 그는 로마에 도착했다. 고전학을 공부하는 학생으로서, 그는 고대 로마 유적지인 신전, 법정, 그 밖의 곳들에 자연스럽게 관심을 갖게 되었다. 머튼이 로마에서 한 경험이 『칠층산』에 기록되어 있는데, 이곳에서 그는 기독교 교회의 비잔틴 모자이크에서 뜻밖의 매력을 발견하게 되었다. 수많은 비잔틴 모자이크들이 그리스도를 표현하고 있었다. 이것들에 매료되어 감상하는 중에, 사람들이 그리스도라 부르는 이 존재에 대하여, 처음으로, 뭔가를 조금 안다는 느낌이 들었고, 이 때, 머튼 자신이 강력하게 감동을 받는 것을 경험하게 되었다. 『칠층산』은 로마에서 묵었던 호텔방에서 경험한 신비스러운 사건도 나와 있다. 밤중에 그는 갑자기 아버지와 방안에 함께 있다는 선명한 경험을 하였다. 그는 "내 삶과 존재의 뿌리로부터" 기도하기 시작했다고 말한다.

올리안의 오두막

올리안에 있는 별장에서, 머튼은 그의 소설 『미궁』을 썼다. 그는 로마 방문에 대하여도 쓰고 있다. 이 소설에서 머튼은 『칠층산』에서 들려주고 있는 방식과는 사뭇 다르게 그곳에서 겪었던 영적 경험을 묘사했다. 그는 『미궁』에서 칼리귤라 궁전의 폐허들을 지나, 한가로이 걷는 중에 옛 교회 잔해들의 벽에서 비잔틴식 프레스코 벽화로 된 십자가상 그림을 보았다고 쓰고 있다. "처음 로마에 왔을 때, 나는 흥미로운 뭔가를 발견하리라 소망하면서, 이 궁전의 차고 무딘 벽돌로 된 아치형 길을 위 아래로 자주 배회하곤 했다. 두 번째 방문에서도, 여전히 뭔가를 찾으며 다시 그곳을 배회했는데, 그것은 황제의 연회를 생각나게 하는 어떤 것이었다. 그러나 그런 것 대신에, 나는 이 낡은 교회를 발견했고, 갑자기 매우 경이로움에 휩싸이게 되고, 이것이 내가 인식하고 이해했던 어떤 것임을 발견한 데 놀랐다. 그것이 내가 그토록 찾아 헤매 왔던 바로 그 어떤 것 이었다"라고 머튼은 썼다.6)

그 정확한 경험이 무엇이었든, 그것은 기독교 신앙으로의 회심이었다. 그는 라틴어 번역본 성경을 사서, 아마도 그의 생애에 있어서 처음으로 성경을 읽기 시작했다. 얼마나 깊은 회심이었는지는 분명하지 않다. 그것은 오래가지는 않을 것이었다. 그 해 여름 그는 다시 한 번 미국으로 갔다. 그는 라틴어 성경을 가지고 갔으나, 누구에게도 그것을 보여 주지는 않았다. 로마에서의 경험은 점차로 그의 의식에서 사라지는 것처럼 보였다. 1933년 가을, 케임브리지 클래어 대학에서 공부를 시작하기 위해 영국으로 돌아왔을 때, 그는 다시 불신자가 되었던 것 같다.

---

6) Thomas Merton, *The Labyrinth*(『미궁』, 미 발행 작품).

그로부터 6년 후, 1939년에 올리안의 별장에서 "케임브리지 시절"에 대하여 쓸 때, 확실히 머튼은 비참했던 클래어 대학 시절을 고통스러워하며 회상했다. 이 시절에 그는 고독 속에 깃든 평화의 느낌을 잃어버린 사람처럼 시간을 보냈었다. 그의 전 생애를 휩쓸었던 외로움이 그를 사로잡았다. 무의미감이 자리 잡았고, 이것은 보다 나은 직관에 대한 무시와 반항으로 머튼을 이끌었다. 그는 학과 공부를 소홀히 했고, 대부분의 시간을 술집에서 보냈다. "한밤중의 파티"를 다루고 있는 『미궁』의 잃어버린 페이지들을 나는 앞서 언급했다. 마침내 그의 삶의 질서와 훈련 부족은 그와 그의 아이를 낳은 미지의 여인을 재난으로 이끌었다. 그는 그의 대부였던 의사 베네트에게 불려갔고, 학생답지 않은 생활에 대해 엄한 훈계를 받았다. 또 미국으로 돌아가라는 말을 들었다. 『미궁』을 쓰며 이 고통스러운 나날들을 추억했을 그가, 그 여인이 어디에 있는지 알고 있었을지, 실제로 그가 영국에서 한 아이의 아버지가 되었는지를 우리가 궁금해 하는 것은 당연한 일일 것이다. 그러나 70년이 지난 지금, 우리는 그것을 확실하게 알 수는 없을 것 같다.

콜롬비아 대학

마침내 그가 자기 자신을 발견한 장소

이제 우리는 머튼이 오두막에서 두 명의 친구, 랙스와 라이스를 두리번거리며 찾고 있는 것을 상상해 볼 수 있는데, 이때 그의 감정은 케임브리지에 대한 고통스러운 회상으로 슬퍼하다가, 콜롬비아 학생이 되어 그의 생애에서 일어난 수많은 변화들에 대한 즐거운 추억으로 바뀌는 것을 쉽게 상상해 볼 수 있다. 콜롬비아는 마침내 머튼이 자기 자신을 발견하게 될 곳이 바로 그 곳, 콜롬비아라는 것을 증명하였다. 1961년 6월, 머튼은 콜롬비아대학을 빛낸 인물로 선정이 되어, 겟세마니 수도사로서 콜롬비아 대학교로부터 대학 메달을 받았다. 그는 그레이슨 커크 총장에게 다음과 같이 썼다. "콜롬비아에 대해 결코 멈추지 않고 수년 동안 자라왔던 제 애정을 진실하게 알리는 것이 마땅하다고 생각합니다…다른 곳에서도 말했지만 다시 한 번 말하는 것은 오늘날 세계에서 매우 큰 중요성을 지닌 콜롬비아에는 일종의 건전함과 관대함이 있습니다."7)

그가 콜롬비아에서 몇 년 동안 누린 행복한 추억들 중에서 가장 의미가 있는 것은 1938년 11월 16일, 그가 가톨릭교회에서 세례를 받은 것이다.

~~~~~ 1939년 올리안에서 뉴욕으로 돌아오다 ~~~~~

여름방학이 끝나고, 세 명의 작가 지망생들이 뉴욕으로 돌아왔다. 그때는 불확실성으로 가득 찬 암울한 9월이었다. 히틀러는 폴란드를 침공했다. 영국과 프랑스는 독일에 대하여 전쟁을 선포했다. 많은 사람들의 마음속에 든 의문은 언제 미국이 전쟁에 참전할 것 인가였다.

1939년 10월 머튼은 콜롬비아 대학교의 영문학 박사(Ph.D) 과정에 입학했다. 그의 소망은 제럴드 맨리 홉킨스에 관한 논문을 쓰는 것이었

---

7) Thomas Merton, ed. William H. Shannon. *Witness to Freedom*(『자유의 증인』): *Letters of Thomas Merton in Times of Crisis*, (New York: Farrar, Straus, Giroux, 1994.) p.158.

는데, 끝내 그 과정을 마치지 못했다.

프란치스코회 수도승으로의 소명?

같은 해 10월, 머튼은 철학 교수인 다니엘 웰쉬와 자신의 장래에 대하여 대화를 나눴다. 그들은 맥주 몇 잔을 마시며 시내 호텔에 앉아 있었다. 시간이 조금 흐르고 나서 머튼이 말했다.

"댄, 나는 사제가 되고 싶어요. 나는 내가 세례를 받은 다음부터 이 열망을 가져왔어요. 나는 이것을 해낼 몇 가지 해결책이 필요해요."

댄은 대답했다. "놀랍지는 않아. 자네를 처음 만났을 때부터, 나는 자네가 사제가 될 거라고 확신했다네."

"코르푸스 크리스티 교회의 포드 신부님은 제가 교구 사제에 합류해야 한다고 생각하세요."

"아니네. 나는 자네가 수도회 생활에 보다 적합하다고 생각하네."

그들은 베네딕도 수도회, 예수회, 트라피스트 수도회에 대하여 이야기했다. 댄은 특히 트라피스트 수도회, 혹은 엄격한 규율의 시토 수도회, 사람들이 보다 적합하게 부른다면 후자로 불리는 곳에 깊은 관심을 나타냈다. 댄이 묘사한 대로라면, 트라피스트 수도회의 생활은 머튼에게 너무나 엄격해 보였다.

마침내 댄이 말했다. "자네, 프란치스코 수도회에 대해서는 어떻게 생각하나?"[8]

성 프란치스코를 흠모했던 머튼은 이것이 좋은 생각이라고 결정했

---

8) Thomas Merton, *The Seven Storey Mountain*, pp. 284-289.

다. 댄은 그에게 자신의 친구로 35번가에 있는 아시시의 성 프란시스 교회에 살고 있는 성소담당자~vocation director~ 에드문드 머피 신부에게 보내는 소개장을 써 주었다. 인터뷰는 잘 되었고 머튼은 이듬해(1940) 8월에 프란치스코 수도회 수련자~Franciscan novitiate~로 들어오도록 초청받았다.

1940년 1월, 머튼은 콜롬비아 경영학부의 공개강좌에서 영작문 과정을 가르치게 되었다. 부활절 기간에 그는 쿠바를 방문했다. 이 방문은 코브르의 성모 기념 성당을 순례하고자 하는 의도도 가지고 있었다. 그곳에서 그는 사제가 될 수 있도록 은혜를 구하는 기도를 드렸고, 사제가 된다면 자신의 첫 번째 미사는 그녀의 믿음을 기억하며 하나님께 바치겠다고 서원을 했다.

그 여름에 그는 올리안의 언덕에 있는 별장으로 돌아왔다. 그 때엔 사람들이 많고 소란스러워서 그렇게 많은 글을 쓰지는 못했다. 머튼과 그의 친구들은 꽤 많은 시간을 의회에 이미 상정되어 있었고, 1940년 9월에 통과된 선택적 복무법에 대하여 토론하면서 보냈다. 머튼은 수도회에 입회하기 때문에, 징병에 응하지 않았다. 징집통보를 받을 밥랙스와 오두막에 있던 다른 사람들은 법의 도덕성과 양심적인 병역 거부권에 대하여 토의했다.

―――――― 거절 ――――――

제단 뒤에 있는 큰 돌로 만든 목 박히신 예수상

머튼은 그해 여름, 마음이 불편하고 불안했다. 그는 8월에 프란치스코 수도회에 들어가기로 되어 있었지만, 그의 무모하고 죄스러운 과거 때문에 그가 사제가 되겠다는 생각이 옳은 것인지 의문이 들기 시작했다. 그는 가방을 싸서 뉴욕으로 돌아왔다.

'에드문드 신부님은 참으로 나를 알고 있지 않아. 나는 내 자신에 대해서 그에게 모든 것을 말해야만 해'라는 생각이 들었고 그는 에드문드 신부가 '잊어버리게. 지나간 일은 과거일 뿐이네'라고 말해주겠다고 생각했다.

그러나 에드문드 신부는 그러지 않았다. 그는 문제를 심각하게 다루었고, 머튼에게 며칠 동안 돌아가 있으라고 했다. 머튼은 그렇게 오랫동안 기다릴 수 없다고 항변했다. 그러자 에드문드 신부는 다음 날 오라고 했다. 청천벽력이었다. 에드문드 신부가 머튼에게 말하길 관구장에게 머튼의 지원을 철회하라는 편지를 쓸 것이라고 했다.

머튼은 어리둥절하고 머리가 멍했다. 그는 7번가를 가로질러 카푸친 교회로 갔다. 고해실에서 그는 눈물과 흐느낌 속에서 자기 이야기를 하려고 했다. 고해신부는 이성을 잃은 이 젊은이가 어떤 수도회에도 들어갈 수 없다고 판단을 내렸다. 머튼은 믿고 싶지 않은 것을 확증 받고 고해실을 떠났다. 상심한 그는 눈물이 볼을 타고 흘러내리는 동안 손에 얼굴을 묻고 제단 뒤에 있는 큰 돌로 만든 못 박히신 예수 상 앞에서 기도했다.

성 보나벤투라 대학에서 가르침

드브뢰 홀: '토머스 머튼이 한때 여기에 살았다.'

이제 결정되었다. 머튼은 사제가 될 수 없었다. 그러나 그는 자신이 할 수 있는 최상의 방법으로 사제와 거의 비슷한 삶을 살아가고자 했다. 그는 벤지거 서점에서 성무일도 한 질을 사서 매일의 시간경을 봉헌하기 시작했다. 프란치스코회 수도자가 될 수 없다면, 가능한 그들과 비슷해지기로 한 것이다. 그는 뉴욕 엘리거니에 있는 프란치스코 수도회 소속의 성 보나벤투라 대학에서 교수직을 구했다.

대학의 학장 토머스 플라스만 신부는 머튼을 받아들였고, 영어 교수직을 주었다. 머튼은 숙식을 제공 받는 것과 함께 주당 45달러를 받았다. 그의 방은 캠퍼스 중앙에 있는 커다란 붉은 벽돌로 지어진 드브뢰 홀, 기숙사 방이었다. 그가 가지고 온 물건들 중에는 책과 타자기, 그리고 몇 년 전 오캄에서 사서 어디든 가지고 다니는 낡은 이동식 축음기가 있었다.

드브뢰 홀은 1940년 7월 중순부터 1941년 12월 9일까지 그의 거처가 되었다. 그로부터 54년이 지나(1995년 6월) 국제 토머스 머튼 협회의 약 500여 명의 회원들이 네 번째 국제학회 및 총회로 성 보나벤투라 대학에서 모였을 때, 사람들은 캠퍼스 식당으로 가는 길에 드브뢰 홀을 지나며 경외감을 가지고 '토머스 머튼이 한때 여기서 살았다'고 생각하리라는 것을 그는 전혀 알 수 없었을 것이다.

그가 가르친 과목은 English 201~202인데, 최상의 문학작품들에 대한 대략적인 이해를 제공하는 입문과목이었다. 이 과목은 보다 전문적인 과목을 수강할 수 있도록 학생들을 준비시키는 과정이었다. 『머튼 시즈널』9)에 게재된 다채로운 논문에서, 토머스 델 프렛은 성 보나벤투라 대학에서 일 년 반 동안 머튼이 가르쳤던, 학생들 중 몇 몇의 추억을 한데 모았다. 인터뷰에 응한 사람들은 모두 머튼이 영문학을 어떻게 그들에게 전달해야 할지를 잘 알고 있는 좋은 선생님이었다고 답했다. 머튼은 '조용하면서도,' '섬세한 유머감각'과 '엄하지만 공정하게 점수를 주는 사람', '고독한 사람,' '자기 학생들에 대해 사려 깊은 사람', '우리들이 함께 어울려 즐기곤 했던 사람'으로 묘사되었다. 그는 방에서 다른 사람들이 성가실 정도로 봉고 드럼 연주를 즐겼다. 그는 혼자 캠퍼스를 걸었다. 거의 대부분의 시간을 홀로 걷는 것 같았다.10)

겟세마니에서 성주간 동안의 피정

이곳은 미국에 있는 모든 생명력의 중심이다

교수가 되고 두 번째 학기의 성주간(고난주간, 1941년 봄)에, 머튼은 자신의 생애의 전 과정을 변화시킬 하나의 결정을 했다. 그는 댄 웰쉬가 말했던 시토 수도회에서 피정을 갖기로 했다. 그곳은 루이빌에서 약 50마일 떨어진 발스타운 시에 가까운, 켄터키 외곽의 겟세마니 성모 수도원이었다.

수도원과 그 전례의식은 그에게 깊은 인상을 주었다. 리플리 코트에 있을 때 수레이에서의 조용한 산책, 스코틀랜드에서 경험했던 외로움,

---

9) *The Merton Seasonal*, 1995 Summer.
10) Thomas Del Prete, "Merton at Bonaventure(성 보나벤투라 대학 시절의 머튼)", *The Merton Seasonal*, 1995. Summer, pp.10-12.

오캄에서 아주 깊이 그에게 감동을 주었던 브룩 힐에서의 '바로 거기에 존재함'의 느낌, 그가 홀로 있기를 강요당했던 모든 시간들-모든 사건들이 그가 이 수도회에서 경험하고 있는 것으로 이끌고, 또한 그것에 초점을 맞추도록 하는 것처럼 보였다. 그는 침묵을, 평화를 사랑했다. 그는 어떻게 자기 일과 소음의 세계로 돌아갈 수 있을지 의심스러웠다. 『칠층산』에서 그는 그의 반추를 자세히 이야기하고 있다.11)

> 이곳은 미국에 있는 생명력의 중심이다. 이곳은 왜 이 나라가 함께 연합해 있는지에 대한 원인이자 이유이다.

그는 계속해서 앞으로 수도승이 된 후에, 깊은 관심을 가지고 문제를 제기하고 심각하게 다루고 싶어 할 수도승의 삶에 대한 이해를 표현한다.

> 익명의 합창과 하얀 수도복 속에 숨은 이 사람들은 군대도, 의회도, 대통령도 그렇게 수행할 수 없는 것을 그들의 조국을 위해 하는 중이다. 그들은 대신 조국을 위하여 하나님의 은총과 보호와 우정을 얻고 있다.12)

그것은 첫 눈에 반하는 사랑이었다. 그 사랑에는 시험과 도전이 있었지만(그 자신에 의해서 여러 번), 그의 나머지 인생을 지배하게 될 것이었다.

피정의 집에 있는 도서관에서 그는 하나님의 사랑에 관해 쓴 성 버나드의 책을 발견했다. 성 버나드는 1098년 프랑스 시토에 있는 시토 수

---

11) Thomas Merton, *The Seven Storey Mountain*, p.325.
12) Thomas Merton, *The Seven Storey Mountain*, p.325.

도회가 설립되자마자 들어왔다. 베네딕도 수도회의 개혁 분파인 시토 수도회는 가능한 한 엄격한 베네딕도 수도승의 삶을 유지하기 위해 숲 속으로 들어왔다. 그들은 버나드가 여러 친척들과 함께 와서 새로운 생명을 수련자들에게 불어넣을 때까지 거의 생존하기도 어려운 상태에 있었다. 버나드는 12세기의 가장 영향력 있는 인물이 되었다. 피정집에 있는 도서관에 앉아서, 성 버나드의 책을 읽으면서, 머튼은 자신이 어느 날 버나드에 필적하게 될 만큼, 당대에 일어난 종교적 삶의 드라마틱한 갱신에 관여하게 될 줄을 꿈도 꾸지 못했을 것이다. 그 갱신이야말로 머튼이 적지 않은 공헌으로 야기한 것이다.

겟세마니를 떠나는 날, 머튼은 만일 하나님의 뜻이라면 트라피스트 수도사로 부름 받는 은총을 달라고 기도했다. 그 해가 가기 전에 그의 기도는 응답되었다. 성주간 피정 후 얼마 동안 그는 '우정의 집'에서 가난한 사람들을 위한 일을 하기 위해 할렘에 가야 하는지, 모든 것을 포기해야 하는지 그래서 겟세마니에 가야 하는지 갈등했다. 1941년 12월 초 어느 저녁, 머튼은 자신이 소중하게 간직해 온 "작은 길"의 영성을 쓴 소화 테레사Saint Therese of Lisieux에게 헌정된 캠퍼스의 성당 근처 정원을 걷는 중이었다. 그는 하나님께 기도했다. "내게 무엇을 해야 할지 보여 주세요. 그러면 나는 당신의 사제가 될 것입니다." 이렇게 기도할 때 갑자기 그는 상상 속에서 밤에 울리는 겟세마니의 큰 종소리를 들었다. 놀랍게도 그때는 바로 성모찬송가Salve Regina를 위해 끝기도에 울리는 종이 막 울릴 시간이었다. "그 종소리는 내가 어디에 속해야 할지 내게 말해 주는 것 같았고, 마치 나를 집으로 부르는 것처럼"[13] 느끼게

---

13) Thomas Merton, *The Seven Storey Mountain*, p.365.

해 주었다고 고백한다.

--- 마침내 과거와 대면함 ---

드디어 머튼은 자신의 과거가 수도회 입회나 사제직에 대한 서품을 가로막는 장애물이 되는지 알아 볼 용기를 냈다. 이것을 명백하게 하기 위한, 수많은 헛수고와 자문을 구하기 위한 망설임 후에, 그는 마침내 자신이 탁발수사인 필로테우스 보에너 신부 사무실에 있는 것을 깨달았다. 그는 머튼에게 아무런 장애가 없다는 것을 확신시키고 겟세마니에 지원하라고 충고해 주었다.

머튼은 서둘러 행동해야 했다. 좋지 않은 치아 상태 때문에 일찍이 거절했던 징병위원회가 다른 검사를 위해서 그를 소환했기 때문이다. 그는 한 달 연기신청을 받아 냈는데, 이 연기는 만일 그가 수도회에 들어가면 영구적이 될 수 있는 것이었다.

2. 수도승 생활

--- 새로운 인생: 겟세마니 성모 수도원 ---

이 갈등 속에 한 사람의 운명과 자아상을 감지한다

1941년 12월 9일, 빗방울이 얼어붙어 미끄러운 밤에 머튼은 기차역으로 향했다. 영문학과 동료교수인 짐 헤이스Jim Hayes가 그를 전송해 주었다. 서로 작별을 고하고 나서 톰 머튼은 그의 전 생애를 변화시킬 여행에 나섰다.

겟세마니 성모 수도원The Abbey of Our Lady of Gethsemani은 켄터키의 '언덕배기'에 둘러싸여 아름드리나무로 굽이치는 숲에 자리하고 있다. 톰은 12월 10일 저녁때가 되어서야 그곳에 도착했다. 루이빌에서 발스타운까지는 기차로, 발스타운에서 수도원까지는 택시로 왔다. 그는 택시로 곧장 수도원의 마당까지 들어왔는데, 큰 가로수 길을 지나 왼쪽으로 급커브를 해서 수위실 입구에 이르는 짧은 길이었다. 그 수위실은 이제는 1.5-2 미터높이의 현대적인 벽으로 개조되었다. 머튼 당시는 그 수위실에서 방문객을 맞았다. 입구의 꼭대기에는 십자가가 있고, 바로 밑에는 동정녀 마리아의 동상이 있었다. 그 동상 아래, 즉 수위실 문 바로 위에는 '여기 들어오는 모든 이에게 평화를'pax intrantibus이라는 문구가 씌어 있다.

그가 택시에서 내렸을 때, 수도승들은 이미 취침을 하기위해 다 물러가 있었다. 수도승들은 한 명도 눈에 띄지 않았다. 초인종을 누르고 한참 기다리니 매튜 형제Brother Matthew가 문을 열어 주었다. 그는 바로 성주간 피정 때, 머튼을 맞이해 주었던 수도승이었다. 매튜 형제는 "여기에 머무르기 위해서 오셨나요?"라고 물었다. 머튼은 "저를 위해 기도해 주신다면 그렇지요"라고 대답했다. 매튜 형제는 그것이 바로 자신이 해 오고 있는 일임을 확신시켜 주었다.

1941년 12월 10일, 머튼이 수도원의 울타리 안으로 들어간 그날은 그의 27번째 생일을 한 달 남짓 남겨둔 때였다. 그날은 또 머튼이 1968년 12월 10일, 갑작스러운 사고로 예상치 못한 죽음을 맞을 때까지, 겟세마니의 수도승으로 살아낸 꼭 27년 간 삶의 출발점이 되는 날이기도 하다.

처음 며칠은 게스트 하우스에서 지냈다. 그런 다음 1941년 12월 13일, 대수도원장 프레드릭 듄Frederick Dunne의 수락으로 수련생의 대열에 올라 본격적인 수도원 생활에 돌입했다. 그것은 바로 중세 시대의 삶으로 들어가는 것과 같았다. 수도원은 6세기로 거슬러 올라가는 규칙을 따르고 있었다. 그것은 성 베네딕도의 규칙이었는데, 다른 어떤 수도 규칙들보다 더 엄격하게 해석된 11세기 시토수도회Cistercians의 규칙이었다. 또 그것은 프랑스 시토 수도원 라트라페La Trappe의 17세기 대수도사 아르망 장 드 랑스Armand-Jean de Rance가 11세기 시토 수도회보다 훨씬 더 엄격히 적용한 것이기도 했다. 그래서 라트라페 수도사들은 '엄격한 수도회'Strict Observance로 비공식적으로는 '트라피스트'로 알려졌다.

머튼이 겟세마니에 처음 입회했을 때는 현대식 기계들이 아직 수도원에 들어오지 않을 때였다. 그들은 트랙터 대신에 말을 이용해 밭을 갈았다. 기숙사 생활은 사생활을 보장받지 못했으며 중앙 난방시설도 없었다. 그들은 네 개의 판이 받치고 있는 다다미 위에서 옷을 다 입은 채 잠을 잤다. 식사는 매우 단순했다. 육식고기, 생선, 달걀도 없었다. 머튼보다 10년 뒤에 겟세마니에 들어온 플라비안 번스 경Dom Flavian Burns은 당시의 겟세마니 생활을 다음과 같이 묘사했다. "음식은 그다지 풍성하지 못한데 일은 넘쳤다. 아침에 두 조각의 빵과 약하게 탄 커피 한 잔을 먹고 겨울철 장작을 쪼개러 나가야 했는데, 참으로 힘든 일 이었다"[14] 수도승들은 서로 말없이 수화로 의사소통을 했다. 그것은 "세상에서 수다를 떨면서" 살았고, 오캄 시절 이후로 무거운 세속의 짐을 지

---

14) Ed. Paul Wilkes, *Merton: By Those Who Knew Him Best*, p.105.

고 살았던 한 젊은이에게는 참으로 적응할 수 없는 환경이었다. 특별히, 자신이 독립된 생활을 하고 있다고 자부하는 사람에게 있어서, 그곳은 좀처럼 적절한 장소로 여겨지지 않았을 것이다. 그럼에도 불구하고 머튼은 수도승 생활의 모든 것을 사랑했다. 그는 일찍이 무질서하고 목적 없는 방종 가운데 자신을 내던졌던 것과 똑같은 열정을 가지고 수도승 생활을 해나갔다. 그에게 있어서 수도원에 들어가는 것은 해방과도 같은 것이었다. 그는 기꺼이 하나님이 원하시는 사람이 되고자 했다. 이러한 초기의 열정가운데서, 머튼은 자신이 하나님의 뜻을 성취하는 길은 수도규칙을 지키는데 있음을 확신했다. 한 떠들썩한 "반항아"가 침묵의 사람, 순종적인 수도승이 되었다. 적어도 당분간은 말이다.

내가 보기에 머튼이 겟세마니 수도원에 머물렀다는 것은 그의 생애에서 큰 기적이다. 지금까지 막무가내의 삶은 말할 것도 없고 온갖 세속적인 흥미를 지닌 이 세련되고 복잡한 젊은이가 수도승 생활의 혹독한 규칙을 수용하고 그 규칙들에 잘 적응할 수 있었다는 것은, 곧 이런 생활의 타당성과 이 젊은 수도승에게 역사한 하나님의 은혜를 입증하는 것이다. 1966년, 직업의 변화를 겪고 있는 사람들에게 충고를 부탁한 로버트 멘신Robert Menchin에게 답하면서, 머튼은 수도승으로서의 성소는 하나의 "직업"career을 선택하는 것과는 분명히 구분되는 것이라고 지적했다. "어떤 면에서 사람이 수도승으로서 직업을 선택하는 것이 아니라 성소가 사람을 선택한다"고 말했다.

> 종교적으로 말하자면, 그것은 수도승의 삶을 살도록 하나님께 "성소"를 받았음을 믿는다고 말함으로써 표현된다. 일상적인 말로 해석하자면, 이것은 자신이 의식적으로 원하는 경향까지도 저항하

며 나갈 수 있는 깊은 내적 변화를 뜻한다. 그것은 투쟁을 포함한다. 상당한 의심과 저항과 수많은 질문들이 생겨난다. 그리고 때로는 그 모든 것이 불합리하게 보인다. 그러나 당신은 그것을 극복하고 나아가야 한다. 이러한 씨름을 통해서 자신의 운명과 자기 정체성이 확립된다.15)

그는 계속해서, "수도승이 되는 것에 대한 성소에 대해서 나는 한순간도 의심해 본 적이 없다. 그러나 어디에서, 어떻게 수도승이 될 것인지에 대해서, 또 수도승이 되는 길과 수단에 대해서 지금까지 숱한 질문들을 던져왔다"16)라며 자기 성소가 확고함을 선언한다.

우리는 이 선언이 1966년에 있었음을 기억해야 한다. 수도승 생활에 이제 막 익숙해지고 있는 젊은 수도승이 이런 식으로 말할 수 있는지, 혹은 생각이라도 할 수 있을지 모르겠다. 그러나 이를 이 평범하지 않은 수도승의 삶 속에서 장차 일어날 일에 대한 예언자적 선언으로 읽는다면 도움이 될 것이다. 이때 반항아의 기질은 동면상태에 있었다. 그러나 있는 그대로의 머튼의 모습을 고려해 볼 때, 이것은 조만간 나타날 수밖에 없는 것이었다. 우리가 보게 되듯이, 그것은 파괴적이 아니라 창조적인 것이 될 것이다. 그것은 우리 시대에 수도승 생활을 이해하는 데 있어서 새롭고 신선한 길을 여는 데 도움이 될 것이다. 보다 더 나아가서, 그것은 단순히 수도승만이 아닌 더 깊은 내면의 삶을 살고자 추구하는 모든 사람을 위해 생생한 영성의 새로운 길(아마도 '잊혀진 길'이라고 해야 옳겠지만)을 트는 데 있어 도움이 될 수 있을 것이다.

---

15) Thomas Merton, *Witness to Freedom*, p.255.
16) Thomas Merton, *Witness to Freedom*. p. 255.

A. 『칠층산』을 출간하기 전 수도원 생활

수도승들이 따르는 매일의 일과는 올리안에 있는 세 친구들의 생활과는 판이하게 다르다. 수도승들은 새벽 2시에 일어난다(종종 올리안 사람들은 이 시간에 잠자리에 들 때가 많았을 것이다). 2시 반부터 30분간은 개인기도시간이다. 점등이 이어지고 20개의 시편과 몇 개의 찬송과 낭독으로 이루어진 독서기도와 아침기도the canonical offices of matins and lauds를 드린다. 아침기도는 새벽 4시에 끝난다. 그 시간에 수사-신부들17)은 다른 수도승 한 명의 도움을 받아 개인 미사를 드린다. 나머지는 공동체 미사에 참석한다. 그런 다음 15분 간 감사기도fifteen minutes of thanksgiving를 하고, 아침 5시 30분까지 개인 기도시간을 갖는다. 개인 기도를 마치면 경당(소 예배실)으로 돌아와 주요 성무일도의 제 1시경the canonical hour of prime을 갖는다.18) 제 1시경(prime)이 끝나면 강론(설교)을 듣기 위해 모인다. 강론은 대수도원장이 하며 주로 규칙서Rule에 관한 말씀이다. 그리고 수도승들과 관련된 필요한 업무를 전달한다. 수도승들은 방으로 가서 침대를 정리하고, 그런 다음 식당으로 가서 아침식사로 커피 한 잔과 마른 빵 두 개를 먹는다.

아침식사 후 한 시간의 독서시간이 있는데 머튼에게 있어서 참으로 소중한 시간이었다. 그는 다른 어떤 것보다 교회의 초기 교부들과 11세

---

17) 사제로 서품을 받은 수도자를 일컫는다. 당시까지만 해도 행해지던 이러한 개인미사가 오늘날은 사라졌다.

18) 수도승들의 매일의 기도는 여러 개의 기도‘시간’들로 구성되어 있다; 독서기도(*matins*), 아침기도(*lauds*), 제 1시경(*prime*), 제 3시경(*terse*), 제 6시경(*sext*), 제 9시경(*none*), 저녁기도(*vespers*), 끝기도(*compline*)등이다. 여기서 사용되는 "시간"은 60분단위의 시간개념을 말하는 것이 아니다. 제 1시경, 제3시경, 제6시경, 제9시경과 끝기도는 약 10분정도 진행되며, 아침기도와 저녁기도는 약 30분정도 이어지고, 독서기도는 약간 더 오래 진행된다.

기 시토 수도회 교부들의 책을 주로 읽었다. 대부분 이 책들은 라틴어로 쓰였다. 머튼은 라틴어가 유창했기 때문에 읽는 데 아무런 어려움이 없었다. 그러나 그리스 교부들에 관한 것은 라틴어 번역본을 읽어야만 했다. 그는 오캄에 다닐 때 그리스어를 좀 더 진지하게 공부하지 않았던 것을 후회했다.

아침 7시 45분에 수도승들은 제3시경$_{the\ office\ of\ terce}$을 위해 경당으로 돌아와 그날의 대미사(장엄미사, 대예배 daily high mass)를 드린다. 그들처럼 이렇게 일찍 성체를 받는 사람은 없을 것이다. 미사가 끝나면 정오에 올리는 제6시경$_{the\ office\ of\ Sext}$의 임무를 수행한 후 두 시간 동안 노동한다. 이것이 머튼 초기의 일상생활이었다. 그러나 머잖아 육체노동 대신 저작을 위한 시간이 주어졌다. 아침 일과 후에 수도사들은 경당으로 다시 돌아와 양심 성찰수행$_{the\ examen\ of\ conscience}$을 한다. 그런 후 점심을 먹는데, 가지 수는 얼마 안 되지만 먹고 싶은 만큼 먹을 수 있다. 주식은 감자와 빵이었다. 일반적으로 수프와 몇 가지 채소가 준비 되었다. 점심식사가 끝나면 제 9시경$_{the\ office\ of\ none}$이 있으며, 곧이어 아무 임무도 없이 휴식$_{siesta,\ 오침}$이 이어진다. 휴식이 끝나면 두 시간의 오후 노동이 있다. 저녁 기도$_{Vespers}$는 오후 4시 30분이며, 조용한 기도가 끝나고 간단한 저녁식사가 주어진다. 설거지가 끝나면 하루의 마감 임무인 끝기도$_{compline}$로 모인다. 끝기도는 성모찬송가$_{Salve\ Regina;\ '여왕이시며'}$를 부름으로 마치며, 곧 이어 수도승들은 대수도원장의 강복(축복)을 받고 잠자리에 든다.

머튼 이야기에서 가장 큰 기적은 그가 살아온 삶의 배경에도 불구하고 겟세마니 수도원의 수도승으로 끝까지 남을 수 있었던 것이라고 앞서 언급했다. 두 번째 기적으로 생각하는 것은, 지금까지 묘사한 것을 통해서 볼 수 있듯이 독서와 저작을 위한 시간이 지극히 제한된 매우 조밀하게 짜인 생활 속에서도, 머튼이 자신의 고물 타자기로 어마어마한 양의 저작물들(책, 시집, 서간문, 간행물)을 출간할 수 있었다는 사실이다.

대수도원장에게 보낸 편지

머튼이 수련 기간에 들어간 직후, 수련장the novice-master 로버트 맥간 Robert McGann 신부는 머튼에게 대수도원장 프레데릭 듄 경에게 편지를 써서 그의 회심 과정을 설명하고 과거에 살았던 곳들을 열거해 보라고 제안했다. 편지는 1942년 1월에 쓰였다.19) 편지는 훗날 그의 자서전 『칠층산』에 터뜨린 이야기를 요약한 중요한 내용이다. 이 편지를 본 대수도원장 신부는, 이 평범하지 않은 수련 수사가 언젠가 수도원에 들어오기 전 이야기를 쓰면 좋겠다는 생각을 갖게 되었다.

1944년, 머튼, 혹은 루이스 형제(Frater Louis: 종교 영역에서 그의 이름을 사용하자면)는 유기서원20)을 하도록 허락받았다. 이때 그에게 최종 종신서원 직전의 3년 동안 유언을 작성하라는 임무가 주어진다. 이 유언의 한 조항이 그의 과거의 삶을 다소 조명해 준다. 다음은 그의

---

19) Thomas Merton, ed. *Brother Patrick Hart. The School of Charity*(자비의 학교): *Letters on Religious Renewal and Spiritual Direction*, (New York: Farrar, Straus, Giroux, 1990.) pp.5-7.

20) (有期誓願; temporal vow): 일정 기간을 정해놓고 하는 서원. 수련기를 마친 수련자는 유기 서원을 하게 되는데 유기 서원의 방법과 그 기간은 수도회마다 다르지만 대개 3년에서 4년으로 하고 있다. 이 기간 동안 자신의 수도 성소를 재확인해 보고 자신이 하나님께 약속한 기간이 만료되면 종신서원을 하거나 아니면 자유로이 수도원을 떠날 수 있다. http://osb.or.kr/dictionary.html에 있는 내용을 역자가 그대로 인용하였음을 밝힙니다.

후견인 토머스 베네트Thomas T. Izod Bennett에게 주어진 내용이다. "내 편지들 중에서 내가 그에게 언급했던 사람에게 그가 지불할 것. 만약 그 사람이 찾아진다면."21) 이 대목은 자신의 과거를 책임지려는 그의 관심을 나타낸다. 또 머튼이 "그 사람"이 어디 있는지 알고 있었는지에 대한 질문에 결론을 내리는 듯하다.

머튼은 성 요셉의 축제인 1944년 3월에 유기 서원을 한다. 3월 6일에 루이스 형제는 대수도원장에게 하나님께 완전히 헌신하고자 하는 마음과 세 가지의 기도 제목을 담은 편지를 썼다. 이 세 가지의 기도 제목은 평화를 위한 기도, 수도원에 있는 형제들을 위한 기도, 자신의 '죄악된 생활'과 연관된 세상에 속한 사람들의 구원을 위한 기도였다. 이 유기 서원이 이루어진 직후, 머튼은 사제가 되기 위한 공부를 시작했다. 그는 전 세계적으로 신학교에서 공통적으로 사용되는 동일한 기본 교재들을 연구했다. 그 교재들이란 고작해야 신 스콜라주의에 기초한 내용들이었다.22) 이 교재들은 그의 저술에 아마도 잠깐 동안만 영향을 주었을 것이다. 그는 후의 저술에서 자신에게 더욱 적절하고 자연스러운 경험의 방법론에 관심을 돌렸다.

---

21) Thomas Merton, *The School of Charity*, p.8.
22) 나는 소위 머튼이 그것들을 다루도록 요구 받았던 바로 그 시기에 같은 교재를 가지고 신학공부를 했던, 그 모든 상황을 잘 알고 있는 한 사람으로서 말한다.

B. 『칠층산』의 출간 후의 수도원 생활

머튼의 사제 서품[23])이 있기 전, 그의 수도원 경력을 뒤바꿀 사건이 일어났다. 수도원장 프레드릭 경이 쓰도록 지시한 그의 자서전 『칠층산』이 1948년 10월 4일 출간되어 곧바로 베스트셀러가 되었다. 첫해에 60만 부가 팔렸고, 이후 다양한 언어로 수백만 부가 지속적으로 팔렸다. 평화와 고독을 찾으려고 겟세마니로 들어갔던 젊은이가 이제는 그가 버리려고 생각했던 세계의 유명인이 되어 버렸다. 팬들의 편지가 넘쳐났다. 초기 몇 년 동안, 그것들 중 대부분은 단순히 흠모해 하는 내용들이었고, 루이스 신부의 사인을 담은 감사 편지로 답할 수 있는 것들이었다. 그러나 시간이 지나면서, 상당한 부분의 반응은 좀 더 실제적이 되었고, 형식적인 편지 이상의 것을 요구하였다. 결국 머튼의 응답은 4000통 이상의 편지를 포함하게 되었고, 그들 중 대부분은 다섯 권의 책으로 출간되었다(이 책들은 제4장에서 밝히겠다).

예술과 관상

머튼이 수도원에 있는 동안에 쓴 많은 책, 수필과 시, 이외에 수많은 편지들이 있다. 이들 중 일부는 본서의 후반부에 다룰 것이다. 여기서 내가 다루고자 하는 문제(혹은 문제처럼 보이는 것)는 저술활동이 그에게 부여한 고민이다. 처음 수도원에 들어갔을 때, 그는 글을 쓰도록 허락되지 않으리라 생각했다. 그리고 자신이 글을 써서는 안 된다고 확신했다(적어도 그는 그래야 한다고 생각했다). 그는 수도원에 관상

---

23) 1949년 5월 26일, 예수 승천 축일에 콜롬비아 대학의 친구들이 참석한 가운데 열렸다.

가가 되기 위해 들어갔던 것이다. 초기 수도원 삶의 시기에 그가 생각한 관상가란 창조되기 위해 하나님 안으로 들어가는 것인 반면, 작가는 창조하기 위하여 스스로 자신 안으로 들어가는 것이었다.24) 그래서 그는 작가 토머스 머튼과 관상가 루이스 형제 사이에서 선택해야 한다고 생각했다. 물론 그는 글쓰기를 원했다. 마치 글을 반드시 써야 하는 사람인 것처럼, 마치 잉크가 그의 정맥에 흘러들어 정기적으로 그것을 뿌려내야 하는 것처럼 말이다.

다행히도 머튼의 장상들은 이 젊은 수도승의 재능을 알아챘고, 그에게 글을 쓰도록 지시했다. 그러나 그는 계속해서 이 문제로 씨름했다. 머튼은 자신의 저술행위가 순종에 의해 이루어졌기 때문에 자신의 기도에 방해가 되지는 않을 것이라는 사실을 자기 스스로에게 상기 시켰다. 하지만, 자신의 저술행위를 관상의 라이벌 대신, 관상에 도움을 주는 것으로 인식하기까지는 많은 시간이 필요했다. 그의 장상들은 지혜로웠다. 머튼이 만약 글쓰기를 중단하도록 압력을 받았다면 그는 수도승으로서 직분을 내버리고, 심지어 수도원을 떠났을지도 모를 것이다. 하나님은 은사를 주실 때 그것을 내던지라고 주시지 않는다. 머튼이 만약 자신이 작가로서의 재능을 사용한다면, 결코 관상가가 될 수 없다는 믿음을 고집했다면(만약 그것을 진정으로 믿었다면), 머튼의 현대 세계를 향한 가장 중요한 메시지 역시 소리를 발하지 못했을 것이다. 그것은 이런 이치이다. 어떤 사람이 동시에 관상가와 작가가 될 수 없다면, 그것은 동시에 관상가와 주부가 될 수 없다는 것이고, 동시에 관상가와 트럭 운전수가 될 수 없다는 것이며, 동시에 관상가와 교사, 관상가와

---

24) Thomas Merton, *Seeds of Contemplation*(『명상의 씨』). (New York: New Directions, 1949.), p.71.

작업장의 단순 노동자가 동시에 될 수 없다는 뜻이다.

그러므로 머튼의 개인적인 문제는 보편적인 중요성을 가진 문제를 부각시킨다. 그가 마침내 관상은 어느 누구의 것도 될 수 있음을 깨달음으로써, 그는 금세기에 가장 중요한 영적 영향을 미친 사람이 되었고, 앞으로도 계속 그럴 것이다. 그가 마침내 이런 확신에 다다르게 된 것은 독서의 결과가 아니라(어느 누구도 당시에 이런 종류의 글을 쓰지 않았기 때문에), 자신의 관상의 경험으로부터 나온 것이라고 나는 믿는다.

관상과 고독

한편 머튼이 수도승이 되었을 때 직면했던 또 다른 문제(그의 생애 마지막까지 지속되었던)는 관상 생활에 적합한 "장소"를 찾는 것에 대해서였다. 만일 그가 글쓰기와 관상 사이의 대립을 알았다고 한다면, 그는 또한 관상과 자칭 관상가가 되는 데 필요한 고독의 양과의 밀접한 관계를 보았다고 할 수 있다.

나는 머튼이 겟세마니 수도회에 매혹되었지만, 그것은 사실 이차적인 선택이었다고 지적하고자 한다. 어쩌면 머튼은 각자 독립된 집에서 홀로 독거 수도승으로 수도해 나갈 수 있는 카르투지오 수도회에 입회할 수 있는 기회가 주어졌다면, 머튼은 거기에 합류했을지도 모른다. 그러나 1941년 미국에는 카르투지오 수도회[25]가 아직 없었다. 그리고 전쟁 중이었기 때문에 유럽에 있는 카르투지오 수도회에 들어갈 수도 없었다.

고독을 향한 머튼의 열의는 제임스 폭스 경이 겟세마니 수도회 대수

---

[25] 카르투지오 수도회는 1950년 초 버몬트 주에서 설립되었다.

도원장이 된 후 좀 더 강하고, 일관되게 주장되었다. 하버드 대학교의 경영학부를 졸업한 제임스 경은 수도원을 상당히 현대화했다. 기계 소음과 생활의 분주함 등은 은자적인 삶을 구현할 수 있는 유형과 밀접한 수도원으로 옮겨가기를 갈망하는 머튼의 염원에 더 한층 박차를 가할 뿐이었다. 그러나 이 문제에 대하여 머튼은 수도원장과 고해신부로부터 어떤 격려나 지지도 받지 못했다. 그들은 머튼에게 현재 그가 올바른 장소에 있다고 말했다. 그들은 하나님께서 머튼이 겟세마니에 있기를 원하신다고 말해 주었다. 보다 더 온전한 고독의 삶을 추구하고자 했던 머튼의 초기의 투쟁사는 『요나의 표적』이라고 명명한 그의 일기에서 자세히 다루고 있다. 요나처럼, 머튼은 자기 자신은 한 방향으로 가기를 원하는데, 하나님께서 그를 다른 한 방향으로 일관되게 부르시는 소리를 들었다.

　제임스 경은 일시적으로나마 그 문제를 해결해 주었다. 그는 머튼에게 숲에 있는 연장을 보관하는 낡은 집을 주었다. 그리고 거기서 매일 시간을 보내도록 허락했다. 1953년의 일이었다. 머튼은 너무나도 황홀했다. 마침내 그는 '내 전 생애 동안 기다리고 찾던 것을 가졌다'고 말했다. 그는 이 외딴 수도 처소를 '성 앤의 집'이라고 불렀다. 그가 거기 있는 동안에 쓴 것이 바로 『고독 속의 사색』이다. 수도회에서 머튼이 버려져 있던 연장 보관 창고가 아닌, 수도원 안에 있는, 보다 합당한 은수처에서 전적인 은수자로 살도록 허락받은 것은 1965년에 이르러서였다.

수련장—동정심 많은 관상가

　1955년, 제임스 경은 루이스(토머스 머튼) 신부에게 신임을 보였다. 수련장이라는 매우 중요한 직책에 그를 임명한 것이다. 머튼은 수련 수사들이 넘쳐나던 당시에, 수련자들에게 새로운 분위기를 불러일으켰다. 그는 10년 동안 이 소임을 계속했다. 그리고 수도승이 되는 것이 무엇을 의미하는지에 대한 자신의 이해가 급진적인 변화를 겪고 있을 당시, 많은 젊은 수사들에게 수도원 생활에 대한 머튼 자신의 생각을 각인시켰다. 이 시기에 머튼이 처음 수도원 도착했을 때 겟세마니 수도원 입구에 묻어 두었던 그의 반항적 기질이 다시 수면위로 떠오르기 시작했다.

　1955~1965년 사이에 머튼은 1941년 세상을 등지고 오로지 하나님께만 자신을 드리겠다는 뜨거운 열망으로 겟세마니 수도회에 들어왔던 그 사람과는 매우 다른 수도승이 되었다. 그에게 일어나고 있었던 일 중 하나는 그의 관상에서 나온 성숙한 깨달음인데, 즉 진정한 의미에서 이 세상을 떠난다는 것은 불가능하다는 사실이었다. 단순히 가야 할 곳이 어디에도 없는 것이다. 세계는 수도회 벽들의 양측 모두에 다 존재한다. 수도승은 모든 남자와 여자가 다루어야 할 똑같은 인간의 근본적인 문제들에 직면한다. 그들은 또한 세상에 책임을 가지고 있다.

　이 동터오는 직관은 '루이빌의 비전'으로 알려진 것 속에 고전적으로 표현되어 있다. 1958년 3월 18일, 머튼은 수도회의 용무를 위하여 루이빌에 가 있었다. 포쓰와 월넛 가의 모퉁이에 서서, 그는 "신비하다"라고 묘사할 수밖에 없는 놀라운 영적 경험을 했다. 그는 쇼핑 지역 가게를 서둘러 드나드는 사람들을 보고 있었다. 갑자기 그는 자신이 이들 모두를 사랑하고 그들이 자신과 낯설거나 분리되어 있지 않다는 깨달음에 압도되었다. 이 경험은 수도원에서 태동한 분리된 "거룩한" 존재에 대한 개념에 도전이었다. 그는 단지 한 인간이 되려고 태어났을 뿐 아니라 나머지 인류와 하나가 되기 위해, 또 나머지 인류와 분리되지 않으려고 태어난 영광스러운 운명임을 경험하게 되었다. 여기 머튼의 말이 있다.

> 나는 갑자기 내가 이 모든 사람을 사랑했고, 그들은 나의 사람들이며 나는 그들의 것이라는 깨달음에 압도되었다…그것은 분리의 꿈, 특별한 세계에서 위조된 자기 고립의 꿈, 부정$_{renunciation}$과 가장된 거룩의 세계에서 깨어나는 것과 같았다. 분리된 거룩한 존재에 대한 모든 환상이 꿈이다.26)

그는 계속해서 이렇게 말한다. "환영적인 구별로부터의 해방감은 거의 큰 웃음을 터뜨릴 만한 깊은 안도감과 기쁨의 경험이었다. 나는 내 행복이 다음의 이 말들 속에 표현될 수 있다고 생각한다. … 내가 다른 남자나 (여자와) 같은 사람이라는 데 대해 하나님께 감사한다."

> 이 경험에 대한 반추는 머튼으로 하여금 다소 신비스러운 방식으로, 그의 수도승의 고독이 모든 사람에게 속해 있음을 볼 수 있게 해주었다. 나는 단지 나 자신뿐만이 아니라 그들을 위해서 그렇게 해야 할 책임을 가진다. 내가 홀로 있는 것이 그들 덕분인 것은 바로 내가 그들과 하나이고, 내가 홀로 있을 때 그들은 "그들" 아닌 바로 나 자신이기 때문이다. 누구도 낯선 사람이 아니다.27)

---

26) Thomas Merton, *Conjectures of a Guilty Bystander*(『죄인된 방관자의 억측』), Garden City, N.Y.: New Directions, 1977. p.156.
27) Thomas Merton, *Conjectures of a Guilty Bystander*, p.158.

그는 이 모든 경이로움에 관해서 계속 반추한다.

> 갑자기 나는 마치 그들 마음의 비밀스러운 아름다움, 그들 마음의 깊이, 즉 죄나 욕망이나 자기-지식sellf-knowledge이 다다를 수 없는 곳, 그들의 실재의 핵심, 하나님의 눈으로 보는 각개인의 참된 인격체를 본 것 같았다. 그들이 오로지 스스로를 있는 그대로 볼 수 있다면, 우리만이라도 서로를 매 순간 그런 식으로 볼 수 있다면, 그곳엔 더 이상의 전쟁도, 증오도, 탐욕도 없을 것이다.28)

이 경험은 비록 수도원 밖에서 일어났지만, 나는 머튼이 수도원 안에서 살았던 17년 동안 그의 내부에서 계속되어진 어떤 것 때문에 발생했다고 믿는다. 이 기간 동안 머튼은 사실상 관상가가 되었다. 어느 진정한 관상가일지라도 관상을 통해 가르침을 받듯이, 관상은 하나님을 발견함 속에서 하나님의 사람들을 발견하고, 하나님 안에 있는 자신을 발견한다는 것을 머튼에게 가르쳤다.

1950년대 후반과 60년대 머튼은 점점 더 수도원 밖의 사람들-특별히 평화와 인권을 위한 투쟁에 헌신했던 사람들과 접촉했다. 머튼이 자신의 조언을 구하고 자신이 나누어 줄 수 있는 지혜를 듣기 원하는 사람들에게 손을 뻗치자, 수도원의 벽은 적어도 상징적인 의미에서 무너져 내렸다.

사람들과의 이런 접촉은 아마도 60년대 머튼에게 던져진 가장 중요한 질문을 제시했다. 이것들은 다음과 같은 종류의 질문들은 아니다. '수도승으로서 나는 이 사람들에게 손을 뻗을 권리가 있는가?' 또는 다음과 같은 종류의 질문도 아니다. '나는 수도원을 떠나 그들의 투쟁에

---

28) Thomas Merton, *Conjectures of a Guilty Bystander*. p. 158.

합류해야 하는가?' 결코 그런 것들이 아니다. 자신이 다루어야 하고 씨름해야 할 문제는 다음과 같은 것임을 그는 알았다. '사람들을 위해 내가 수도원에 있는 것이 무슨 의미인가?' 그는 하나님께서 자신이 수도원에 남아 있기 원하신다고 확신했다. 마찬가지로 그는 60년대까지 수도승의 삶이 세상에 존재하는 문제들(전쟁, 인종주의, 가난, 편견)에 대한 책임에서 자신이 감당할 몫의 임무를 면제해 주지 않음을 확신했다. 그는 또한 우리가 자신의 문제를 선택할 수 없음을 깨달았다. 우리가 살고 있는 이 시대에도 이 문제들은 우리에게 떠맡겨져 있다. 1962년 그는 브라질에 있는 수신자에게 편지를 썼다. "우리는 전 인류에 대한 우리의 보다 높은 책임을 인식함과 동시에 우리나라의 문제들을 해결하려고 노력해야합니다…그러나 나는 관상가로 남아 있습니다." 머튼은 어떤 모순도 보지 않았다. "왜냐하면 나는 적어도 몇몇 관상가들이 그 시대의 섭리적인 사건들을 이해하려고 노력해야 한다고 생각하기 때문입니다. 하나님은 역사 속에서 일하십니다. 따라서 역사에 대한 아무런 감각도 가지고 있지 않고, 아무런 역사적 책임감도 없는 관상가는 온전한 기독교 관상가가 아닙니다."29)

다르게 말하자면 관상은 긍휼을 불붙게 한다. 수도원적인 선택(사실 기독교적인 선택)은 하나님이나 세상, 어느 하나만을 택하는 것이 아니다. 오히려 둘 다를 선택하는 것이다. 그것은 사실 둘이 아니라 하나이다. 그것은 사랑의 근원 안에서 모든 실재의 연합을 받아들이는 것인데, 그 사랑의 근원 안에서 그들 자신의 정체성과 독특함을 발견하는 것이다. 우리는 서로 다른 사람들이나 하나님과 구별되지만, 그러나 하나님

---

29) Thomas Merton, *The Hidden Ground of Love*, pp.186-187.

이나 다른 사람들로부터 분리되어 있지는 않다.

머튼의 세상에 대한 동정심이 그의 삶과 저작들 속에 어떻게 나타나는지는 다음 장들에서 상세하게 다루어질 것이다.

은수자 머튼

1965년 토머스 머튼은 트라피스트의 전통을 깨뜨렸다. 그는 은수자로서 홀로 살아 갈 수 있도록 허락받은 최초의 미국 트라피스트 수도승이 되었다. 그의 나이 50세가 되던 1965년 8월 20일 성 버나드 축제일에 그는 수도원 부지 안에 있는 숲 속의 콘크리트 건물로 갔다. 원래 그것은 종교 간의 대화를 위해 만들어졌던 것이나 이제는 그의 은수처가 되었다. 그는 떠나기 전에 수련 수사들에게 강연했다. 밝고 생기가 있었다. 그는 눈물을 흘리려고 했으나 그럴 수 없었다고 말했다. 머튼은 그들에게 이렇게 말했다. "제가 일반적으로 받은 인상은 사람들이 '루이는 훌륭해, 그는 어쨌든 그것을 해 냈어'라는 것입니다."

타고난 유머 감각으로 그는 "돌봄이 없는 삶"으로서 은수자 생활의 의미를 사려 깊은 방식으로 자세히 설명했다. 즉 그것은 삶이 전적으로 하나님의 손안에 있기 때문에 걱정과 근심으로부터 해방되는 것이다. 만약 하나님이 새와 꽃들을 돌보고 계신다면, 하나님은 또한 우리를 돌보실 것이다. 돌봄으로부터 자유하다고 해서, 우리가 마땅히 가난한 사람들이나 압제당하고 사회로부터 소외당하는 사람들을 향해 가져야 하는 책임감과 관심에서 자유하다는 뜻은 아니다. 그것은 바로 하나님이 만드신 모든 피조물을 위한 하나님의 돌봄으로 참여하게 되는 것을 말한다.

하루는 은수처에 거하고 있던 머튼이 자기 일과의 복사본을 수도원장에게 보냈다.

> 아침 2:15 기상; 아침기도$_{lauds}$; 5:00 까지 묵상; 아침 식사; 7:30까지 렉시오(성경 읽기); 그리고 나서 제 1 시경$_{prime}$과 로자리오(염주를 돌리며 하는 기도); 8:00 수작업 및 허드렛일/ 9: 30 제 3 시경$_{terse}$, 제 6 시경$_{sext}$, 제 9 시경$_{none}$
>
> 그리고 개인미사를 위해 수도원으로 이동, 감사와 시편 찬양이 뒤따르고, 식당에서 점심을 한다.
>
> 그리고 은수처로 귀가/ 휴식시간$_{siesta}$ 혹은 가벼운 독서/ 1:00에 저녁기도$_{vespers}$/ 2:15 글쓰기, 일 혹은 산책
>
> 4:15 기도(vigils 할 수 있기를 바람); 5:00 저녁 식사$_{supper}$ 및 끝기도$_{compline}$; 6:00 신약 성서 읽기, 묵상, 성찰$_{examen}$; 7:00 취침30)

마침내 토머스 머튼은 자신이 겟세마니 수도원에 들어와 그토록 원하던 것을 얻었다. 나오미 스톤$_{Naomi Stone}$에게 쓴 편지에서 그는 다음과 같이 말하고 있다. "여기서 보낸 5일은 정말로 완벽했습니다. 그리고 모든 것이 앞으로도 그렇게 될 것이라고 말해주는 것 같습니다. 물론 내게 있는 이 원래적인 기쁨은 의심할 나위가 없이 사라질 것입니다. 그러나 내가 조금도 의심할 바 없는 한 가지 분명한 사실은 이곳이 바로 내가 있어야 할 바로 그 자리라고 하는 것입니다. 이것이 바로 제가 희망했던 모든 것입니다"31)

그는 자크 위난디 경$_{Dom Jacques Winandy}$에게 이렇게 말한다. "나는 내가

---

30) 담 제임스 경에게 보낸 미 발간 기록에서 발췌.
31) Thomas Merton, *Witness to Freedom*, p.146.

여기서 발견하고자 했던 것이 은수자 생활이나, 영성 혹은 관상이 아니라 바로 하나님이라는 것을 너무나 빨리 발견 했습니다"32)

『이방인의 하루』 *Day of A Stranger* 라는 작은 책(남미의 잡지에 첫 출간)은 은수처에서의 하루를 묘사하고 있다. 이 책은 자유롭고 매혹적인 산문으로, 여기에서 머튼은 자연과의 친밀감이 늘어나고 있음을 자랑한다. 새들은 그와 생태적인 균형을 형성했다. 성 프란치스코처럼 그는 새들에게 설교했다. "친애하는 벗들이여, 나는 그대들에게 이것 말고는 말할 것이 없다네. 자네들다워야 하네, 바로 새들이 되라는 말일세." "가슴에 과학적인 알을 품고" 낮게 나는 군용기를 보면서, 머튼은 숲 속에 사는 것이란 하나의 숫자로 전락하지 않도록 자유로움을 기억하는 것과 같은 것이고, 아직도 선택이 가능한 삶을 사는 것이라고 생각했다. 그래서 다음과 같이 말했다.

> 이곳은 은수처가 아니다―바로 집이다("지난 밤 내가 너를 보았던 저 은수처는 누구란 말인가?"). 내가 입고 있는 것은 바지다. 내가 하는 것이 삶이다. 내가 기도하는 방법은 바로 호흡하는 것이다. …만약 당신이 계속되는 묵상을 본다면 그것을 쏘아라. …영적인 삶은 범죄이다.33) 숲 속 바로 여기에서 신약 성서가 보인다. 다시 말하면 바람은 나무들을 통해 불어오고 당신은 그것을 호흡한다.

은수처에 있었던 3년간은 머튼의 삶에서 가장 기억할 만한 부분 중 하나이다. 새들과 생태적 균형을 형성한 반면, 그는 때로 사람들의 글을 통해, 때로는 개인적인 방문들을 통해 그의 은수처로 찾아오는 수많은

---

32) Thomas Merton, *The School of Charity*, p.290.
33) 역자 주: 이것은 영적 삶이 일상과는 결코 분리될 수 없음을 강조하는 표현이다.

사람들과 지적 균형을 달성했다. 그들 중 일부의 이름을 거명해야겠다. 프랑스의 철학자 자크 마리땡Jacques Maritain, 칠레의 시인 니카노르 파라 Nicanor Parra, 니카라과의 신부 에르네스토 카르디날Ernesto Cardenal, 평생 비폭력 옹호자로 삶을 살았던 힐데가드 고스 마이르Hildegard Goss Mayr, 유명한 포크송 가수 조앤 뵈즈Joan Beaz, 망명한 베트남 시인 틱낫한Thich Nhat Hanh. 이외에도 수많은 이들이 있다. 아마도 고독의 삶을 살기로 선택한 사람에게는 너무나 많은 사람들이었을 것이다.

이 기간에 그는 점점 더 문학적인 반추에 관심을 가졌다. 약간만 언급하면 라틴 아메리카의 시들, 윌리엄 폴크너의 소설들, 플래너리 오코너의 작품들, 프랑스의 실존주의자 앨버트 카뮈의 저작 등이다.

성 요셉 병원-1966년 루이빌

3월 25일, 머튼은 등 수술을 위해 루이빌에 있는 성 요셉 병원으로 갔다.34) 수술 후 며칠이 지나고 젊은 간호 실습생이 그를 돌보기 위해 들어왔다. 처음에 머튼은 그녀가 자신의 독서를 간섭하는 것을 싫어했지만, 곧 태도를 바꾸었다. 그녀의 방문을 기다리게 된 것이다. 그가 미처 알아차리기도 전에 그는 그녀를 사랑하게 되었고 그녀와의 사랑에 빠졌다. 이 사랑의 이야기—그녀를 만나기 위한 머튼의 계획, 그녀와 통화하기 위한 그의 노력, 그녀에게 썼던 그의 편지와 시들—는 몇 달 동안 숨겨졌다. 그것은 머튼에게 즐거움과 행복의 시간인 동시에 근심과 두려움의 시간이었다. 그것은 바로 불과 몇 달 전에 그가 이야기했던

---

34) 머튼의 M양과의 관계에 대한 상세한 내용은 그의 여섯 번째 일기전집인 *Learning to love: Exploring solitude and Freedom*에 잘 나와 있다.

"돌봄이 없는 삶"에 대한 두려움이 아니었다. 이런 일이 진행되고 있는 것을 알게 된 그의 친구들은 믿을 수가 없었다. 그들은 걱정하면서도 동시에 화가 났고, 또한 그가 이성을 잃게 되면 어떻게 나올지 염려스러워했다. 이것은 그의 생애에서 그의 연약함과 인간미를 드러내는 한 일화이다. 그러나 앞에 언급했던 것처럼, 하나님과 관계 속에서 그는 점점 더 자신의 경험을 신뢰하게 되었다. 따라서 한편 이 일화는 이제 아마도 그가 최초로 다른 사람과의 진정한 관계 속에서 자신의 경험을 신뢰하고 있었다는 것을 나타낸다고 말할 수 있다.

이 경험이 보여 주는 것은 그가 사랑할 수 있고 또 사랑받을 수 있다는 것이다. 그리고 다음과 같이 글을 써야 할 필요를 느낀 사람에게는 정말 대단한 것이 되었음에 확실하다. 마침내 머튼은 그가 한 사람으로서 사랑받고 있으며, 또한 그 사랑을 되돌려줄 수 있는 관계를 발견한 것이다. "고아인 나는 한 가정에서 다른 가정의 주변을 지나다니는 것을 일로 하는 사람이었는데 '피보호자'가 되고 '자비로운 관심의 대상' 등이 되었다. 나는 사람이 아니라 사물로 대우받는 것이 얼마나 몰인정하고 좌절시키는 것인지 안다."[35] 마침내 머튼은 그가 한 사람으로서 사랑받고 있으며, 또한 그 사랑을 되돌려줄 수 있는 관계를 발견한 것이다. 그것이 머튼에게 좋은 경험이 아니었다고 믿기 어렵다. 그러나 그의 수도승으로서의 헌신과 은둔의 필요성 때문에, 이 관계가 어쩔 수 없이 짧을 수밖에 없음을 아는 것 또한 그리 어렵지 않다. 이 관계는 1966년 늦여름에 끝이 났다. 젊은 간호 실습생이었던 M에게도 그것이 좋은 경험이었는지는 매우 다른 질문이다. 그것은 그녀만이 대답할 수 있는

---

35) Thomas Merton, *The Hidden Ground of Love*, p.605.

질문이다. 그리고 그녀가 그녀의 사생활을 비밀로 유지해온 것은 당연히 그녀의 선택이다.

내가 『고요한 램프』 Silent Lamp: The Thomas Merton Story 에서 썼듯이, "사람들은 머튼이 알아야 할 것을 알았을 때, 머튼이 선택을 해야만 하는 때가 왔을 때, 즉 그가 은수처를 선택할 때, 그녀를 공정하고 정직하게 대했는지를—어떤 이런 저런 한 가지 방식으로 대답을 제안하려는 노력이 없이—물어볼 수 있다. 그가 그녀를 위해 썼던 『18편의 시들』 Eighteen Poems 의 구절들은 이루어 질 수 없는 사랑을 향한 그의 어찌할 수 없는 갈망들을 구체화한 호소력 짙은 구절을 가지고 있다."36)

> 만약 당신과 내가
> 가능하기만 하다면.37)

토머스 머튼은 그 경험으로부터 배운 것과 비슷한 통찰을 1961년에 쓴 글에서 좀 더 구체적인 어조로 기록했다. "자비에의 소명은 사랑하는 것으로의 부름뿐 아니라 사랑받는 것으로의 부름이기도 하다. 자신이 사랑받고 있는지 아닌지 관심 없는 사람은 결국 다른 이들과 사회의 진정한 행복에 대해 무관심하다. 그러므로 사랑받는 데 동의하지 않는다면 우리는 사랑할 수 없다"38)

---

36) Thomas Merton, *The Silent Lamp*, p.201.
37) Thomas Merton, *Eighteen Poems*(『18편의 시들』), (New York: New Direction,1985)
38) Thomas Merton, *The New Man*(『새 사람』), (New York: Farrar, Straus, & Cudahy, 1961). p.91.

교회 연합에 대한 머튼의 관심과 아시아 여행

1960년대까지 머튼은 독서와 사고에 있어서 매우 에큐메니컬해졌다. 그러나 에큐메니즘에 대한 그의 이해는 교리적 차이들을 해결하는 데 있다기보다는, 다른 종교적 전통들 사이에서 일치의 영역을 찾는 데 있었다. 그는 유대교, 기독교, 이슬람교처럼 기원을 아브라함까지 보는 아브라함 계통 종교들과 특별한 공감대를 가지고 있었다. 그는 아브라함 헤셸Abraham Hescel, 잘만 슈흐터Zalman Schachter, 에릭 프롬Eric Fromm 등 유태인 작가와 교류했다. 유명한 아랍 계통의 그리스도인 학자 루이스 마시그농Louis Massignon 과의 교신은 머튼이 이슬람교의 신비주의 계파 수피즘Sufism 과 접촉할 수 있도록 해 주었다.

선에 대한 그의 관심은 아주 열정적이면서도 오랫동안 지속되었다. 그는 뛰어난 선의 스승인 스즈키D. T. Suzuki를 책을 통해 접했고 1964년 뉴욕에서 잠깐 그를 만나기도 했다. 그는 또 중국 종교인, 특히 도교에 매력을 느꼈는데, 그 매력이 그의 가장 흥겨운 시집들 중 하나인 『장자의 길』 The Way of Chuang Tzu 을 쓰게 했다.

그리고 마침내는 황홀한 즐거움으로 시작하여 무서운 비극으로 막을 내린 위대한 모험이 있었다. 바로 1968년에 이뤄진 아시아 방문이다. 1968년 머튼은 태국의 방콕에서 열리게 될 수도원 상호 협력 기구 Inter-Monastic Aid에서 연설을 하게 되어서 매우 기쁘다고 장 레끄레르끄 경Dom Jean Leclercq에게 썼다. 그에게 있어서 동양의 수도승들과 아시아의 기독교 수도승들과의 만남이 중요하다는 확신을 표현한 것이다. 새로 선출된 겟세마니의 수도원장 플라비안 번스 경Dom Flavian Burns은 처음에는 이 회의 참석을 허락하기를 주저했다. 그러나 결국 그는 설득되었고,

머튼은 그의 저술과 상상 속에서 수없이 방문했던 아시아인들과 얼굴과 얼굴을 맞댄 만남을 위해 계획을 세웠다.

그의 아시아 방문담은 후에 더욱 상세히 논의될 "아시아 저널"The Asia Journal에 실려 있다. 제4장에서 나는 그 방문의 네 가지 주요 사건을 강조할 것이다. 캘커타에서의 연설, 달라이 라마를 만나기 위한 다라마살라로 여행, 폴로나루아 여행, 태국 방콕에서의 마지막 연설과 비극적인 죽음이 바로 그것이다.

연설을 하기 위해 아시아에 간 머튼은, 학회에 참여하기 위해 그곳에 온 수도승들과 함께 방콕에 있는 적십자 캠프에 머무르고 있었다. 겟세마니에 들어간 지 27주년 기념이 되는 1968년 12월 10일, 머튼은 연설을 하기 위해 세계의 반을 돌아와 있었다. 연설의 제목은 "마르크스주의와 수도원적 시각들 또는 관점들"이었다. 이 연설을 할 때 그는 처음으로 텔레비전에 방영되었다. 다소 산만하기는 했지만 도움이 될 만한 통찰로 가득한 그 연설은 당시 청중들에게 많은 감명을 주지는 못했다. 저녁에 그는 그 연설에 대한 질문에 대답하도록 예정되어 있었다. 그러나 결코 그 기회는 오지 못했다.

그 날 오후 그는 갑작스러운 죽음을 맞이하게 되었다. 아무도 그의 곁에 없을 때였다. 늦은 오후, 커다란 전기 선풍기가 그의 위에 놓여 있고, 옆구리와 사타구니에 깊은 화상을 입고는 그가 쓰던 오두막의 바닥에 누운 채 발견되었다. 심장마비가 있었고, 선풍기를 부여잡고 혼자 일어서려는 부질없는 노력이 있었던 것 같았다. 가능성이 큰 것은 선풍기의 누전된 선에 감전되었을 수도 있었을 것이라는 추측이다.

그렇게 수도원 생활 27주년 기념일에 그는 자신의 집으로 돌아갔다. 그 집은 겟세마니 수도원이 아니고, 그의 관상에서 살짝 보았던 많은 저택이 있는 낙원의 집이었고, 이제 그는 영원히 그 집을 소유하게 된 것이다.

1968년 12월 10일 같은 날, 탁월한 개신교 신학자 칼 바르트가 죽었다. 『죄인된 방관자의 억측』 Conjectures of a Guilty Bystander 에서 머튼은 칼 바르트가 쓴 꿈에 대해 언급했다. 이 위대한 신학자는 모차르트의 음악을 매우 좋아했고, 매일 거대한 교회 교의학에 대한 일을 하기 전에 모차르트의 음악을 들었다. 하루는 모차르트의 음악을 신학적으로 점검하도록 임명되어 조사하는 꿈을 꾸었다. 그는 의도적으로 모차르트의 미사곡들the Mozart Masses에 질문을 집중했다. 그러나 모차르트는 어떤 질문에도 대답하기를 거절했다. 칼 바르트는 모차르트가 신학자가 아니라는 것, 즉 음악을 통하여 이야기하는 사람은 신학자가 아니라는 것을 이해하게 되었다. 대신에 그는 이렇게 말한다. "모차르트의 음악 안에서 우리에게 말을 하시는 분은 아이, 그것도 신성한 아이이다." 머튼은 바르트의 꿈에 대해 다음과 같이 언급했다.

> 두려워 말아라, 칼 바르트여! 신의 자비를 믿어라. 당신이 신학자로 성장했을지라도 그리스도는 당신 안에서 아이로 남는다. 당신의 책들(그리고 나의 책들)은 우리가 생각하는 것보다 중요하지 않다! 우리 안에 우리의 구원이 될 모차르트가 있다.39)

바르트는 그가 하늘에 가면 "먼저 모차르트를 찾을 것이고 그러고

---

39) Thomas Merton, *Conjectures of a Guilty Bystander*, p.12.

나서야 어거스틴, 성 토머스, 루터, 칼빈, 슐라이에르마허를 찾을 것이다"라고 썼다.[40] 1968년 12월 10일, 머튼은 바르트의 그 방문에 동행했을 것이다.

---

40) Karl Barth, *Wolfgang Amadeus Mozart*(『울프강 아마데우스 모차르트』), (Grand Rapids, Mich.; Eerdmans, 1986.), p.16.

제2장

머튼은 현대에 적절한 인물인가?
아니면 시대에 뒤떨어졌는가?

이 책은 토머스 머튼을 당신 – 독자에게 소개하고 그의 작품을 읽어 내려가는 모험에 당신을 초대하며, 접근하는 방법들을 제시하는데 있다.

제1장은 머튼과 그의 생애에 대한 간단한 소개였다. 이어지는 장에서는 머튼의 작품에서 '무엇을 봐야 하는 가,' '연구해야 하는 가'(중요한 주제를 찾을 수 있을 것이다), '그의 작품 중 어떤 것부터 시작해야 하는 가,' '그의 작품을 어떻게 평가할 것인가'(확실히 어떤 작품들은 다른 작품보다 낫다.) 등을 다룰 것이다. 2장에서 나는 독자의 흥미를 더 끌어 결국 토머스 머튼의 작품을 읽도록(이미 읽고 있다면 계속 읽도록, 혹은 한때 머튼을 읽었다면 다시 머튼을 읽도록) 노력해 보겠다. 나의 이러한 노력은 꼭 필요하다. 오늘날 독자들에게 허락된 작품들이 너무 많고, 그것들을 다 읽을 수 없기에 독자들은 자신이 무엇을 읽을지 선택해야 할 필요성이 생겼다. 이러한 이유에서 나는 만약 당신이 머튼의 저서들을 읽고 싶어 한다면 선택을 잘해서 그것들을 읽도록 돕고자

한다.

몇 년 전에 머튼의 작품을 잠시 접했으나 지금은 읽지 않거나, 부모님이나 이모 삼촌들이 열정적으로 머튼에 대해 이야기하는 것을 기억하지만 그 작품은 한 번도 읽어 보지 않은 사람들의 마음에 형성되고 있는 (혹은, 이미 형성된) 질문들이 무엇일지 나는 예상할 수 있다. 그런 사람들은 아마 이렇게 말할 것이다. "난 토머스 머튼의 작품을 1940년 후기나 1950년대에 읽었었다. 혹은 나중에 그것에 대해 들어 본 적이 있다. 그러나 생각해 보라. 머튼은 수동 타자기를 썼고 컴퓨터에 대해서는 아무것도 몰랐을 것이다. 그는 컴퓨터를 통한 웹의 영역을 탐구해볼 기회도 없었다. 우리는 지금 이렇게 새로운 통신수단을 사용하고 있다. 게다가 머튼이 살았던 20세기 중반의 세계에서 한참 떨어진 21세기, 새로운 천년을 시작하는 시점에 서 있다. 무슨 이유로 이 시대에 머튼의 작품을 읽어야 한다는 것인가? 한때 시대에 '속해' 있었을지 몰라도 이제는 '제외되어야 하는 것'을 인정해야 하지 않을까? 그의 작품은 시대에 뒤떨어지지 않았는가? 그가 새로운 세기를 시작하는 사람들에게 의미가 있을까?"

이는 강력하고, 적절한 질문이다. 만약 내가 이 시대에 머튼을 읽어야 할 정당한 이유를 대지 못한다면 이 책을 계속 쓰는 이유가 없을 것이다. 당신의 질문 뒤에 내재된 가정은 내가 듣기에 설득력이 있고 현실적이다. 토머스 머튼은 거의 40년 전 1968년에 죽었고, 그는 수도승이었다. 어떤 시대에서든 소수의 작품들만 그 작가의 죽음 후에도 살아남을 수 있다. 어떤 사람들은 수도승의 작품은 한정된 독자들에게만 읽히고, 후에는 확실히 그와 함께 묻히게 될 것이라고 생각하기 쉽다.

식지 않는 머튼의 인기

하지만 이런 일은 아직 머튼의 작품에게 일어나지 않았다. 그의 작품들은 아직도 사람들의 깊은 관심 안에 '속해' 있다. 최근에 나는 한 대도시의 미드웨스트에 있는 중고 책을 파는 서점에 간 적이 있다. 서점에는 거의 모든 분야의 책들이 있었는데, 그 중에서도 철학과 종교에 관한 책이 많았다. 점원에게, "이 수많은 분야의 책 중에서 어떤 작가의 책이 가장 많이 팔립니까?"라고 물으니 그가 "C. S. 루이스, 프레드릭 니체, 그리고 토머스 머튼입니다"라고 대답했다. 흥미로운 결과를 보여 주는 세 인물이라고 생각하지 않는가?

의심의 여지없이 머튼은 특이한 수도승이었다. 만약 머튼처럼 강력한 영향력을 가진 영성작가를 찾으려면 12세기 성 버나드로 거슬러 올라가야 할 것이다. 머튼은 그의 생애 동안 넓은 독자층을 가지고 있었다. 그리고 그것은 수도원에 국한된 것이 아니었다. 아마도 놀라운 의견이겠지만 내가 살펴본 바로는 일반인들이 수도승들보다 더 많이 머튼의 작품을 읽었다. 머튼이 말한 것들과 그가 작품을 쓴 분야에 대해 비판적인 수도승들도 있었다. 반대로 많은 일반인들은 그가 수도승이라는 사실을 잊고, 각각 그들의 상황에 대해 말하는 것이라고 느꼈다. 비유적으로 말하자면, 그들은 머튼을 수도원에서 데리고 나와서 그들 중의 하나로 만들었다.

특이한 사실은 그가 죽은 지 거의 40년이 되어 가는데도 독자는 꾸준히 늘고 있다는 것이다. 그의 작품은 아직도 흥미를 불러일으킨다. 해가 지나면서 계속 인쇄가 거듭되고, 여러 가지 언어로 번역되어서 이제는 셀 수 없이 많은 나라의 사람들이 읽고 있다. 이것은 마치 토머스 머튼이라는 이름에 무슨 마법 같은 것이 있어서 다양한 배경을 가진 사람들을 불러 모으는 것 같다.

새로운 머튼에 관한 많은 작품들이 계속 출판되어 나오고 있다. 1985년에서 1994년, 엄청난 양의 5권짜리 머튼의 편지들이 출판되었다. 편지들이 다 출판되고 나자 1995년, 7권짜리 머튼의 일기의 제 1권이 나왔고 이듬해인 1996년 1월에 제 2권이 나왔다. 매 6개월마다 한 권씩 출판되어 1998년에는 모든 시리즈가 출판되었다. 그의 편지와 일기의 출판으로 인해, 머튼과 그의 작품세계에 대해 그동안 출판된 머튼의 작품을 통해서 얻었던 것보다 더 많은 것을 알게 될 것이다. 이렇게 말하는 이유는 그의 편지와 일기에서는 다른 출판물에서 항상 분명하고 명백하게 드러나지 않았던 친밀감과 자유스러운 느낌을 발견할 수 있기 때문이다. 그 이유는 확실하다. 이러한 보다 더 개인적인 글에서는 그의 한쪽 눈으로 어깨 뒤의 감시자들을 살피면서 글을 쓸 필요가 없었기 때문이다. 그것들은 이미 출판된 작품들과 매우 틀리다. 머튼은 너무 자주 진실이나 그가 쓰는 것의 타당성에 대하여 질문하는 검열관들에 의하여 너무나 많은 시달림을 당했다. 그들에겐 후자가 특별히 더 문젯거리였다. 그들은 가끔 그들이 평가해볼 때, 이 반항적인 수도승이 독자들을 열광시키거나 수도원의 권위에 비평을 야기 시키는 어떤 내용을 쓰려고 하면 집필하는 것을 막으려고 했다.

그자신의 광범위한 작품들뿐만 아니라 토머스 머튼에 관한 많은 작품들이 생겨났다. 서로 다른 학문적 배경의 사람들이 머튼과 머튼의 작품에 대한 글을 광범위하게 쓰기 시작한 것이다. 여러 전기와 그의 글들과 그 글들 속에서 발견되는 주제들에 대한 수많은 책들이 출판되었다. 약 이백여 권이 넘는 학위논문들이 그의 사상을 탐구했다. 빈번히 정기간행물들이 그의 작품의 다른 측면들을 다루고 있다. 그 중 머튼의 연구에 많은 비중을 두고 있는, 공식적으로 국제 토머스 머튼협회가 출판하는 『머튼 시즈널』과 『머튼 애뉴얼』이라는 간행물이 출판되고 있다. 머튼에 대해 쓰인 모든 것들이 가치 있고, 머튼에 대한 평가에 있어서 타당한 것이라고 말할 수는 없다고 본다. 슬픈 사실은 그 중 너무나 많은 것들이 빈약하게 쓰이거나, 그의 생각을 온전히 나타내지 못했다는 것이다. 그러나 그에 관해 너무 많은 것들이 쓰였기에 이런 현상을 거의 어찌할 수 없는 일이라고 말할 수밖에 없을 것이다. 물론, 그와 그의 작품세계에 대한 이해를 더 깊게 해 줄 수 있는 아주 좋은 것들이 쓰여지기도 했다.

대학에서 머튼에 관한 수업을 듣는 학생들의 수가 늘고 있다. 사람들은 머튼 협의회, 머튼 학회, 머튼 강연회에서 만난다. 2005년 국제 머튼 학회가 아홉 번째 공식 모임을 캘리포니아의 샌디에고에서 10주년 기념행사와 함께 열렸다. 이전에도 1989년 켄터키의 루이빌, 1991년 뉴욕의 로체스터, 1993년 콜로라도의 콜로라도 스프링스, 그리고 1995년 뉴욕의 올리안시에서, 1997년 알라바마의 모빌, 1999년 캐나다 온타리오주의 워털루, 2001년 켄터키의 루이빌, 2003년 캐나다 브리티시 콜롬비아주의 뱅쿠버에서 회의를 가졌었다. 머튼 학회 회원들은 정규적으로 만나며 미국 전역뿐만 아니라 영국과 벨기에를 포함하여 전 세계에 퍼져있다. 1996년 러시아 토머스 머튼 학회도 모스크바에서 생겨났다.

이 시점에서 아마도 당신은 이렇게 말할 수 있을 것이다. "그래, 나는 당신이 말하는 머튼의 엄청난 작품의 양과, 쇠하지 않고 도리어 증가하는 인기에 감탄했다. 하지만, 솔직히 난 다른 사람들이 한다고 해서 따라 할 사람은 아니다. 그러니 나는 왜 머튼과 그의 작품이 이 시대의 사람들을 끌어당기는 가를 알아야 한다. 사람들이 그렇게 머튼 안에서 발견하는 현대적인 것은 과연 무엇인가?"

머튼의 인간적인 면

그 질문은 충분히 타당하다. 그에 알맞은 대답을 제시해보겠다. 제일 먼저 하고 싶은 말은 머튼은 진정으로 인간적이었다는 것이다. 그는 진실했다. 그는 허위와 겉치레, 가식을 혐오했다. 그는 자신의 생각을 말하려 했고 그가 말한 것을 실천하려고 노력했다. 우리는 머튼에게서 우리 모두처럼, 삶이 종종 나타내 보이는 부조리에 직면하고자 노력하면서, 의미를 발견하기 위하여 성실하고, 진정하며, 뒤로 물러서지 않고 진지하게 몸부림치는 모습을 볼 수 있다. 그는 외로움과 집이 없는 자의 심정, 소외감을 알고 있었다. 그의 한 편지 수신자에게 어떤 사람들은 수도원에 들어가는 것은 마치 니르바나(열반)에 가는 것과 같다고 생각하지만 머튼은 결코 그렇지 않다고 편지에 썼다. 그는 수도원에도 해야 할 일들이 있고 결정해야 할 일들이 있으며, 해답을 찾아야 하는 수많은 질문들이 존재한다고 말한다.

그는 인간으로써의 능력을 가지고 있었고 또한 인간의 약함을 가지고 있었다. 우리들이 볼 수 있게 그의 결점은 드러나 있다. 우리들과 같이 그는 그가 제거해야 할 집착의 대상을 가지고 있었고, 이면에 벗어나야 할 환상을 가지고 있었다. 그는 그의 인간적인 면에서 연약했고 실제로 그도 굳이 숨기거나 부정하지 않으려 했다. 수도승으로써의 부름에 깊이 헌신 되었던 그는 자주 별로 중요하지 않은 일에 그의 관심과 마음을 뺏기는 것에 대해 탄식했다. 그러므로 이러한 그의 많은 모습들이 현재의 우리 모두의 모습과 흡사하다.

인간 사정을 명확히 표현할 수 있는 능력

그가 가지고 있던 소중한 인간적인 재능중의 하나이면서 우리 대부분에게 결여된 것, 즉 그를 우리와 다르게 만드는 것은 모호함, 모순됨, 불공평등을 가진 인간 상황과 보통사람들의 몸부림을 명확히 표현하는 능력이다. 이 의사소통의 능력은 분명하고 현명하게(한 나라만이 아니라, 여러 나라의) 다양한 사람들이 자신들과 머튼을 동일시하도록 만들었다. 그들은 머튼의 이야기를 읽고 그들 자신의 이야기를 머튼 안에서 보게 된다. 그들은 머튼이 인생을 숙고하고 말하는 것들이 자주 그들의 감정과 공명하는 것을 생활에서 느끼게 된다. 머튼은 사람들의 마음과 가슴에 있었지만, 머튼이 표현해주기 전엔 몰랐던 생각과 직관을 밖으로 꺼내준다. 그는 가끔씩 우리에게 말하는 것뿐만 아니라 우리를 위해서 말해준다. 그는 다른 사람들이 찾기 전에 진정 정곡을 찌르는 우리의 진정한 문제를 볼 수 있었다. 그래서 사람들이 읽다가, "그래, 이것이 내가 느끼는 거야," 혹은 "이것이 내가 원하던 거야," "맞아, 그는 나에게 중요한 문제를 짚어주는구나!"라고 다시 돌아보게 된다.

그는 재치 있을 뿐만 아니라 현명하게 쓴다. 그는 "크리스천 문화는 동양의 지혜가 필요하다"1)라는 에세이를 쓰기도 했었다. 나도 역시 크리스천 문화가 머튼이 제시한 지혜를 조금은 가져야 한다고 생각한다. 그는 우리 안 깊은 곳에 있는 인생의 문제들, 즉 우리가 직면하고 다루어 나가야 할 일들을 보고 명확히 설명하는 능력이 있었다. 그리고 또한, 그는 행복하고 희망찬 사람이었다. 즐거움이 그의 안에 넘쳐 났다. 그에게 주어진 경이로운 생명과 믿음과 사랑의 경이로운 선물은 결코 쉽고 당연하게 주어지는 선물이 아니다.

사람들에 대한 존경

그에게 사람들은 소중했다. 그는 각각 사람의 개성을 존중해 주었다. 그가 얼마나 다른 사람과 하나가 되고, 그들이 서로 편안히 만날 수 있도록 공통지점을 찾기 위하여 노력했는가를 알려면 그가 쓴 많은 편지들을 봐야 한다. 그는 우리 모두가 공통적으로 만나는 궁극적인 근거는 '숨겨진 사랑의 근원', 즉 우리가 하나님이라고 부르는 분이라고 확신하고 있었다. 하나님은 많은 이름으로 불리고 있지만 아직도 우리의 단어로는 온전하게 파악하지 못할 영원한 미스터리로 남아있다. 머튼이 선호하는 이름은 '자비'였다. 그가 쓰기를, "하나님은 마치 고요한 자비의 바다와도 같다"2)라고 했다. 그의 『요나의 표적』의 훌륭한 결

---

1) Thomas Merton, "Love and Tao"(『사랑과 도』). *Mystics and Zen Masters*(『신비주의자와 선의 대가들』). (New York: Farrar, Straus, Giroux, 1967.)pp. 69-80.

2) Thomas Merton, *Seasons of Celebration*(『축복의 계절들』), (New York: Farrar, Straus, Giroux, 1965.) p.120.

말에서 하나님은 "나는 항상 요나를 나의 자비로 감싸왔다…나의 아들 요나야. 너는 나를 본 적이 있느냐? 자비 안의 자비인 자비를 말이다."3) 라고 하신다. 하나님의 이미지를 행한 대로 보응하시고, 냉정하게 벌하시는 심판관으로 가지고 성장한 많은 사람들에게 하나님의 이미지를 자비의 신비로 언급하며 접근하는 것은 활기와 기쁨의 근원이 될 수 있다.

머튼은 그가 관계를 맺는 사람들에게서 공통되는 근원을 찾으려고 노력했을 뿐만 아니라, 그들의 독특성 안에서 응답하려 했다. 예를 들면 도로시 데이에게 보낸 편지와 다니엘 베리간에게 보낸 편지는 확연히 다른 느낌을 준다. 그는 강하면서도 온화하게 사람들과의 관계를 가졌다. 스리랑카에서 머튼을 맞이했던 미국의 공무원인 빅터 스티어는 나중에 윌버 H. 페리에게 머튼은 그에게 굉장히 깊은 인상을 남겼다고 편지 했다. 그들이 불교에 대해 이야기를 할 때, 스티어는 금방 '머튼이 자신보다 불교의 전통을 더 잘 아는 구나' 하는 것을 알게 되었다고 한다. 머튼은 스티어가 불교는 인생에 부정적인 접근이라고 하는 말에 반박했다. 하지만 스티어는 머튼에 대해, "그의 반박은 놀랍도록 차분하고 온화했다. 그는 자신만의 훌륭한 방식이 있다"라고 말했다. 이것은 머튼과 소통한 수백 명의 사람들이 완전히 찬성할 만한 기발한 통찰이다.

---

3) Thomas Merton, *The Sign of Jonas*(『요나의 표적』), (New York: Harcourt Brace, 1953.) p.362.

문화적인 한계의 고리를 끊어냄

머튼은 폭넓고 다양한 취미와 관심사를 가진 사람이었다. 그는 그가 형성되는데 많은 도움을 준 미국 가톨릭 전통(여러 면에서 머튼의 형성을 도왔다)을 편하게 여겼지만, 영적인 문제를 다루는 다른 많은 작가들과 달리 그 전통에만 갇히지 않았다. 그는 미국 문화의 더 광범위한 요소들을 잘 알았다. 그는 그 시대의 작품들을 폭넓게 읽었다. 또한 수도원 밖의 친구들이 그 문화의 정치적, 경제적, 사회적인 측면들을 알려 주었다. 그의 사상의 다각적인 문화의 차원들이 로렌스 S. 커닝햄의 훌륭한 선집, 『토머스 머튼: 영적 스승』 Thomas Merton: Spiritual Master: The Essential Writings 에 잘 나와 있다.

그를 다른 수도승 작가들과 다르게 만드는 것은(나는 그의 동료 시토회의 일원이었던, 고인이 된 유진 보이란Eugene Boylan이나 콜룸바 마르미온Columba Marmion이나 허버트 본 젤러Hubert Von Zeller 같은 베네딕도회 수도승들을 생각하고 있다. 그들은 그들의 시대에 많이 읽혔던 저자들이다) 우리 시대의 상류적인 문화에 대한 현대주의적인 그의 감수성 [콜룸바 마르미온이 폴 크리Paul Klee의 그림이나 앙드레 지드Andre Gide의 산문에 대해 토의하는 것을 상상하기는 힘들다] 뿐만 아니라 불신자들과도 대화를 이룰 수 있는 그의 능력이다[말하자면 유진 보이란이 그의 동료, 아일랜드 사람인 제임스 조이스James Joyce와의 공통점이 무엇이었겠는가?]. 쉽게 말해 머튼은 독특한 본질과 그의 말에 진정성을 주었던 전통에 뿌리를 두면서도 더 큰 세계의 문화적 담화에 뛰어들 수 있는 능력을 가진 인물이었다. 4)

---

4) Thomas Merton, edited, with an Introduction by Lawrence S. Cunningham. Thomas

커닝햄의 주장을 뒷받침해 줄 많은 예가 있다. 당신은 다른 수도승들 중에서 윌리엄 블레이크William Blake, 제임스 조이스James Joyce, 보리스 파스테르낙Boris Pasternak, 윌리엄 포크너William Faulker, 루이스 주코프스키Louis Zukofsky, 플래너리 오코너Flannery O'Connor에 대해 쓰거나 혹은 프랑스의 실존주의에 매혹되어 앨버트 카뮈Albert Camus에 대해 일곱 편의 에세이를 쓰는 그러한 수도승을 아는가? 또한 그와 편지로 교류한 범위를 보면 놀라울 수밖에 없다. 여기 그들의 이름을 조금 나열해 보았다. 자끄 마리땡Jacques Maritain, 에릭 프롬Erich Fromm, 에르네스트 카르디날Ernesto Cardenal, 도로시 데이Dorothy Day, 캐서린 도허티Catherine Doherty, 앨두스 헉슬리Aldous Huxley, 버나드 하링Bernard Haring, 헨리 밀러Henry Miller, 교황 요한23세John XXIII, 교황 바오로6세Paul VI, 폴 틸리히Paul Tillich, 로즈마리 래드포드 류터 Rosemary Radford Ruether, D.T. 스즈키D.T.Suzuki, 레이철 카슨Rachel Carson, 루이스 마시그농Louis Massignon, 마크 밴 도렌Mark Van Doren, 등이 있다.

머튼이 파스테르나크와 교제한 일은 그의 일생에서 가장 중요한 사건중의 하나였다. 그는 『닥터 지바고』의 출판을 '20세기의 가장 의미가 있는 출판 중 하나'5)라고 여겼다. 그는 파스테르나크에게 쓴 편지에서 그가 러시아의 혼을 포착한 그 방식에 대해 감탄과 칭찬을 아끼지 않았다. 그는 "그 책은 그 자체로 세상이다…천당과 지옥이 존재한다. 이 책 안에 나오는 위대하고 신비적인 인물들인 유리와 라라는 아담과 하와를 상징한다. 비록 그들이 어둠속을 걸을지라도 그들은 하나님과

Merton: Spiritual Master(『토머스 머튼: 영적 스승』): The Essential Writings, (Mahwah, N. J: Paulist Press, 1992), p.31.

5) Thomas Merton, ed. *Brother Patrick Hart. The Literary Essays of Thomas Merton*(『토머스 머튼의 문학에세이』, New York: New Direction, 1981.), p.53.

손에 손을 잡고 걸어간다"6)고 썼다. 영국에 있는 한 친구는 머튼에게 허버트 반 젤러Hubert Van Zeller의 닥터 지바고에 대한 부정적인 반응을 써서 보냈다(반 젤러는 위에서 커닝햄이 거론했던 "영적인" 작가 중 하나이다. 그는 오래 전 그의 작품이 가톨릭계에서 꽤 호응을 얻었던 베네딕도 수도회 수도승이었다. 사실 그는 1984년에 사망했음에도 불구하고, 그의 작품은 많이 읽히지 않고 있다. 사실대로 이야기하자면 난 그의 작품들이 많이 잊혀졌으리라 믿고 있다). 머튼은 그의 영국인 수신자에게 "간통이 이야기 속에 들어왔다는 것을 알았을 때, 그 책 '닥터 지바고'를 내어버렸다고 말하는 허버트 반 젤러에 관해서, 그는 좋은 사람이고 나는 그를 존중하지만 나는 그가 말하는 모든 것에 동의하지 않는다. 이런 기준에 의하여, 그는 중혼(重婚)이 그 추한 머리를 쳐들자마자, 혹은 아브라함이 바로 앞에서 사라를 자신의 여동생이라고 하자마자 창세기를 덮어야 할 것이다"라고 말했다.7) 확실히 머튼에게는 소설을 칭찬하는 것과 그 안의 인물들이 행하는 모든 것을 다 인정해주는 것은 틀린 것이었다. 머튼은 "지바고는 당연히 성자도 아니었고 완벽한 영웅도 아니다. 그는 의지가 약한 자이고 그의 인생은 혼잡하고 만족스럽지 못한 엉망진창 덩어리였다. 그는 그의 인생을 성공적으로 이끌어 갈 수 없다는 것을 스스로 알고 있었다. 하지만 중요한 점은 그가 살아가는 그의 삶 밖에서는 진정한 성공을 이룰 수 없음을 알고 있었다는 것이다. 그리고 단 하나의 유일하게 정직한 것은 허무함을 직시하고 겸허한

---

6) Thomas Merton, ed. *Christine M. Bochen. The Courage for Truth*(『진리를 위한 용기』): *The Letters of Thomas Merton to Writers*(New York: Farrar, Straus, Giroux, 1993.) p.89.

7) Thomas Merton, *The Hidden Ground of Love*, p.389.

자세로 자신의 실패를 인정함으로써 그 와중에서 최고를 만들어 가는 것이다"[8]라고 표현하였다.

다시 말해 내가 말하려는 것은 많은 머튼의 작품은 머튼 자신의 삶과 자신의 세대를 초월해 사람들의 상황을 꿰뚫어보는, 즉 덧없고 피상적인 것을 넘어 영구한 인간의 가치를 보는 지혜를 가지고 있었다는 것이다. 이것이 그의 말이 지금 이 세대에게 말하고 있고, 앞으로 올 세대에게도 말할 수 있으리라 기대하는 이유이다. 그는 그의 시대에 속하고 그 시대의 역사 속에서 글을 썼지만 그의 작품들 중 많은 것은 그 시대의 문화를 뛰어넘는 것같이 보인다. 그는 초문화적이었으나, 탈 역사적인 것은 아니었다. 이 말은 그는 그가 살았던 역사적인 환경에 깨어 있었지만, 그가 빠져 나올 수 없을 정도로 문화적 굴레에 얽혀 있진 않았다는 것이다. 실제로 예언자의 역할은 문화적 제지를 깨뜨리고 볼 수 있는 것을 보는 것이다. 머튼은 내가 믿기로는(서론에서 말했듯이), 인간의 인생에서 진정으로 중요한 관심과 질문들을 보고 알아챌 수 있는 지혜와 통찰력을 가지고 있는 예언자였다. 그는 절대 모든 답을 알고 있다고 말한 적은 없다. 그는 다뤄야 할 문제들에 대해 확실한 통찰력을 가졌을 뿐이었다.

대중들을 위한 영적 지도자

토머스 머튼의 작품을 통해 많은 사람들이 그를 영적인 지도자로 찾게 되었다. 이것은 그가 뜻한 바이거나 원한 바가 아니었다. 그가 한번은

---

8) Thomas Merton, *Literary Essays of Thomas Merton*, p.67.

그의 편지 수신자에게 자신은 제자를 가지고 있지 않다고 쓴 적이 있다. 그는 제자를 원치도 않았다. 그는 그 자신이 제자들에게 도움이 되지 않을 것이라고 생각했다. 그는 자신의 편지를 받는 사람에게, 예수 그리스도의 제자가 될 것을 권했다.

그러나 그가 원했든 원하지 않았든 토머스 머튼은 그의 많은 작품을 통해 우리가 이름을 알 수 없는 굉장히 많은 사람들의 영적인 여행을 이끌어 주었다. 아마도 그 중 제일 놀라운 것은, 종교의 제도적 형태에 속한 사람 들 뿐만이 아니라, 켄터키의 넬슨 카운티Nelson County, 즉 겟세마니의 트라피스트 수도원에 사는 이 수도승과 영적으로만 연결된 것이 전부인 그런 사람들까지 포함한다는 것이다.

제3장

머튼 갤러리: 저술에 나타난 주제들

몇 년 전 이탈리아 플로렌스에서 도무지 맞추기 힘든 스케줄을 가진 어느 단체 관광객과 함께 관람을 하면서, 아무것도 제대로 보지 못했던 기억이 떠오른다. 우리는 우피치Uffizi 미술관이 문 닫기 30분 전 가까스로 그 곳에 도착해서는 자세히 관찰하고 생각해 볼 여지도 갖지 못한 채 마치 회오리바람이 지나가는 것과 같은 여행을 했다. 우리가 미술관을 떠날 때 한 동료는 "음, 만약 우피치안에 있는 그림의 모조품을 보았다고 해도, 틀림없이 나는 그것을 보았어. 바로 거기에 내가 있었으니까"라며 냉담하게 말했다.

미술관으로 쏜살같이 돌진해 들어가 어느 한 작품을 진지하게 살펴볼 시간도 없이 수많은 작품을 보는 것은 매우 실망스러운 일이다. 사실 유명한 미술관을 방문할 때, 단 한 번의 방문으로 거기 있는 모든 것을 소화하는 것은 불가능하다. 한 번의 방문으로 모든 것을 얻으려 하기보다는 다시 방문할 기대(아마도 심지어 한 번 이상의 방문)를 가지고 몇 개의 그림을 충실히 살펴보는 시간을 갖는 편이 나을 것이다. 그런 상황에서 그 미술관을 잘 알고 있어서, 꼭 봐야 하는 아주 중요한 작품으로 당신을 인도할 수 있는 안내자가 있다면 아주 유익할 것이다.

머튼의 테마 전시관

나는 머튼 작품 전집을 탁월하게 높이 평가를 받는 어떤 갤러리와 같다고 말하고 싶다. 그 작품들을 관통하고 있는 주제들은 전시를 위해 나란히 게시된 미술 작품과도 같다. 나는 이 주제들 중의 일부로 당신을 초청하기를 원한다. 그래서 그것들에 의하여 당신의 마음과 정신이 붙잡힐 수 있도록 시간을 가져볼 것을 권한다. 그것 이상으로, 나는 사람들이 그것들을 보기 위해 한 번 이상 갤러리로 되돌아 올 것을 제안한다. 또한 각 주제를 담고 있는 머튼의 실제 본문내용을 조심스럽게 살펴보는 것이 유익할 것이다.

나로서는 약간 무모하긴 하지만, 머튼의 작품 중에서 우리와 이 세상에 가장 중요하고 본질적이며, 가장 매력적이며 호소력이 있고, 가장 유용하고 적절한 것을 가려내는 안내자 역을 자임하고자 한다. 내가 스스로에게 부여한 과업은 무척이나 벅차다. 머튼은 아주 많은 책을 썼다. 게다가 그는 예리한 사고와 표현에 있어 비범한 은사를 가졌다. 내가 독자들인 여러분들에게 "토머스 머튼의 저작 중 중요한 주제들이 여기에 있습니다"라고 말한다면 그것은 오만에 가깝다. 그래서 독자들의 선처를 바란다. 비록 머튼의 저작을 읽고 그와 그의 작품을 논하는 데 지난 35년 정도를 보낸 것이 내게는 더 없는 축복이었다고 말하고 싶지만 말이다. 내가 머튼에 대하여 써 온 것은 머튼 학자들이나 그의 작품을 단순히 즐기는 사람들에게 일반적으로 잘 받아들여졌다. 이 장에서 내가 스스로에게 부여한 벅찬 과업을 수행함에 있어서 나에게 용기를 주고 나를 격려하는 것은 머튼에 대한 나의 깊은 존경과, 머튼의 작품과의 만남이 가져다 줄 많은 영적, 문학적 보상을 다른 사람들과 나누고 싶은 나의 뜨거운 열망이다.

작가 머튼

내가 말했듯이 이 일은 굉장히 큰 과업이다. 왜냐하면 머튼은 천부적인 작가이기 때문이다. 그는 글 쓰는 것을 좋아했다. 그는 다양한 주제들에 대한 많은 생각을 가지고 있었다. 하지만 머튼 자신조차도 하루하루 그가 무엇에 대하여 쓸지 확실하지 않았다. 그의 일기 전집 중 첫 번째인 『산으로 달려라』 Run to the Mountain 의 한 부분에서 그는 스스로에게 질문한다. "왜 나는 아주 조금밖에 모르는 것에 대해 많이 쓰는가?"[1] 이 질문 속에 있는 암시된 겸손함은 제쳐 두고(그는 흔히 그가 말하고 있는 것을 알았다) 나라면 아마 그 질문에 다음과 같이 대답할 것이다. "왜냐하면 당신은 당신의 펜을 통제할 수 없기 때문이지요. 일단 글을 쓰기 시작하면, 그것을 단순히 멈출 수가 없었으니까요. 그것은, 당신 자신이 말했듯이, '내 안에 가득 차 있는 것을 방출하는 것'과 같이 당신은 이렇게 말을 해야 하는 것이지요."[2]

---

[1] Thomas Merton, ed. *Brother Patrick Hart, Run to the Mountain*(『산으로 달려라』): *The Story of a Vocation. Journals of Thomas Merton*, vol.1, 1939-1941, (San Francisco: HarperSanFrancisco, 1995.) p.144.

그러므로 그는 한 가지 주제에만 집중하는 사람이 아니었다. 또한 그의 사상은 정적으로 고정되어 있지 않았다. 머튼이 시간의 흐름에 따라 자신의 사상을 아주 파격적으로 바꾼 이슈들이 있다. 내가 또 분명히 해야 할 것이 있는데, 미술관에 있는 작품들이 모두 걸작이 아닌 것처럼, 머튼의 갤러리에 있는 모든 작품이 우리가 머튼 갤러리 안을 거닐 때, 우리의 주목을 받을 만한 가치가 있는 것은 아니다. 많은(종종 성급하게) 작품을 쓴 사람에게서 우리가 예상할 수 있는 것처럼 머튼도 졸작을 내놓기도 했다. 나는 이 점을 분명히 하고 싶다. 왜냐하면 나는 머튼을 그의 모든 말이 복음적 진리로 받아들여져야 하는 신의 사도로 만들고 싶지 않기 때문이다.

그의 글은 때로는 경박하고, 자부심이 강하며, 오만하며, 독단적이고, 지나치게 지적일 수 있다. 몹시 과장을 많이 하는 경향이 빈번히 나타난다. 그러나 그의 글들은 선하고 지혜로우며, 생각을 불러일으키고, 통찰력이 있고, 심오하고, 재치 있고, 현명하여, 이 세상이 들어야 하는 것들이 아주 많다. 거기엔 인간의 영혼을 깊이 어루만지는 훌륭한 명상의 글들이 있고, 그가 사상들과 말과 문장을 가지고 유희할 때, 자기 자신을 포함한 인간 본성의 연약함에 대한 그의 예리한 안목을 보여주는 장난과 유머로 넘쳐흐르는 글귀들이 있다.

그래서 나는 머튼의 최고의 것을 당신과 나누기를 열망한다. 내가 "그의 최고의 것"이라고 말하는 것은 확실하게 내가 판단한 것을 의미한다. 이는 머튼의 저작권 대리인이자 절친한 친구 나오미 스톤이 "우리 모두는 각자 서로 다른 토머스 머튼을 알고 있다"라고 한 것과 같다.

---

2) Thomas Merton, *Run to the Mountain*, p.35.

비록 나오미는 머튼을 개인적으로 친히 알았던 사람들에 관해 말한 것이지만, 이 말은 단순히 그의 작품들을 통해 그를 알았던 사람들에게 있어서도 마찬가지다. 어떤 사람들은 "관상"이라 표기된 갤러리의 방으로 이끌려 들어가서 거기서 그의 최고의 작품을 발견할 것이다. 어떤 사람들은 사회비평이나 문학비평, 혹은 시 전시관에서 최고의 것을 찾을 것이다. 때때로 서로 방이 겹치기도 할 것이다. 예를 들어, 고독에 대한 사색들은 관상이라고 표시된 방에 가까울 것이다. 점점 증가하는 수의 많은 사람들이 다른 방들을 무시하는 것은 아니라도, "동방"이라는 문패를 가진 방을 찾을 것이다. 요약하자면, 그의 사색과 묵상은 다른 관심과 여러 다른 이유들 때문에 갤러리에 온 수많은 사람들의 관심을 끌 것이다.

다양한 관심들은 사람들을 머튼 갤러리의 여러 다른 방들로 끌어들이기 때문에, 머튼의 방에서 무엇을 찾을 것인가에 대한 연구에의 접근에 있어서, 사람들이 머튼에 대하여 생각하는 여러 다른 관점들을 명백히 하는 것은 도움이 될 것이다. 그에 대한 많은 글들 속에서, 수많은 다른 이미지들이 모두 서로 양립하는 것은 아니지만 다양하게 나타나고 있다.

토머스 머튼에 대한 "다양한 이미지들"은 사람들이 겟세마니 수도원의 가장 유명한 수도승에 대하여 가지고 있는 세 가지의 다른 관점에서 기인한다고 나는 믿는다. 이 세 가지의 관점은 아마도 머튼의 갤러리에서 그 사상과 묵상이 어떤 특별한 위치를 가지고 있는 책과 머튼의 관계에 대하여 사람들이 가지고 있는 관점에 따라 가장 잘 이해할 수 있다. 이 책은 머튼의 최고의 작품이며, 적어도 가장 영향력 있는 책이라고 말할 수 있는데, 바로 『칠층산』이다.

토머스 머튼에 대한 여러 관점

―――――― A. 『칠층산』의 비전에 충실함 ――――――

세 가지 관점 중 첫 번째는 꽤 정체적인 것으로 『칠층산』의 관점에 신실하게 머물러 있는 사람들의 비전이다. 그들에게 있어 머튼은 기가 꺾인 눈과 내세적인 식견을 가지고 기도에 대해 유창하게 이야기하며, 사람들이 세상과 그 유혹을 가능한 대로 피해가도록 초청하는, 여전히 조용하고 금욕적인 수도승이다. 머튼에 대한 이런 관점을 가진 자들은 그의 유골을 요청하고, 그가 시성이 될 때를 궁금해 한다. 훌륭한 머튼 학자라면 오늘날 이런 관점을 채택하는 것에 대해 생각조차도 하지 않을 것이다.

―――――― B. 『칠층산』을 저버림 ――――――

토머스 머튼에 대한 두 번째 태도는 그를 『칠층산』의 관점을 저버린 사람으로 보는 것이다. 이런 식으로 그를 보는 사람들은 다시 두 가지 견해로 나뉜다.

첫째, 저버린 것을 극찬하는 사람들이다. 이들은 머튼을 좌절하여 다 타버린 믿음을 가진 사람으로 보는데, 머튼이 기독교 신앙과 수도생활을 포기하고 완전히 배교하여 『칠층산』이 표상한 모든 것을 포기하려고 결정했지만, 그것을 알리기 전에 우연히 죽었기에 그 사실이 결코 알려지지 않았다고 여긴다.

머튼의 이런 이미지를 가장 학문적으로 표현하는 학자가 데이빗 쿠퍼이다. 『토머스 머튼의 부정의 예술: 급진적 인본주의의 발전』이라는 제목의 쿠퍼 책은 토머스 머튼 연구에 있어서 가장 도전적으로 쓰인 책이다. 이 책은 문체가 아름다우며, 조심스럽게 사고를 펼치고 있고, 구성도 잘 되어 있다. 쿠퍼가 묘사한 머튼은 후기독교의 세속적 인본주의자post-Christian secular humanist로 발전한 수도승이다. 그에 따르면 머튼은 "주부적" 관상infused contemplation의 절정에 도달하기가 불가능해지자, "신비가로서 실패했다"는 사실을 받아들이게 되었다. 그것은 노력이 부족해서가 아니라 결국 수도승의 목표가 비현실적인 이상이었음을 깨달았기 때문이다. 그러나 이런 실패의 고백은 잃은 것이 아니라 오히려 얻은 것이었다. 즉 뒤처진 세계관의 속박에서 자유롭게 되었고, 자신의 인간성을 통합할 수 있게 되었으며, 자신이 버렸던 세상을 다시 한번 책임지게 되었다는 것이다. 그래서 머튼은 현대인이 되었고, 20년 간 영적, 신앙적 작품을 쓰는 데 스스로 만족했던 데서 돌아서서 예리한 사회비평과 문학비평을 쓰기 시작했던 것이다. 이제 수도승, 은수자 토머스 머튼은 (1960년대) 급진적 인본주의자가 되었다. 그에게는 물러남이 연대를 위한 공간을 주고, 분리가 참여를 제공해 주었다.

데이빗 쿠퍼는 내게도 좋은 친구지만 나는 그의 이런 주장을 전적으로 반대한다. 그의 책은 잘 쓰였지만, 내가 볼 때는 그의 논지를 뒷받침하지 않고 있는 수많은 중요한 내용들을 무시하고 있다. 더구나 쿠퍼는 머튼이 신비가로서 자신은 실패했다고 인정했다 말하지만, 머튼이 신비주의적 작가들의 공통적인 언어를 사용하고 있음은 알지 못하고 있다. 신비가는 절대 "나는 신비가입니다"라고 말하지 않는다. 그들은 "나는 전혀 신비가가 아닙니다. 나는 죄인입니다"라고 말할지도 모른다. 이것은 잘못된 겸손이 아니다. 오히려 자신과 하나님 사이의 거대한 장벽에 대한 깨달음을 고백하고 있는 표현이다.

둘째, 머튼이 『칠층산』의 관점을 저버렸다면서 그에게 일어난 일에 실색하는 반면에, 오로지 『칠층산』 안에서 거룩하고 선도적인 미래에 대한 놀라운 약속을 주었다는 견해의 사람들이 있다. 이러한 견해를 가장 노골적으로 표현한 것이 알리스 폰 힐데브란트Alice von Hildebrand가 제작한 비디오테이프이다. 알리스는 제2차 바티칸 공의회 시대 이전 유명한 가톨릭 작가였으며, 바티칸 제2교서의 개혁안을 많이 반대하였던 고 디트리히 폰 힐데브란트Dietrich von Hildebrand의 아내이다. 이 테이프에는 ("믿음을 지켜라" 제작) "토머스 머튼의 비극"이란 험악한 표제가 달려 있다. 더 심한 공격은 매섭게 생긴 힐데브란트 부인에 의해 취해졌다. 이러한 비판의 의도는 이 "타락한" 수도승이 그들을 위험하게 할 수 있다는 점을 기독교에 경고하는 데 있었다. 공격의 본질은 머튼이 수도승이 되었을 때, 겉으로는 그럴 듯이 버렸던 젊은 시절의 유혹으로 다시 돌아갔다는 비난이다. 그 '유혹들'이란 정신분석학, 동방종교, 공산주의에 손을 댄 것이다. 힐데브란트 부인이 머튼을 묘사한 것 중 가장 조잡한 예는, 머튼이 반전 연대에 가담하여 베트남 전쟁을 비난한 것은 그가 좌파로 옮긴 실증이며, 이것이 (그녀에게 있어서는) 바로 공산주의를 의미하는 것이라고 말한 것이다.

C. 『칠층산』을 넘어섬

세 번째 카테고리에 속하는 사람들은 머튼 독자들, 머튼의 가르침을 따르는 사람들, 머튼 학자들이 있는데, 이들은 머튼이 『칠층산』을 훨씬 넘어섰다고 믿는 사람들이다. 그들은 『칠층산』이 모든 카리스마적 호소력(그 호소력은 놀랍게도 머튼의 새로운 독자들에 의해서도 계속해서 경험되고 있다)을 가지고 있음에도 불구하고, 한편 『칠층산』은 많은 약점들을 가지고 있다는 사실을 인정한다. 즉 신학적 협소함, "참된" 교회에 속해 있다는 독선적 의식, 다른 기독교회들에 대한 "폄하", 동양 종교들이 무가치하다는 식의 무시, 자연과 초자연의 흑백논리식의 분리, 가톨릭 신자들이 주일 강단에서 듣는 것과 별로 다르지 않게 강론과 열정으로 본문을 섞어 짠 교훈적 어투 등이다. 『칠층산』은 그러한 신학적 자세에도 불구하고 계속해서 새로운 세대의 독자들에게 호소력을 가지고 있다. 오늘날의 독자들에게 있어서는 저자 자신의 도량이 그의 신학적 협소함을 넘어서기 때문이다.

『칠층산』 출판에 이어 뒤따르는 20년 동안에 쓰여진 머튼의 글들을 계속 읽은 오래된 또는 새로운 독자들은 그런 엄격함과 심지어는 편견까지도 너그럽게 보아줄 준비가 꽤 되어 있다. 왜냐하면, 그들은 머튼이 『칠층산』을 넘어 얼마나 멀리까지 넘어섰는지를 깨달았기 때문이다. 1966년 쓴 글에서 머튼은 다음과 같이 말했다.

내가 30년[3] 전에 쓴 책 때문에, 나는 나 자신으로 하여금 세상을

---

[3] 역자 주: 원래 이 글("Is the World a Problem?")은 1966년에 잡지(Commonweal Vol. 84, No. 11)를 통해 출판이 되었고 후에 *Contemplation in a World of Action*에 포함되어 1971년에 재 출판되었다. 『칠층산』이 1948년에 출판된 이래 20여년이 흘렀다.

부인하는 판에 박힌 관상가로 만들었다. 뉴욕을 경멸하고, 시카고에 침 뱉으며, 루이빌을 짓밟고, 한쪽 주머니에 소로의 책을 넣고, 다른 한쪽엔 십자가의 요한 책을 넣은 채, 성경은 계시록을 펴서 들고 숲을 향해 가는 사람 말이다. 이런 인간 판박이는 나 자신의 잘못이며, 그것은 내가 수시로 없애려고 노력해야 하는 어떤 것이다.4)

그는 계속한다(기억하라. 머튼은 1966년 죽기 2년 전에 이렇게 쓰고 있다).

나는 많은 사람들이 읽었던 『칠층산』의 저자로서 말하는 것이 아니라, 분명히 아주 극소수의 사람들이 읽었을, 보다 최근의 수필과 시의 저자로서 말하고 있음을 분명히 하고 싶다. 이것은 인공호수의 물에 대하여 곰곰이 생각하면서, 옷깃을 세우고, 등을 카메라 쪽으로 향하고 있는 트라피스트 수도승의 침묵에 대한 공식적인 목소리가 아니다. 자신이 맥주를 그만둘 수 있다는 사실을 결코 극복하지 못한 성질 사납고, 성인으로 추앙될 수 없는 현대판 제롬도 아니다(나는 맥주를 사랑한다. 그리고 바로 그와 같은 사실에 의해 세상을 사랑한다).

말하지 않은 그가 누구인지를 말하면서, 머튼은 자신이 누구인지를 밝히기 위하여 계속해서 말한다.

이것은 자신의 자매, 형제들과 마찬가지로 흔들리고, 신비스러우며, 요구가 많고, 흥분하며, 절망하고, 혼란스러운 존재를 극복하려고 자기 자신에 대하여 질문하는 사람의 목소리일 뿐이다. 그 존

---

4) Thomas Merton, *Contemplation in a World of Action*(『행동하는 세상 속에서 관상』), Garden City, NY: Doubleday, 1971. pp.143-144.

재 안에서 거의 아무것도 참으로 예견할 수 없고, 그 존재 안에 있는 대부분의 정의들…그리고 정당화가 입 밖에 내기도 전에 믿을 수 없게 되며, 그 존재 안에서 사람들은 함께 고통당하고, 때로는 극도로 아름답고, 때로는 견딜 수 없이 애처롭다. 그 존재 속에 두려운 것이 많이 있으며, 그 존재 속에 있는 공적인 모든 것이 명백히 날조된 것이며, 그 존재 속에는 동시에 바로 거기 존재하며, 너무나 분명해서 아무도 그에 대하여 말할 수 없고, 대부분 그것이 거기에 있다는 것을 믿을 수조차 없는 인격적 진정성(확실성)의 훌륭한 기초가 있다.

그가 이끌어 낸 결론은 그를 곧바로 동시대 안으로 이끈다.

나는 근대 세계에 속한 남자이다…내 자신 속에서가 아니라면 나는 어디서 세계를 찾을 것인가?

내가 특별한 의복을 걸치고, 기묘한 규칙을 따르면서 나를 "이 세상 밖으로" 데려가는 수도원 안에서 이 세계를 "도망쳐야" 할 어떤 것으로 생각하는 한, 나는 내 생애를 환상에 바치고 있는 것이다.

위의 인용을 통해 볼 때, 머튼이 많은 주제들에 관해서 사상에 있어서나 수도승으로서 그의 수도 성소를 보는 방식에 있어서 상당한 변화를 겪고 있음이 분명하다. 1967년 5월 그는 *Cables to the Ace*를 완성했다. 이 긴 시(풍자법을 사용하고, 실험, 모방, 섬뜩한 환상, 의미와 무의미의 교차 등을 사용한, 정말 시 같지 않은 시)의 서문에서, 그는 자신의 지적 지형이나 삶에 대한 접근에 있어서, 또 그가 만나고자 하는 청중들에 있어서 변화를 보이고 있다. 자신에 대하여 말하면서, 시인은 "그의 소재지를 바꿨고, 그의 시학은 휴가 중이다. 그는 낡은 굴속에서 포효하지 않는다"라고 말했다. 그는 포효하는 어떤 동굴 속에서도 더 이상 존재하지 않는다. 점점 더 그는 세상의 모든 죄성과 모든 장엄함 속에서 자신이 재발견한 세상의 넓고 열려진 공간 속에 있게 되었다. 그 갤러리 (세상) 속에 전적으로 새로운 방이 존재한다.

사실 그 갤러리에 있는 같은 방에서 조차, 서로 다른 사색과 묵상들을 보게 될 것이다. 왜냐하면 머튼은 계속해서 성장하는 사람이었고 어떤 주제에 관해 최종적인 말을 했다고 느끼는 자가 아니었기 때문이다. 그는 항상 새로운 생각, 새로운 비전, 새로운 통찰에 흥미를 느꼈다. 특히 그의 생애 후반기에, 그는 한 가지 방식으로 묘사될 수 없는 복잡한 인물이 되었다. 그는 많은 이미지와 많은 역설을 가진 사람이다. 나는 "많은 모순을 가진 한 사람 머튼"으로 말하고 싶다.

1968년 10월 알래스카에 있는 한 수녀원에서 the convent of the Precious Blood Sisters 일련의 강연을 하게 되었다. 그 강연들 중 하나에서, 마틴 부부가 쓴 논문을 논하였는데, 부부는 그 논문에서 "열등감과 자기 모순적 기질을 가진" 사람들에 관해 이야기했다. 머튼은 매우 유쾌한 방식으로 자신이 그런 기질에 관해 대단히 많은 것을 말할 수 있노라고 고백했다. 이유인즉 "그것은 나에 대한 완벽한 묘사니까요"라고 그가 말했다.

모순성(비일관성)과 안정성

나는 머튼이 농담하는 게 아니라고 믿는다. 오히려 그는 자신에 대한 가장 적합한 묘사를 하고 있다. 그의 기질은 사실 "복잡하고 자기 모순적"이다. "자기 모순적"이라는 의미를 조금 누그러뜨리고 싶기는 하지만, 대체로 다음과 같은 의미인 것은 분명하다. "서로 양립할 수 없는 것처럼 보이는 생각, 태도, 확신을 자신 속에서 연결할 수 있는 능력을 가지고 있는 사람"으로 머튼은 겉으로 볼 때, 화해할 수 없는 그것들을 자신 안에서 폭발 시키지 않고, 포용하기에 넉넉할 만큼의 정신과 마음을 가지고 있었다. 한편, 갈등 속에 있는 듯한 것들을 화해시키려 애쓰는 것이야말로 그를 점차로 자기 생애 속에서 참된 단순성과 인격적 통합으로 나아가게 해 주었다. 그가 어느 정도까지 이 단순성과 통합성을 이루었는지는 여전히 논란중이다.

이에 대한 내 입장은 토머스 머튼의 기본적인 역설이 두 단어로 표현될 수 있다는 것이다. 바로 모순성과 안정성이다. 자신의 삶과 글 속에서, 머튼이 양자(모순성과 안정성)의 창조적 긴장을 연결함으로써 마침내 상당한 일치와 통합을 이루어 냈다는 것이 내 확신이다.

먼저 "비일관성"이라는 뜻에 내가 담으려 한 의미를 분명히 할 필요가 있겠다. 나는 이 단어를 기본적인 어원상의 뜻에서 "일관성"이란 단어와 대조하고 싶다. "일관성"이란 "왜 자신이 그곳에 있는지, 또 자신이 무엇을 해야만 하는지 알면서 한 장소(위치)에 견고히 서 있는 것"과 같은 의미이다. 만일 "일관성"의 의미를 수용한다면, 머튼의 후기 생애는 "일관성"이란 말로서 거의 표현될 수 없다. 1960년대(1950년대 후반조차), 머튼은 한곳에—지적으로, 창조적으로, 영적으로—거의 머문 적이 없다. 사실 그는 어디에나 있었다. 그의 열정은 그를 말 그대로 사방으로 이끌었다. 그는 폭넓은 다양한 주제들에 관해 글을 썼다. 사실 어떤 것에도 완전히 정통하지 않았지만(왜냐하면 한 주제에서 다른 주제로 너무 자주 움직였기 때문에), 그는 한 주제의 핵심에 들어가 그것을 비범한 명료함으로 드러내고, 그 다음 다른 곳으로 나아가는 놀라운 재능을 지니고 있었다. 그의 후기 생애에서 사람들은 그가 어디로 가려고 하는지, 그의 관심사가 무엇이 될지 누구도 확신할 수 없었다. 머튼은 다른 사람들을 위하여 자신은 지나칠 정도로 다른 문들을 찾아다니는 데 사로잡혀 있었기 때문에 결코 자신이 머무르지 않는 방으로(우리가 생각하고 있는 상상 속의 갤러리에서)문을 열어 젖혔다.

이것이 바로 나의 머튼에 대한 전기 『고요한 램프』에서, "머튼의 베스트셀러 자서전은 비록 439페이지 분량이지만, 일반적으로 말하자면, 그는 지속적인 글쓰기에서 그가 최상의 상태에 있었던 것은 아니다"라고 썼던 이유이다.

> 그가 뛰어난 성향을 지녔던 문학 장르는 세련된 수필이나 잘 다듬어진 서간이다. 그는 퀘이커교도, 선, 중세 신비종교들, 중국철학, 십자군, 그리고 보다 많은 주제들에 대해 식견 있는 글을 썼다. 1961년 여름부터 1962년 봄까지, 그의 글은 전쟁과 평화라는 주제에 집중되어 있었다. 이어지는 해에는 그 주제를 완전히 버린 것은 아니었지만, 그의 관심은 다른 방향으로 움직이는 것처럼 보였다. 중요한 것은 그 순간에 그에게는 그것이 세상에서 가장 중요한 것처럼 보였다는 것이다; 그러나 그는 완전히 다른 영역으로 들어가는 데 느리거나 그것을 질색하지 않았다.[5]

머튼은 그의 관심사를 입증하려고 자주 과장한다. 다른 사람들의 감정을 존중하려는 바램에서 전과는 달리, 자신의 입장을 다른 사람들의 입장과 모순되지 않게 하려고 했다. 이런 후기의 경향을 보여 주는 것으

---

[5] Thomas Merton, *The Silent Lamp*, p.20.

로는 로즈메리 래드포드 루터(아마도 갤러리에 자신만의 방을 갖고 있음직한)와 머튼의 서신 왕래만한 예가 없을 것이다. 머튼은 오로지 서신에 의해서였음에도 불구하고, "한 여성 신학자"와 교제하고 있다는 데 꽤 매료되었던 것 같다. 머튼은 로즈메리의 말에 아주 동의하고 싶어 했다. 그래서 로즈메리가 수도원적인 삶의 모든 의미를 통렬히 물었을 때 그녀의 편에 가담하기를 열망했다. 그래서 그녀에게 자신은 은수자이지만 진짜 수도승이 아니라 a "non-monk", 단지 숲 속에서 살고 있는 "떠돌이" tramp 일 뿐이라고 말했다.6)

그러나―그 비일관성을 주목하라―아주 짧은 기간 그들이 맹렬히 서신을 교환하는 동안에도, 머튼은 동시에 논문을 쓰고 있었으며, 수도승의 삶이 오늘날 얼마나 새롭게 되어져야 하고, 새롭게 될 수 있는지에 대하여 수도승들에게 충고하고 있었다. 게다가 로즈메리가 그에게 가식적으로 살지 말고, 수도회를 떠나 "진정한 마귀들"과 싸움을 벌일 수 있는 세상 속으로 나오라고 제안했을 때도, 자신의 대답이 무엇이어야 하는지 전혀 의심하지 않았다. 비록 그가 수도원에 있는 것이 로즈메리 눈에는 소용없는 것처럼 보여도, 머튼은 하나님이 원하시는 곳에 자신이 있음을 확신했다. 그것은 숲 속에서 은수자로 사는 것이었다.

---

6) Thomas Merton, *The Hidden Ground of Love*, pp.497-516.

뿌리 내림

많은 변화, 혼란, 그리고 불확실성 가운데서도 하나님이 원하시는 곳에 자신이 있다는 확신은 겉보기에 모순된 것처럼 보이는 머튼의 삶에 뿌리를 내리게 하는 본질적인 안정성이다. 안정성을 갖는다는 것은 항상 중심을 가진 원 안에 있는 것과 같다. 만일 누군가 그 중심에 깊이 뿌리내렸다면, 그는 균형을 잃지 않고 원의 경계선 위 어느 점으로든지 움직일 수 있다. 게다가 항상 또는 필연적으로 혼란스러운 일들에 대한 해답을 찾지 못한다 해도, 최소한 올바른 방향으로 움직이고 있으며 참으로 문제되는 것과 씨름하고 있음을 확인하기 위해 경계선의 혼란으로부터 중심으로 다시 돌아올 수 있다. 만약 당신이 원한다면, 만일 누군가가 중심에 충분히 깊게 뿌리내리고 있다면, 누구나 "비 일관적"이 될 수 있다. 그의 일기[7] 『대화의 서약』에서 머튼은 다음과 같이 쓰고 있다. "나의 생각은 항상 변하고 있고, 항상 하나의 중심 주변을 돌고 있으며, 나는 그 중심을 어디서나 보고 있다. 그러므로 나는 언제나 비 일관적이라는 비난을 받을 것이다. 그러나 나는 그 비난을 듣는 그곳에 더 이상 존재하지 않을 것이다"[8]

나는 머튼이 이런 중심을 가지고 있었다고 굳게 믿으며, 그 중심은 바로 그의 수도승으로서의 소명이었다고 주장하고 싶다. 수도원에서 그의 생활 중에 머튼은 작가, 수련장, 영적 지도자, 사회 활동가, 비폭력적 혁명주의자 등 많은 역할을 수행했다. 그러나 머튼은 그 모든 일을

---

[7] 보다 문학적 형식을 갖춘 "일기", 또는 일간 신문이나 간행물로 볼 수 있다.

[8] Thomas Merton, ed. *Naomi Burton Stone. A Vow of Conversation*(『대화의 서약』). *Journal*, 1964-1965, (New York: Farrar, Straus, Giroux, 1988.) p.19.

수도승으로서 행한 것이었다. 그의 생애를 하나로 묶고, 그 생애의 사실들과 사고의 방향을 빛으로 이끈 "많은 이미지"를 바라보도록 하나의 초점을 제공한 것은 바로 수도자적인 소명이었다는 것이 내 확신이다.

이 시점에서 나는 『칠층산』과 조금 더 머튼의 글들을 읽은 독자들에게 질문을 하려고 한다. 머튼과 그의 글에 접근하는 이 세 가지 관점 가운데 어느 것이 당신의 현재 느낌을 가장 잘 표현해 주는가? 만일 머튼을 잘 모르고 있다면, 당신은 어떤 "머튼"에 대하여 듣기를 원하는가? 내게 있어 궁극적으로 유익하고(그리고 머튼에게 공정한) 유일한 접근은 세 번째, 즉 머튼은 『칠층산』 덕분에 명성이 올랐음에도 그의 사고는 계속 발전하여서 점차 저 위대한 고전에서 택한 입장보다 훨씬 앞서 나간 인물로 보는 관점이다. 이것은 분명하게 나의 입장을 밝히는 셈이 될 것이다.

머튼 저작의 8가지 주제들

나는 머튼과 그의 저작을 이해하는 데 중요하다고 생각되는 8가지 주제를 선택했다. 이러한 주제를 표현하는 방법은 두 가지로 그것들을 제안한다. 첫째는 단순히 각 주제에 관련된 인용문을 머튼의 저작에서 추려서 모아 놓을 수 있었다. 어느 정도는 이렇게 했는데 각 주제에 맞는 그의 저작에서 발췌한 인용문을 앞에 두었다. 두 번째는 주로 내가 따르기로 선택한 것으로, 내게 의미 있게 다가온 그 주제를 내가 이해하게 된 대로 표현하는 것이다. 그렇게 하는 것은 머튼의 작품에서 머튼이 말하고 싶어 하는 것을 내가 머튼으로 하여금 말하게 하는 위험을 감수하는 것임을 알고 있다. 독자들은 그들 스스로가 이렇게 묻고 있는 것을 발견하게 될 것이다. "이것이 머튼의 것인가 아니면 셰논의 것인가" 그와 같은 질문에 나는 단지 다음과 같이 응답할 수 있을 뿐이다. "이것은 이 주제 안에서 발견할 수 있는 깊은 의미를 풀이하기 위하여 머튼을 해석하는 셰논의 것이다." 내가 때때로 개인적인 경험들을 이야기한다면(때때로 그렇게 하겠지만), 이는 그 경험들이 내가 어느 정도 주제를 "풀이하는" 데에 도움이 되었기 때문이다.

1. 내면성Interiority, 내면을 위해 외치기

> 나는 세계와 나 자신에 대한 정형화된 시각을 형성하는 피상적인 외부의 모습을 벗어납니다. 그리고 나는 감추어진 존엄의 현존 속에서 나 자신을 발견합니다.9)

> 이 땅 위의 단 하나의 진정한 즐거움은 우리의 거짓 자아로부터 탈출하여, 모든 피조물의 정수精髓와 우리 자신의 영혼의 핵심 속에 거하시고 노래하시는 생명이신 그분과의 일치 속으로 사랑을 수단으로 하여 들어가는 것입니다.10)

> 삶에 있어서 우리의 진정한 여정은 내면입니다. 즉, 그것은 성장, 깊어짐, 그리고 우리 마음 안에 있는 사랑과 은혜의 창조적인 행동에 대한 아주 거대한 복종의 문제인 것입니다.11)

나는 머튼의 수도 성소의 중심에 대하여 말하였다. 이것이 단지 수도

---

9) Thomas Merton, *New Seed of Contemplation*, Norfolk, Conn.: New Directions, 1962. p. 41.
10) *New Seed of Contemplation*, p. 25.
11) *The Road of Joy*, 118.

승들만이 감사한 마음으로 머튼 주제들의 전시관으로 들어갈 수 있다는 것을 의미하는가? 나는 그렇게 생각하지 않는다. 왜냐하면 머튼이 수도승으로서 글을 쓰기는 했지만, 그가 '단순히'('가장 우선적으로'라고 말하고 싶은 유혹을 받기도 하지만) 수도승들만을 위하여 쓰지 않았기 때문이다. 그가 의도하는 독자군은 단지 사람들이다. 또는 이렇게 말해야 할 것이다. 그들은 자기들이 삶의 표면위에서 살아가고 있다는 것을 너무도 명백히 인식하고, 현재 경험하고 있는 것보다 더 많고 풍성한 삶이 있다는 것을 본능적으로 느끼는 사람들이다. 한 신문 『쎄러데이 이브닝 지』The Saturday Evening Post사의 편집장인 존 헌트John Hunt에게 보낸 편지에서 머튼은 그의 저작을 통하여 호소하기를 희망하는 그러한 종류의 독자에 대해서 우리에게 어떤 힌트를 제공한다.

1966년 12월 헌트는 "외침"Speaking Out이라고 불리는 그 신문의 논객 칼럼에 글을 투고해 달라고 그에게 부탁했다. 머튼이 상당히 유명한 수도승인 것을 잘 알고 있었기 때문에 헌트는 당연히 수도적인 삶에 대하여 써달라고 요청하였다. 머튼은 이 요청을 받고 수도원과 수도승적인 삶에 대하여 말할 수 있는 것보다 훨씬 더 중요하다고 생각하는 그의 마음 안에 있는 것들을 그 신문의 독자들에게 말할 기회가 왔다고 여겼다. 수도원과 수도승적인 삶에 관한 정보들은 양질의 백과사전에서 얼마든지 찾을 수 있는 것들이다. 머튼은 사람들에게 그들이 찾기만 한다면 그들 자신 안에서 발견할 수 있는 더 깊은 삶의 현실들에 대하여 얘기해주고 싶었다. 그는 사람의 삶은 내면적 차원이 있다는 것을 말해주고 싶었다. 동시에 그는 삶의 환경들이 삶의 내적 차원에 이르는 것을 쉽게 방해할 수 있다는 것도 경고해주고 싶었다. 머튼은 사람이 자신

안에 깊이 있는 실재the depths of reality가 존재한다는 사실을 생각해 보지도 못하고 거의 전적으로 삶의 외면에서 살아갈 수 있다는 것을 너무도 잘 알고 있었다. 그래서 그는 헌트에게 "내면을 위한 외침"Speaking Out for the Inside이라는 제목으로 글 쓰겠다고 제안했다.

그러나 헌트는 자신이 이 수도승으로부터 무엇을 원하는지 알았으며 머튼이 제안한 대안에 좋은 인상을 받지 못했다. 머튼의 제안은 거절되었다. 결국 머튼은 그 신문의 지면에 모습을 드러내지 못했다.

우리는 헌트가 머튼의 제안을 받아들였으면 하는 바램을 가질 지도 모른다. 무엇보다도 "내면을 위한 외침"을 통해 머튼이 말하고자 했던 것을 알 수 있다면 좋을 것이다. 그러나 다행스럽게도, 우리가 어둠 속에 완전히 버려진 것은 아니다. 머튼은 그가 쓰려고 계획했던 기사에 무엇이 포함될 것인가에 대한 어느 정도의 생각을 헌트에게 보낸 편지에서 잘 다루고 있다.

머튼이 제안한 그 기사의 의도는 머튼이 외쳐주고자 했던 사람들을 위하여 그들의 "내면"을 알 수 있도록 돕는 것이었다. 그는 사람들이 그들의 존재 안에 있는 내면의 깊이에 대하여 자각하기를 희망했다. 삶에는 눈으로 바라보는 것 훨씬 이상의 것이 존재한다. 우리의 일상적인 매일의 경험의 밑에 그리고 위에는(사실은 모든 방향에) 실재의 세계가 있다. 그것은 궁극적으로 홀로 실재하는 세계인 것이다. "저항할 수 없을 정도로 중요하면서도, 거의 전적으로 그 중요성이 무시당하고 있는 이러한 영적인 무의식의 차원을 탐구하는 것에 대하여"[12] 머튼은 기술하고 있다. 즉 "피상적인 즐거움과 두려움을 동반하는 단순한 경

---

12) Thomas Merton, *Faith and Violence*(『믿음과 폭력』). *Christian Teaching and Christian Practice.* (Notre Dame, Ind.: University of Notre Dame Press, 1968). p.112.

험적인 개별성의 수준 너머 그리고 위에, 진정하고 영적인 자아의 발견을 지향하지 않는다면 삶에 대한 진정한 사랑은 없는 것이다."13) 그러나 수많은 사람들은 이러한 내면성의 세계를 감지하지 못한다. 왜냐하면 그것은 외부의 것들에 집중하게 하는 삶에 의하여 효과적으로 봉쇄되어 있기 때문이다. 사람들은 너무나 자주 그들 자신의 밖에 있는 것들에 둘러싸여 있어서 "내면"에 있는 그 무엇을 위한 시간이 없다. 그러므로 그들은 자신들의 삶을 살아가게 하는 내면의 중심이 결핍되어 있다. 그러한 중심이 없이 그들은 불가피하게 자신들이 조각과 파편 속에서 살고 있다는 것을 발견하게 되며, 이때 그들은 자신들이 상이하면서도 종종 반대되는 방향으로 많이 이끌리고 있는 것을 경험한다.

이러한 종류의 삶은 일종의 내적 결핍이다. 이러한 방식으로 살아가는 사람들은 자신의 정체성을 발견할 만한 시간을 전혀 또는 거의 만들 수 없다. 왜냐하면 우리의 정체성은 우리가 '무엇을 하는가'에 의하여 발견되는 것이 아니고 우리가 '누구인가'에 의해서 발견되기 때문이다. '우리가 누구인가' 하는 것은 우리의 활동으로 발견될 수 있는 것이 아니고—그 활동들이 값어치 있고 칭찬받을 만하다 할지라도—우리의 존재 안에서, 즉 머튼이 "외치기"를 원했던 그 "내면" 안에서만 경험될 수 있는 것이다.

만약 우리가 삶의 또 다른 깊은 차원을 인식하게 된다면 우리 삶은 얼마나 강력하게 변화할 것인가? 그런 인식이 결핍되면, 우리는 신대륙이 발견되기 전의 유럽 사람들과 다르지 않은 상황에 놓여 있게 된다. 그들은 유럽만을 알았기 때문에, 새롭고 흥미진진한 모험을 거부하면

---

13) Thomas Merton, *Faith and Violence*, p.112.

서, 전적으로 다른 세계가 거기서 발견되기를 기다리고 있었다는 것을 전혀 인식하지 못했다. 그들이 그 신대륙의 존재를 알게 되었을 때, 그들의 역사는 돌이킬 수 없을 정도로 변화되었다. 동일한 방식으로 인간의 삶의 외부적인 것들만 아는 사람들은 단지 피상적인 삶의 단계에서만 가능한 삶을 훨씬 넘어서서 그들에게 새롭고 흥미진진한 경험을 제공할 수 있는 그 자신의 실제의 영역으로부터 배제된 것이다.

머튼은 선언하기를 우리 모두가 필요로 하는 것은 내적 자유이며 내적 비전이라고 했다. 머튼은 계속하기를, 우리는 정말 알지 못하는 우리 안에 있는 어떤 것들에 우리 자신을 관계시킬 때만, 그러한 자유와 비전을 향하여 나아간다고 했다.

처음에 이 말을 들으면, 아마 당신은 다음과 같이 말하고 싶어질 것이다. "그것은 별로 도움이 되는 것 같지 않다. 도대체 '우리가 알지 못하는' '우리 안에 있는 어떤 것'은 무엇을 의미하는 것인가? 그리고 그것을 알지 못함에도 불구하고, 우리가 그것에 자신을 관련시켜야만 한다면 그것은 '심리학적 무의식'이 아닌가? 답은 아니다"이다. 머튼은 그가 얘기하는 것이 이것이 아니라고 강하게 얘기하고 있다. 그가 설명하기를 우리가 알지 못하지만 우리가 관계해야하는 "어떤 것"은 "영적인 무의식"인데 그것은 폴 틸리히가 『존재의 용기』 The Courage to Be 에서 말한 "존재의 근원" the ground of being 인 것이다. 나는 그것을 머튼 스스로가 "사랑의 숨은 근원" The Hidden Ground of Love 이라고 했음을 덧붙여야겠다. 그는 말하기를 우리가 관계해야하는 "어떤 것"이란 전통적으로 하나님이라고 불린다고 한다. 그러나 머튼은 그 "어떤 것"을 우리의 머릿속에 가지고 있을지도 모르는 하나님에 대한 생각과 이미지로 분류하지 않도록 우리에게 조심스럽게 경고한다. 왜냐하면 생각과 이미지는 하나님의 실재를 이해할 수 없기 때문이다(이에 대해서는 나중에 더 이야기할 것이다).

머튼은 헌신적인 방법보다 오히려 하나님과 관계를 맺는 관상적인 방법(생각과 이미지를 초월하는 방식)에 대하여 실제로 쓰고 있는 것이다. 헌신적인 영성devotional spirituality은 그 자체가 주로 하나님의 이미지(그리고 그것은 선하지만 필요성—그 자체 내에 한계가 있는—이 있다)와 관련되어 있다. 관상적인 영성은 생각과 이미지를 뛰어 넘는데 그 생각과 이미지는 부분적으로만 하나님(즉, 하나님의 바로 그 실재, 즉, 신적인 자신의 실재)을 표현할 수 있다. 우리가 내면의 자유와 내면의 비전의 수단을 성취할 수 있는 것은 이러한 신적인 실재와 관계를 맺는 데에서만 존재할 수 있는 것이다.

머튼은 그것을 헌트에게 보내는 편지에 쓰기를 "인간의 진정한 내면적 삶과 자유는 이러한 내면적 차원이 열리고 인간이 그의 안에 있는 알지 못하는 자와의 연합 안에 살 때에 시작된다."고 한다. 그러나 그것이 전부가 아니다. 그는 계속해서 말하기를 그는 "이 기초 위에서 다른 이들 안에 있는 알지 못하는 동일한 자들과 연합 안에 있을 수 있다"[14]고 한다. 그것은 그리스도인의 경험의 핵심(즉 우리 안에 있는 알지 못하는 자와의 연합, 동시에 다른 이들의 안에 있는 알지 못하는 동일한 자와의 연합)이 된다.

그는 '쌔러데이 이브닝 지'The Saturday Evening Post의 편집장에게 보내는 그의 편지를 다음과 같이 결론내리고 있다. "이것은 다소 거칠고 또 당

---

14) Thomas Merton, *Witness to Freedom*, pp.329-330.

신들의 독자들에게 많은 것을 요구할 것입니다…나의 제안은 이것입니다. 그 주제가 거칠고 맛이 없다는 것을 인정하고 그것을 있는 그대로 다루어 달라는 것입니다. 어떤 이들은 강하게 충격을 받을 것이고 대부분의 사람들은 무관심한 채로 남아 있을 것입니다."

그가 말하고자 했던 것에 대한 그와 같은 묘사는 편집자에게 그의 생각을 "판매"할 수 있는 계산이 거의 나오지 않게 하는 것이었다. 독자들이 거칠고 맛이 없다고 알게 될 만한 자료들에 대하여 편집자들이 흥미를 가지지 못하며, 또한 대부분의 독자들이 무관심한 채로 남아 있을 법한 내용에 대해서 역시 편집자들이 주의를 기울이지 않는 것을 나는 충분히 알고 있다. 머튼은 자기가 제안한 기사를 묘사하는데 그가 행한 방식으로 자기 자신이 거절당할 쪽지를 명백히 작성한 것이었다. 그리고 그는 열정적으로 자신이 말하고 싶어 했던 것을 위해서 행동했지만, 어떤 사람들에게는 그가 아무런 생각 없이 그렇게 행동하고 있는 것처럼 보였다.

머튼의 실수일까?

나는 이 질문들에 대하여 당신이 생각해 볼 수 있도록 잠시 멈춘다. 즉 이것이 머튼의 편에서 큰 실수였는가? 그는 수도원의 생활에 대하여 쓸 수 있는 그 기회를 붙잡아야만 했던 것인가? 아마도 그는 그래야 했을지 모른다. 결국 머튼에게 있어서 내면성은 수도원 삶의 전부이다. 여기에서 다음과 같은 질문이 또 제기 될 수 있을 것이다. 그는 수도원 생활에 대하여 쓰고, 그 맥락에서 내면의 자유와 비전에 대하여 그의 독자들에게 말하고 싶었던 모든 것을 왜 쓰지 않았을까? 그러나 그가 이러한 접근

방식을 취하지 않은 것은 사람의 심원에 대한 탐구와 우리 안에 있는 진정한 실재인 그분The truly Real과 접촉하는 것은 모든 사람의 임무이지 단지 수도승들만의 것은 아니라는 그의 확신 때문이라고 나는 믿고 있다. 1966년까지 머튼은 독자들이 그가 믿는 것과는 다르게 생각하는 것을 감수할 정도로 수도원 밖의 사람들의 필요들에 대하여 깊이 인식하고 있었다. 사람의 내면의 깊이를 발견하는 것과 거기서 하나님을 찾는 것은 단지 수도승들에게만 필요한 노력이 아니라, 한 인간으로서 필요한 노력인 것이다. 그것은 철학자 마틴 하이데거Martin Heidegger가 말한 "진정한 존재를 향한 인간의 갈망"으로 중심이 향하는 것이다. 오로지 하나님만이 그 갈망을 만족시키실 수 있다.

영성에 대한 그의 글들 안에서 머튼은 계속적으로 우리 모두 안에 있는 이러한 경이로운 내면적 삶의 존재를 지적하고 있다. 우리가 그것을 놓칠 때, 우리는 우리의 안과 우리를 둘러싼 진정한 실재의 대부분을 놓치는 것이다. 우리 안에 있는 그러한 내적 삶의 마음과 중심에 있어서의 신적 현존에 대하여 이야기하는 것은 한 보편적 진리, 즉 모든 진정한 기독교영성의 핵심에 놓여 있는 보편적 진리를 단순히 다른 말로 바꿀 수 있는 것인데 그것은 "하나님은 어디에나 계시다"이다. 우리가 우리 자신의 존재 깊은 곳에 있는 하나님을 경험하기 시작할 때, "하나님은 어디에나 계시다"라는 이러한 위대한 진리는 우리가 종교 수업시간에 배웠던 신앙의 기사로만 존재하는 것을 멈춘다. 대신에 그것은 개인적 경험의 실제가 된다. 그것은 머튼이 우리 안에 있는 "알지 못하는 이와의 연합"이라고 부른 것이다.

이와 같이 머튼 전시관의 거대한 방은 "내면성"Interiority이라고 불려야 할 것이다. 실로 이러한 개념은 그의 생각에 있어 아주 중심적인 것이어서 전체 전시관의 이름으로 주어질 수도 있을 것이다.

2. 기도: 내면을 향한 여행 - 관상적인 영성

관상은 초월자이시며 언어의 표현을 넘어 서 계시는 하나님에 대한 지식과 경험에까지 자라간다. 그것은 우리 자신의 유한한 존재의 뿌리에 있는 무한한 존재에 대한 생생한 자각이다.15)

관상은 진통제가 아니다. 그것은 우상을 잔인하게 깨뜨리고 태우는 것이며, 성소를 정화시켜서, 어떤 조각된 것을 하나님이 비워 남겨두라고 명령하셨던 곳, 즉 중심, 단지 "있다"는 존재적 제단에 허용하지 않는 것이다.16)

하나님은 형상화할 수 없기 때문에, 하나님에 관해서 우리의 상상이 우리에게 말해주는 어떤 것도 궁극적으로 우리를 잘못 인도할 것이다. 그러므로 우리는 상상할 수 있는 모든 것을 넘어서서 이미지가 없고, 피조된 것의 형상이 없는 이 모호함 속으로 들어가지 아니하면 우리는 하나님 자체를 온전히 알 수가 없다.17)

신앙은 단지 공식화된 교리에 단순히 순응하는 것이 아니다. 이것은 삶이다. 이것은 우리 자신의 알려지지 않은 영적 존재뿐 아니라 심지어 하나님 자신의 숨겨진 본질과 사랑의 가장 신비스럽고 접근할 수 없는 깊이까지도 꿰뚫어보면서, 삶의 모든 영역을 껴안는 것이다.18)

---

15) *New Seeds of Contemplation*, pp. 2-3.
16) *New Seeds of Contemplation*, p. 13.
17) *New Seeds of Contemplation*, p. 131.

나는 여러 번 머튼의 작품들 안에 들어 있는 용어 색인을 가졌으면 하고 바라는 내 자신을 발견한다. 용어 색인은 우리가 읽었다는 것은 기억나지만, 그것을 어디서 읽었는지 기억할 수 없는 머튼의 본문들의 위치를 쉽게 알아내도록 해 줄 것이다. 그것은 또한 그가 특별한 용어를 사용한 많은 방식들을 알 수 있도록 우리에게 도움을 줄 것이다. 그것은 머튼이 그 주제에 관하여 썼던 것들을 함께 모을 수 있게 함으로써, 특별한 주제에 관한 그의 이해를 우리에게 명료하게 해 줄 수 있을 것이다. 나는 언젠가 이 계획이 결실을 맺을 것을 소망한다. 누군가 이 작업을 해주기를 참으로 바란다.

이 용어 색인에서 어떤 주제가 가장 대두될 것인가를 생각하는 것은 흥미로운 것이다. 나는 "관상"이 첫 번째에 가깝거나, 첫 자리에 있을 것에 기꺼이 내기를 걸겠다. 머튼 초기 작품들 중에 시편 137편에 기초를 둔 시가 하나 있다. 그 시편의 시인은 포로기에 글을 쓴 것으로 거룩한 도성 예루살렘에 대한 자신의 깊은 헌신을 맹세하고 있다. 구슬픈 어조로 그는 외친다. "내 혓바닥이여! 내 입천장에 붙어버려라. 만일 내가 너 예루살렘을 기억하지 않는다면…." 머튼은 시에서 그 자신을 약속의 땅을 구하는 포로로 그리면서 맹세하고 있다.

> 내 뼈들이여 불타 버려라! 그리고 까마귀들아 내 육신을 먹어 버려라!
> 만일 내가 잊어버린다면, 너 관상을

비록 이 시는 머튼이 수도승 삶의 초기에(1949) 쓰였지만, 나는 그가 최근 마지막까지 그 헌신에 충실하게 남아 있었다고 믿는다. 그리고

---

18) *New Seeds of Contemplation*, p. 137.

그 헌신은 머튼 자신의 삶을 관상적으로 만들었을 뿐만 아니라, 다른 사람들도 그렇게 할 수 있도록 도왔다.

관상: 불가능한 꿈?

나는 이 글을 쓰면서, 독자, 즉 여러분이 언제 처음으로 관상에 대하여 이야기를 들었는지가 궁금하다. 그것은 관상의 삶을 성취했던, 어떤 비범한 사람들(십자가의 요한, 아빌라의 테레사, 기타…)과 관련된 것이었는가? 만일 그와 같은 경우라면, 그들에 대하여 여러분이 읽었던 것이 여러분 자신을 위해 활용 될 수 있는 경험처럼 관상을 볼 수 있게 도움을 주었는지 알고 싶다. 아니면, 이들 비범한 사람들 속에 있는 것으로서 우리가 열망해야할 어떤 것뿐이었고, 여러분 자신의 삶 속에서는 자리를 도무지 발견할 수 없는 어떤 것이었는가? 내가 이렇게 묻는 이유는 그렇게 멀지 않은 과거까지만 해도, 많은 사람들이 관상에 대한 생각을 단지 몇 사람에게만 주어지는 엘리트적인 경험이지, 우리와 같은 평범한 사람들의 경험은 될 수 없다고 생각했다고 믿기 때문이다. 그리고 현재에도 많은 사람들이 여전히 그런 식으로 생각한다고 나는 믿는다. 사실 나는 아주 흔쾌히 그것이 내 생애에 있어서도 아주 오랫동안 나의 사고였음을 인정한다. 무엇이 나의 태도를 바꾸고 관상이 내게도 가능하다고 생각하도록 용기를 북돋아 주었던 것일까? 그것은 바로 내가 머튼을 읽고 그의 작품들을 연구한 것이었다.

관상: 위험한 관여?

사실 나는 관상은 세례(영세)소명의 일상적인 꽃핌인 것으로 바라보도록 사람들을 초대하면서 내가 처음 했던 말을 기억할 수 있다. 그것은 1970년대 초쯤이었다. 나는 그때 우리 교구의 예전 위원회의 일원이었고, 그 위원회가 주최한 피정에서 피정을 인도하도록 초대되었다. 바로 그때가 내 생애에 있어서 머튼의 작품들을 진지하게 연구하기 시작했던 때였다. 특별히 내가 관심을 가졌던 것은 머튼이 관상에 대해 말한 것들이었다. 나는 신중함을 내던져 버리고 "성례에 있어서 관상적인 영역"에 대하여 말했다. 나의 이야기에는 다소 열띤 논쟁이 뒤따랐다. 그 위원회의 어떤 사람은 내가 말했던 것에 대하여 매우 불편해 했다. 그가 우리에게 말했다. "나의 관심은 관상이 그 안에 관여하기에는 위험한 것이라는 겁니다. 그것은 우리 삶의 깊고 모호하며 혼란스러운 영역들 속으로 깊이 파고들어 가는 것을 의미합니다. 사람들이 관상가가 되도록 격려하는 것은 아주 쉽게 그들을 곁길로 빠지게 할 수 있습니다."

관상에 대하여 말하는 것은 (그 당시만 해도) 약간은 대담한 것이었고 (실제로 어느 때든) 관상에 참여하는 것은 쉽게 위험해 질 수 있다는 것을 나는 매우 기꺼이 받아들였다. 이 위험은 나의 인격의 탐사되지 않은 영역 속으로 나를 이끌기 때문이었다. 그것은 나를 나의 우연성과 극도의 의존성, 나의 무가치함과 접촉하도록 놓아두기 때문이다. 관상은 머튼의 표현을 인용하자면, "하나님으로부터 오는 선물로서, 사랑의 자유로운 선물로서 받은 것으로 우리의 우연적 실재에 대한 자각이다."19) 나의 자아는 내 삶의 중심적인 자리 밖으로 밀려 나온다. 왜냐하면 그 자리는 오로지 하나님께만 속하기 때문이다. 머튼의 말에 따르면 다음과 같다. "지상에서 유일한 참 기쁨은 우리 자신의 자아덩어리의 감옥으로부터 벗어나는 것이다… 그리고 모든 피조물의 본질 속에서 그리고 우리 자신의 영혼의 핵심 속에 거하면서 노래하는 생명과 하나 됨으로 사랑에 의하여 들어가는 것이다"[20]

무엇보다 관상은 하나님에 대한 나의 자각을 되돌려놓는다. 나는 하나님은 누구신가를 전혀 알지 못한다는 것을 깨닫게 되었다. 그때까지 나는 내 언어가 하나님을 다루기에 적합하다고 생각했었다. 그러나 지금 나는 관상 속에서 내가 이해할 수 없는 실존자의 현존 속에 있고, 밤새 씨름하면서 그의 "상대자"에게 "당신의 이름이 무엇입니까?"라고 요구하지만 대답을 듣지 못하는 야곱이다. 나는 그가 경험했던 것에 의해서 갑자기 벙어리가 된 성소 안의 사가랴와 같다. 내가 아주 그럴싸하게 사용하곤 했던 말들은 지금 나의 목구멍에 달라붙어 있다. 나는 "하나님"을 어떻게 말해야 할지 알고 있다고 생각했다. 지금 나는 침묵으로 제한되었다. 내가 하나님에 대해 무엇이라고 말했건 간에 그것은 내가 말하지 않도록 요구받는 신성한 실재와는 너무나 거리가 멀다. 내가 알았다고 생각했던 실재의 휘황찬란한 빛에 의해서 눈이 멀어버린 나 자신을 발견한다.

---

19) *New Seeds of Contemplation*, p.3.
20) Thomas Merton, *Seeds of Contemplation*(『명상의 씨』), New York: New Directions, 1949. p.22.

관상의 길에서 무너지는 우상들

그동안 관상적인 길에는 내가 창조했거나 나의 문화 또는 나의 종교가 나를 위해서 창조했던, 그리고 지금은 내게 더 이상 우상들이나 다름 없기 때문에 포기한 거짓 신들의 무너진 이미지들이 놓여 있다. 몇 가지 예를 들자면 "여기"가 아니라 "저 위에" 있는 신; 하나의 객체이거나 다른 존재들 중에서 하나의 존재(그것이 뛰어난 존재라 해도)인 신; 내가 친구처럼, 아늑한 대화를 나누며 함께 하는 신; 내 자신의 선입견들(아마도 백인이며, 남성이고 미국인인)에 의해 상상 속에서 만들어진 신; 보상하고 벌주는 신, 아주 명백하게 남성이며 가부장적인 신 등이다.

머튼이 말하기를 관상은 "우상을 잔인하게 깨뜨리고 태우는 것이며, 성소를 정화시켜서 어떤 조각된 것도 하나님이 비워 남겨두라고 명령 하셨던 곳, 즉 중심에 단지 '있다'는 존재적 제단을 허용하지 않는 것이다."21)

관상이 우리 삶 속에서 "붙잡음"을 시작할 때, 우리는 더 이상 명명할 수 없는 이 하나님 안에 우리가 있다는 것과, 이 하나님이 우리 안에 계시다는 것을 완전히 이해하지 않고서도 의식하게 된다. 하나님으로부터 구별되었으나, 동시에 우리는 하나님으로부터 분리되어 있지 않는다. 우리는 안전하고 편안한 거리를 유지할 수 있다고 생각해왔던 분의 현존의 섬뜩한 즉각성에 의해 마구 몰아 부침을 느낀다. 우리는 이 하나님이 안전하고 미리 결정된 장소에 가두어 질수 없다는 것을 발견한다. 이 하나님은 어디에나 계신다.

---

21) *New Seeds of Contemplation*, p.13.

다시 교구 예전위원회에서 행했던 나의 강연으로 돌아가서, 만일 토머스 머튼이 아니었다면, 나는 내가 그렇게 말할 수 없었을 것이라는 것을(사실 그것에 대해 생각조차도 갖지 못했었을 것이다) 서슴없이 고백한다. 머튼이 『칠층산』을 썼을 때, 그는 미국 역사의 한 토막을 쓰고 있었다. "미국은 관상적인 삶을 발견하고 있는 중이다."22) 그리고 많은 사람들(나 자신을 포함하여)을 위해서, 그는 그 발견의 길로 이끄는 영적 지도자였다. 내가 많은 경우에 말했던 것처럼, 토머스 머튼은 "관상"을 일상적인 말로 만들었다.

관상을 가르친다? 결코 아니다!

이것은 그가 관상에 대한 교사였다는 것을 말하는 것은 아니다. 머튼이 말하듯이, "어떻게 관상가가 될 수 있는가"를 사람들에게 가르치려고 시도하는 것은 그들에게 "어떻게 천사가 될 수 있나"를 가르치려고 하는 것만큼이나 불가능한 것이다.23) 왜냐하면, 관상은 선명하게 표현될 수 없는, 전혀 새로운 실재의 수준으로의 깨어남이기 때문이다. "그것은 단지 암시되고, 제시되고, 지적되어, 상징될 수 있을 뿐이다."24) 단지 그는 관상에 대한 재능이 사람들 속에서 일깨워질 수 있다고 믿었다. 그러나 이것은 그들이 이미 선한 인간적인 경험들을 가지고 있다는 조건에서만 가능하다. 그들 자신의 눈으로 보고, 그들 자신의 귀로 듣고, 그들 자신의 혀로 맛보고, 그들의 전존재로 경험하기를 배워 온 사람

---

22) Thomas Merton, *The Seven Storey Mountain*, p.414.
23) *New Seeds of Contemplation*, p.X.
24) *New Seeds of Contemplation*, p.6.

들만이 관상적인 삶을 위하여 적합한 후보자들이다. 텔레비전에 중독되어 있는 사람들, 그 삶이 계속적으로 외적 자극을 필요로 하는 사람들, 그리고 결코 그들 자신을 자신의 내면적 진실에 개방하지 않는 사람들은 너무나 낮은 진정성 속에서 삶을 살기에, 관상적 삶이 단지 그들의 영역 밖에 있을 뿐이다. 관상에 대하여 그들에게 말하는 것의 어떤 의미를 갖기 전에, 그들은 정상적이고 건전한 인간적 경험들에 대한 기회를 가지는 것이 필요하다. 그리고 우리가 살고 있는 문화인 외적인 것과 피상적인 것에 대한 강조, 쾌락과 안이함을 쫓는 경향, 생산에 내몰리는 정신, 책임을 넘어 권리를 강조하는 경향은 그 속에서 관상의 좋은 씨앗이 자라고 계발될 수 있는 좋은 토양을 공급하지 않는다는 사실을 우리 모두 직면하도록 하자.

우리 모두는 관상가들이다!

그러나 그 씨앗은 우리 모두 안에 참으로 현존한다. 그 속에서 우리 모두는 관상가들이라고 일컬어질 수 있다는 데 의미가 있다. 왜냐하면 우리가 그것을 알건 모르건 간에, 우리는 하나님 안에 있기 때문이다. 이 내면성과 깊이는 우리 모두 안에 현존하고 있으며, 관상적 삶이 요구하는 훈련에 기꺼이 복종하려고 하는 사람들에 의해서 다다를 수 있다. 이 훈련은 행동의 변화를 요구할 수 있는 반면에, 그 원칙적 목적은 우리가 그것에 따라 실재를 다르게 보는 의식의 변형을 성취하는 것이다. 우리는 우리 존재의 바로 중심에서 참 하나님과, 그 하나님과는 별개로, 아무것도 아닌 우리 자신을 발견한다. 이 발견과 더불어 새 생명은 나타나기 시작한다. 우리는 이기심으로부터 자유롭게 된다. 우리의 자아-

자기(실제적으로 이것은 거짓 자아이다)는 "늙은 뱀 가죽"(머튼의 말을 사용한다면)같이 폐기된다. 우리는 항상 하나님 안에 감춰져 있었던 우리의 참 자기를 인식하게 된다. 참자기는 분리되고 고립된 실재가 아니라, 하나님 안에 있는 모든 사람과 모든 것과 하나인 실재다. 따라서 우리는 우리 자신의 정체성뿐만 아니라, 하나님 안에 있는 우리의 모든 자매들 그리고 형제들과 우리의 풀 수 없는 연결 고리를 발견한다. 이것이 관상적인 비전이다. 이것은 긍휼과 비폭력적 사랑을 낳는다(이에 대하여는 뒤에 더 살피기로 한다).

관상: 모든 실재 속에서 참 존재를 깨닫는 것

이것은 머튼이 우리에게 되풀이해서 관상이 고양된 의식의 상태라고 말하는 이유이다. 그가 쓰기를 "관상이란 인간의 지적이고 영적인 생명의 최상의 표현이다. 그것은 온전히 깨어있고, 온전히 활동적이며, 온전히 살아 있음을 자각하는 삶 자체이다."25) 어떤 사람은 에블린 언더힐 Evelyn Underhill의 말을 떠올릴 것이다. "신비가만이 온전한 인간으로 불릴 수 있다. 왜냐하면 다른 사람들에게는 자신의 능력의 절반이 항상 잠들어 있기 때문이다"26)

머튼은 우리에게 말하길, "관상은 실제로 있는 모든 것들 속에서 참 실재 the Real 를 자각하는 것이다"27) "실재의" real 란 말은 머튼의 용어에서 중요한 단어다. 만약, 당신이 옥스퍼드 영어 사전을 찾아본다면, 당

---

25) *New Seeds of Contemplation*, p.1.
26) Evelyn Underhill, *Mysticism*(『신비주의』): *A study in the nature and development of man's spiritual consciousness*, New York : Meridian Books, 1955, p.63.
27) *New Seeds of Contemplation*』, p.3.

신은 "실재의"이란 말이 실재로 존재를 가지고 있다고 여겨지는 것은 무엇에든지 적용되는 단어인데, 이것은 "단지 우연적인$_{contingent}$ 존재에 대조하여, 모습, 생각, 또는 언어로 나타낼 수 있는 것만이 아니라, 절대성, 필연성을 가지고 있음을 의미하는 뜻으로 묘사되었다는 것을 발견할 것이다. 따라서 "실재"의 정의는 당신을 기뻐 날뛰도록 만들지 않는다. 많은 정의들이 그렇게 해주지 않는다. 그러나 이 옥스퍼드사전의 진술은 중요한 차이를 제공한다. "실재"라는 말은 두 가지 의미를 가진다. 그것은 실제로 존재하지만 우연적인 것을 의미할 수 있다. 우연적으로 존재하는 것은 의존성을 나타낸다. 그것은 자신의 근거에서가 아니라 파생적으로 존재하는 것을 의미하기 때문이다. 그것은 그 존재가 다른 존재로부터 파생된 것을 뜻한다. "실재"라는 말의 두 번째 의미는 실제로 존재할 뿐 아니라, 절대적으로 필연적으로 존재하는 것을 가리킨다. 절대적이고 필연적으로 존재하는 것은 스스로의 권리로, 다른 어떤 것이나 다른 어떤 사람으로부터도 완전히 독립하여 존재하는 것이다. 우연적으로 "실재하는" 것은 절대적으로 "실재하는" 것에 의존하기 때문에, 전자를 바르게 보려면, 누구나 후자를 살펴보아야 한다. 달리 말하자면, 당신이 절대적인 "실재" 속에서 그것을 보기 전까지 당신은 우연적으로 "실재하는" 것을 있는 그대로 볼 수 없다. 당신이 이런 시야를 확보했을 때, 당신은 관상적인 비전을 얻은 것이다. 이것이 내가 이 문단의 첫머리에 인용했던 머튼의 말들이 의미하는 것이다. 즉 "관상은 '우연적으로' 실재하는 모든 것 속에서 '절대적' 실재에 대한 깨달음이다." 모든 실재의 핵심에서, 존재하는 모든 것의 원천이시며 지지자로서 하나님을 깨닫지 못하는 것은 실재를 있는 그대로 보는 것에 실패하는 것이다. 절대적인 실재 없이 우연적으로 존재할 수 있다 하는 것은 위선이다. 그것은 삶을 절반쯤 깨어 있거나, 심지어 잘못되게 살아가는 것이며, 모순된 삶을 사는 것이다.

1966년 1월 15일, 사람들이 직업을 바꾸는데 관련된 일을 하는 어떤 사람이 직업을 바꾸고자 하는 자들에게 어떤 충고를 할 수 있겠느냐고 머튼에게 묻자, 머튼은 이렇게 응답했다. 우리의 삶에서 행하는 어떤 변화이든 "우리는 보다 나은 급료, 보다 놓은 지위-앞지르기-의 관점에서 결정할 것이 아니라, 생명과의 직접적인 접촉 속으로 더욱 진실하게 들어가느냐, 즉 우리의 삶이 보다 실재적이 되느냐에 따라 결정되어야 한다."28) 생명과의 직접적인 접촉은 존재하는 모든 것이 파생적인 존재라는 것을 인식하는 것과 하나님의 현존에 대한 깨달음과 모든 실재가 그 분으로부터 파생된 것을 깨닫는 것을 의미한다. 그것은 실재의 관상적인 차원을 인식하는 것이다. 그것은 우리 안에 계시는 하나님에 대한 발견이다.

기도의 두 가지 방식

1961년에 토머스 머튼은 겟세마니 수도원에서 예비수사들을 위해서 53쪽 짜리 기도문 모음집을 편집했다. 그것은 성경에서, 교부들에게서, 13세기 시토 수도회 출신 교부들에게서, 영국의 신비가들과 그 밖에 다른 사람들에게서 뽑은 것들을 담고 있다. 내게 있어서 이 책의 가장 흥미로운 부분은 머튼 자신이 쓴 1쪽의 서문이다. 이 서문에서 그는 기도의 두 가지 방식을 말한다. "기도는 정신과 마음을 하나님에게까지

---

28) Thomas Merton, *Witness to Freedom*, p.255.

끌어올리는 것일 뿐 아니라, 우리 안에 계신 하나님을 발견하고 우리 안에 계신 그 분께 응답하는 것이다." 첫 번째 형태의 기도는 아마도 우리 대부분에게 친숙한 것이다. 즉 정신과 마음을 하나님께 올려 드리는 것으로 일반적으로 말을 사용한다. 이것은 주로 소리 기도라고 불리는데, 이 기도 속에 찬양, 감사와 우리의 회개를 나타내는 것뿐만 아니라 하나님께 간구하기 위해 말을 사용한다. 머튼이 언급한 두 번째 형태의 기도는 "내 안에 계시는 하나님에 대한 응답이며, 우리 내부에 계시는 하나님을 발견하는 것"으로 대부분의 사람에게 보다 덜 친숙한 방식의 기도이다. 이것은 침묵의 기도로 우리가 말이나, 생각, 관념 등이 없이 하나님의 현존 앞에 단지 머물러 있으려고(be) 노력하는 것이다. 이것은 때때로 "향심 기도", "마음의 기도", "깨달음의 기도"라고 불린다.

하나님에 대한 깨달음의 가장 최상의 단계로서 관상

우리의 삶 속에서 하나님의 현존에 대한 깨달, 또는 "우리의 내부에 계시는 하나님을 발견함"에는 다양한 단계들이 있다. 가장 높은 단계는 우리가 관상 기도라고 부르는 단계이다. 관상 기도는 하나님을 매우 전체로 깨닫게 하는 것으로 아무것도 신적 현존으로부터 우리를 빗나가게 할 수 없으며, 우리가 획득한 것도 아니다. 그것은 우리가 할 수 있는 어떤 것도 아니다. 그것은 언제나, 요구에 따라 주어지는 것이 아니라, 하나님이 원하시는 때에 언제든지 주어지는 하나님의 특별한 은총이다. 우리 하나님은 우리가 그 은총들에 대하여 준비되었을 때, 은총을 아끼지 않으시는 관대한 하나님이다. 머튼은 그 기도 모음집에 있는 서문에서 다음과 같이 썼다.

기도는 숨어 계시고 신비로우신 하나님에 대한 우리의 완전한 의존성의 표현이다. 따라서 그것은 겸손에 의해 배양된다…우리는 결코 영적인 야심에서 나오는 어떤 상정된 "기도의 절정"에 도달하기를 구해서는 안 된다. 우리가 기도 가운데 "성취"로 영광스럽게 되기 위하여가 아니라, 우리는 우리에게 선을 베풀기를 원하시고, 그의 자비를 우리에게 주기를 원하시며 그리고 우리를 그의 사랑으로 감싸기를 원하시는 주님께 가까이 갈 수 있는 방법을 위해, 기도 생활 속에 깊이 들어가기를 구해야 한다. 이때 기도를 사랑하는 것은 우리 자신의 가난함과 그분의 자비를 사랑하는 것이 된다.

기도를 사랑하는 것은 우리 자신의 가난함과 하나님의 자비를 사랑하는 것이 된다니, 이 얼마나 훌륭한 문장인가!

매일의 인내

만약 우리가 관상인 하나님의 현존에 대한 이 전적인 깨달음을 위해 우리 자신을 준비시키려면, 즉 관상을 위하여 우리 자신을 준비시키려면, 우리는 침묵과 고요 그리고 단지 하나님의 현존 앞에 시간을 보낼 필요가 있다. 이것은 매일의 훈련이 되어야 한다. 인내가 열쇠이다. 겸손은 태도이다. 즉 우리가 얼마나 자주 빗나가고 있는가를 기꺼이 받아들이는 마음, 그러나 보다 집중하려는 결심, 하나님이 우리가 하고 있거나 또는 해왔던 것보다 더욱 많이 우리의 집중력을 원하신다는 것을 깨닫는 것이다.

인내는 우리가 우리의 삶을 사는 방식에 있어서 필연적으로 변화를 일으킨다. 하나님과 우리의 하나 됨을 경험하는 것은 우리의 참된 것이 우리의 모든 자매들이나 형제들의 참된 것이라는 것을 깨닫도록 한다. 그들 역시 하나님과 하나이다. 이것은 우리에게 그들과 더불어 실제로 존재하는 모든 것과 우리의 하나 됨을 경험하는 것이 가능하도록 해준다. 우리는 더욱더 사람들을 사랑과 관심으로 대우하는 데 깨어 있게 한다. 왜냐하면 우리는 하나 됨을 경험하기 때문이다.

기도의 방법들?

수련장으로 몇 년을 보낸 후에, 머튼은 그의 예비 수련생들이 기도 속에서 "성장하는" 방식을 기뻐했다. 그는 그들의 기도 생활에 관하여 지나치게 지시하지 않았다. 이와 반대로 1964년 8월에 글을 쓰면서, 그는 그의 기고자들(그리고 그가 말한 것이 우리에게도 역시 도움이 되는 말이다) 중의 한 사람에게 말했다.

> 나는 당당히 예비수사반에서 관상적인 기도의 좋은 향상이 있다고 말합니다. 나는 특별한 방법들을 사용하지 않습니다. 나는 그들이 오로지 믿음과 단순함 속에서 하나님과 함께 있는 자유와 평화를 사랑하도록 합니다. 모든 분열을 철폐하고 모든 쓸모없는 긴장과 각 개인의 노력에 대한 집중을 감소시키기 위해서입니다.29)

영국에 살면서 머튼과 편지로 교류하던 에타 걸릭Etta Gullick이 한 번은 "기도 속에서 성장"에 관한 논문을 쓰라고 머튼에게 도전했다. 머튼은 그 논문을 쓰는 것에 대하여 그다지 열광하지 않았다. 그는 그녀에게 다음과 같이 썼다. "결국 나는 기도의 성장은 십자가와 겸손 그리고 우

---

29) Thomas Merton, *The Hidden Ground of Love*, p.368.

리의 전적 가난과 무가치함을 실제로 경험하도록 하는 것에서 나온다고 생각합니다. 또한 그것은 우리 자신에게서 우리 생각을 벗어버리는 데 있다고 생각합니다."30)

이것은 관상에 관하여 우리의 반추를 마무리하기 위해 아주 좋은 본문이다. "우리의 생각을 우리 자신에게서 벗어 놓는 것"이 열쇠이다. 머튼이 요나의 표적에서 쓴 것과 마찬가지로 "만약 우리가 우리의 영혼 깊이에 계시는 하나님을 발견하고자 한다면 우리는 우리 자신을 포함하여, 외부의 모든 사람들에게서 떠나야만 한다."31) 일기의 보다 앞에 나오는 본문에서 더욱 힘주어서, 그는 아주 간단히 적었다. "중요한 것은 관상을 위해 사는 것이 아니라 하나님을 위해 사는 것입니다."32)

머튼의 화랑에 있는 "관상의" 방은 누구나 "내면성"이라고 표시된 방을 떠남으로써 쉽게 들어갈 수 있다. 그리고 필연적으로 이 두 개의 방들은 "하나님"이라고 표시된 방과 매우 가깝다.

3. 하나님: 숨겨진 사랑의 근원

우리가 하나님을 어떻게 인식하느냐 하는 것은 참으로 중요하다. 그러나 그에 대한 우리의 관념이 아무리 순수하고 완벽한 것이라 하더라도 하나님의 참 모습을 표현하기에는 부적절한 것이다. 하나님에 대한 우리의 관념은 하나님에 대한 것이라기보다는 바로 우리 자신에 대한 관념일 것이다.33)

---

30) Thomas Merton, *The Hidden Ground of Love*, p.376.
31) Thomas Merton, *The Hidden Ground of Love*, p.48.
32) Thomas Merton, *The Hidden Ground of Love*, p.30.
33) *New Seeds of Contemplation*, p. 15.

하나님에 대한 우리의 지식은 사물에 대한 지식과는 사뭇 다른 것이다. (누가 그런 지식을 지닐 수 있는가. 그럼에도 종교인들이, 마치 이 세상의 여기저기에 의자가 있고 집이 있고 언덕이 존재하는 것과 같은 차원의 존재로서 하나님에 대한 지식을 지니고 있다. 마치 모든 존재의 정체성이 이름이 없으신 그 분 안에 감춰있지 않은 것처럼).34)

우리는 설명할 수 없는 그러한 행복에 몰입되어 있는 우리 자신을 발견할 수 있다. 즉 그 숨겨진 하나님의 사랑의 바탕 안에 있는 모든 것과 하나가 되는 행복 말이다. 숨겨진 하나님의 사랑의 바탕이란 결코 설명할 수 없는 것이다.35)

하나님의 사랑은 신성한 깊은 심연으로부터 솟아올라 그의 창조를 통해서 끝없이 흐르면서 모든 피조물들을 생명과 선함과 힘으로 채워주는 강과 같다.36)

나는 일찍이 머튼의 어휘 색인의 필요성에 대한 글을 쓰고 가장 즐겨 사용된 어휘들이 어떤 것들이 있는가에 대해서 자세히 살펴본 적이 있다. 그리고 "관상"이란 말과 "하나님"이란 단어가 거의 최고를 차지한다고 밝혔다. 『조용한 삶』 *The Silent Life*이란 그의 책에서 머튼은 수도승을 "하나님을 구하는 데 전 생애를 바친" 사람으로 묘사한다. 이러한 하나님에 대한 추구가 그 수도승의 삶 속에서 더욱 분명하게 드러나기도 하지만, 궁극적으로 말하자면, 그것은 모든 사람이 추구해야 할 목표이기도 하다. 성 어거스틴은 그의 『고백록』에서 "우리의 가슴은 당신 안에서 쉼을 얻기까지는 어디서도 안식을 찾을 수 없습니다"라고 기도

---

34) *The Road to Joy*, p.26.
35) *The Hidden Ground of Love*, p. 115.
36) *New Seeds of Contemplation*, p. 266.

하며, 인간의 상태를 그리고 있다. 머튼은 이러한 상태를 『새 명상의 씨』에서 파괴된 인간성이 하나님의 사랑에 의해서 하나가 되어 가고 있다고 감동적으로 묘사한다. "부서진 뼈들의 몸"이라는 제목의 다른 장章에서, 그는 하나님의 사랑은 "부서진 뼈들의 몸을 다시 짜 맞추는 것"이라고 설명했다.37) 같은 장에서 다른 비유로 하나님을 "소멸하시는 불"로 묘사한다. "우리가 그의 사랑으로 하여금 우리 자신을 완전히 사르도록 허용하지 않는 한, 또, 우리를 하나님 자신에게 묶도록 허용하지 않는 한, 우리 안에 있는 보화는 우리를 서로서로 분리시키는 바위와 먼지에 의해 영원히 감춰져 있을 것이다"38)

우리가 하나님에 대해서 이야기하기 시작하는 이 시점에서, 나는 중요한 경고를 할 필요가 있다. 즉, 우리는 하나님을 구하는 것에 관해 어떻게 말해야 할까에 대해서 조심해야할 것이다. 그것은 새 차나 새 집을 구입하는 것처럼 어떤 대상을 구하는 것과 같지 않다. 마치 우리가 부富나 지식이나 다른 어떤 피조물을 소유하는 것과 같이 하나님도 마치 우리가 움켜쥘 수 있고 소유할 수 있는 어떤 것인 것처럼 어떤 "대상"이나 "물건"의 상태로 격하시켜서는 안 된다는 것이다. 우리 밖에서 하나님을 구하는 것도 안 된다(위에 인용된 대로 머튼은 기도를 "우리 안에 있는 하나님에 대한 응답이며, 우리 안에 있는 하나님의 발견"이라고 설명했음을 기억하라).

하나님은 어떤 "대상"이나 "물건"이 아니기 때문에 하나님의 무한성은 글자 그대로 경계선이 없다. 그래서 우리는 이 세상의 것들을 정의

---

37) *New Seeds of Contemplation*, p.72.
38) *New Seeds of Contemplation*, p.70.

하듯이 하나님을 정의할 수 없는 것이다. "그의 현존은 우리가 실험실에서 어떤 것을 입증하듯이 입증될 수 있는 것이 아니다."39) 만약 당신이 현존하거나 지금까지 존재해온 모든 것들을 일렬로 세운다고 했을 때, 하나님은 그들 중 하나가 될 수 없다는 것이다. 즉 하나님은 피조된 어떤 존재가 아니라, 오히려 모든 존재의 근원이며 모든 존재가 지속될 수 있는 근원이라는 것이다.

머튼은 폴란드의 크라코우 대학에서 공부하는 한 젊은 인도 학생에게 쓴 편지에서, 19세기 과학주의의 순진한 무신론에 대해서 다음과 같이 밝혔다.

> 사람들은 종교인들이 믿는 하나님이란 단순히 여러 존재하는 것들 가운데 "한 존재", 즉 일련(一連)의 존재들 중 한 부분으로서, 발견될 수 있고 표현될 수 있는 어떤 대상이라고 생각한다. 물론 이러한 생각은 절대자인 하나님, 즉 모든 존재의 원천이며 근원이며, 모든 존재의 차원을 초월하며, 그러므로 그들 가운데 하나로써 추구될 수 없는 초월적인 존재인 하나님에 대한 잘못된 개념이다.40)

우리가 하나님의 현존을 정확한 지식의 대상으로 입증하려고 시도하면 그 순간 하나님은 우리를 피해 가버린다.

만일 하나님이 우리가 알고 있는 존재들 가운데서 발견될 수 있는 존재가 아니라면, 피조물에 대한 것과 같은 차원의 지식으로는 결코 하나님을 알 수는 없다는 것은 당연한 사실이 아닌가? 그러나 동시에,

---

39) Thomas Merton, *Contemplative Prayer*(『관상 기도』). Garden City, (N.Y.: Doubleday, 1971.) p.79.
40) *The Hidden Ground of Love*, p.452.

우리가 하나님에 대해서 우리가 알고 있는 것은 오로지 피조물을 통해서만 알 수 있는 것뿐이라는 것을 부인할 수 없는 사실이다. 피조물들이 하나의 제한적인 방법으로 홀로 절대적 실체이신 그분의 질과 완전성에 참여하기 때문이다. 말하자면, 존재하는 모든 피조물 안에는 "하나님의 어떤 모습"이 있다는 것이다. 피조물의 경험을 통해서 바로 그 "하나님의 어떤 모습"을 경험하게 된다.

그러므로 피조물을 묘사하는 데 사용되는 말들은 우리로 하여금 하나님에 대한 어느 정도의 지식을 갖는 것을 가능하게 해주는 은유나 상징에 불과할 수 있는 것이다. 내가 이 글을 쓰면서 내 사무실의 창밖을 내다볼 수 있으며 그리고 그 창문을 통하여 얻을 수 있는 우주에 대한 지식은 매우 제한적 것이다. 내가 그 창문을 내다봄으로써 알게 된 지식은 실제적으로 우주의 거대함에 비해 아무 것도 아니라는 것이다. 비록 내가 여러 방향에 있는 많은 창문을 통해서 내다보았다 할지라도 내가 얻은 우주에 대한 지식은 기껏해야 부분적인 것일 뿐이다. 현대 기술 덕에 우주비행사들은 지구 밖 우주 공간에서부터 지구를 볼 수 있게 되었다. 그것조차도 전체 우주에 비하면 사소한 것에 불과하다. 그들의 지식이 양적으로 증가하는 반면(더 많이 볼 수 있으나), 질적으로는 감소하고 있다(덜 명확하게 본다). 그들이 우주 공간에서부터 지구를 본다 하더라도 그들은 내가 나의 창문을 통해서 내다볼 수 있는 지구의 세세한 것들은 볼 수 없다는 것이다.

우리가 하나님을 묘사하기 위해서 사용하는 사상이나, 개념, 형상, 상징, 은유 등은 우리가 우주를 관찰하기 위해 내다보는 창문과 같은 것이다. 그들은 피조물들의 형상들로서, 그들 안에 "하나님의 어떤 모습"이 있기 때문에, 하나님에 관해서 무엇인가를 우리에게 가르쳐 줄 수 있는 것이다. 어떤 사람들에게 있어서는 "아버지"에 대한 경험이 거의 없기 때문에 하나님을 "아버지"라고 묘사하는 데 어려움이 있다는 것을 인정한다 할지라도, 우리가 "아버지"라고 부르는 인칭의 형상 속에서 하나님의 어떤 모습을 볼 수 있기 때문에 우리는 하나님을 "아버지"라고 언급한다. 우리가 "어머니"라고 부르는 인칭 속에서도 "하나님의 어떤 모습"을 경험할 수 있기 때문에 우리는 하나님을 "어머니"로 묘사할 수도 있을 것이다. 이 밖에도 몇 가지만 열거하자면, 사랑하는 자, 배우자, 안내자, 조력자 등의 형상들을 사용하여 하나님을 묘사할 수도 있을 것이다. 어떤 면에서, 모든 형상들과 개념들은, 우리가 통합적인 방법으로는 결코 알 수 없는 하나님에 대한 나름대로의 통찰력을 주기 때문에, "다다익선多多益善"이라고 말할 수 있다.

그래서 하나님에 대한 우리의 언어는 항상 부적절하다는 것이다. 다시 말해서 하나님에 대한 우리의 경험은 우리가 경험에 대해서 말할 수 있는 것보다 언제나 앞서간다. 다음 머튼의 말을 들어보라.

> '지력知力', '사랑', '능력'이라는 개념의 작은 성냥들에게 불을 붙이는 순간 그리고 모든 개념을 무제한적으로 능가하는 하나님의 거대한 실존은 갑자기 우리들에게 검은 폭풍처럼 밀어 닥쳐서 그들의 모든 휘광을 불어 없애버린다.41)

동시에 성경과 우리의 문화가 우리에게 부여해주는 풍부한 심상의 가치와 그 중요성을 평가 절하해서는 안 된다. 심상이 풍부하면 할수록

---

41) Thomas Merton, *Ascent to Truth*(『진리로의 상승』, New York: Harcourt, Brace, 1951.) p. 106.

우리가 하나님의 창조를 통해서 하나님에 대해서 알 수 있는 지식도 더 깊어진다. 그러나 분명히 해 둘 것이 있다. 하나님의 창조를 통해서 하나님에 대해서 아는 것은 하나님 그 분 자신에 대해서 아는 것과는 커다란 차이가 있다는 것이다. 하나님에 대해서 안다고 하는 것은 "중개(仲介)된" 지식, 즉 매개체를 통해 알게 된 지식이다. 이것은 보통 우리가 하나님에 대해서 말할 때에 생각하는 것이다. 그리고 어떤 사람들은 다음과 같이 말할 것이다. 이것은 충분하다. 천국과 지복지관에는 못 미치지만 우리는 하나님께서 창조하신 피조물이라는 중개자를 통해서 유일하게 알 수 있다.

그러나 관상적 혹은 신비적 전통이라고 부르는 오랜 전통이 있다. 이 전통은 우리가 하나님을 직접적으로 알 수 있다고 주장하는 토머스 머튼의 영성에 대한 접근과 가장 동질적인 전통이다. 다시 말하자면, 형상이나 은유나 관념이나 개념이라는 중개수단을 통하지 않고 있는 그대로의 하나님의 실재를 알 수 있다는 것이다. 그러나 이렇게 하기 위해서는 우리의 마음의 등불을 꺼야 한다. 즉, 개념이나 관념을 뛰어넘을 수 있어야한다. 이는 어둠 속으로 들어가는 것을 의미한다. 왜냐하면 등불을 끄면 어둠이 찾아오기 때문이다. 그것은 또한 하나님을 묘사하는 언어적 의미를 초월한다는 뜻이기도 하다. 그러나 언어를 초월한다는 것은 침묵 속으로 들어간다는 것이다. 어둠과 침묵 속에서 우리가 갖는 유일한 빛은 믿음인데, 그 믿음에 의해서만 하나님을 붙잡을 수 있으며 혹은 하나님께 붙잡히게 되는 것이다. 즉 믿음의 길은 사랑의 길이다. 우리를 붙드는 것은 하나님의 사랑이며 동시에 하나님을 붙드는 것은 은혜에 감동을 받은 우리의 사랑이다. 그리하여, 우리의 모든 개념들과 상상들이 실재적인 하나님을 알 수 없다고 받아들일 때 사랑은 "나는 하나님을 안다!"라고 외칠 것이다.

달리 말하자면, 관상 속에서 우리가 알게 되는 것은 우리의 존재는 하나님의 사랑을 통해서, 하나님의 사랑과 더불어 완성된다는 것이다. 하나님은 존재하는 모든 것 속에 감추어진 사랑의 바탕이다. 그래서 머튼은 다음과 같이 결론을 맺는다.

> 하나님에 대한 우리의 인식은 역설적으로 하나님을 우리의 면밀한 관찰 대상으로 인식하는 것이 아니고, 다만 우리를 알고 계시는 그분의 구원하시고 자비로우심에 완전히 의존하고 있는 우리에 대한 지식이다…그의 진리가 우리의 존재의 근원이요, 그 분의 자애로운 사랑이 우리의 생명과 존재의 중심이라 할 정도로, 우리는 그 분을 우리 자신 안에서 그리고 우리 자신을 통해서 그 분을 알 수 있는 것이다.42)

인간의 이성이 알 수 있는 모든 것을 초월한 사랑의 어둠 안에서 하나님을 아는 것은 이 생에서 우리가 누릴 수 있는 가장 큰 기쁨이며 행복이다. 그럼에도 "어둠 상태에서 아는" 경험, 즉 "지식이 없이 아는" 경험은 완전한 변형의 순간을 갈망하도록 초래하는데 그때가 바로 우리가 하나님을 대면하여 볼 수 있는 순간이다.

하나님을 알게 되는 것은 진실한 자기 정체성 가운데서 자신을 알게 되는 것과 긴밀하게 연결되어 있다는 것이 머튼의 생각이다. 그래서 우리의 주제가 인간의 정체성에 관한 문제로 넘어간다.

---

42) *Contemplative Prayer*, p.83.

4. 인간의 정체성

인간의 영혼은 여전히 하나님의 형상이기에 하나님을 떠나서 비실존의 영역으로 아무리 멀리 갔을지라도, 그것은 결코 완전히 비실존이 될 수 없다. 그 본래 숙명은 하나님 안에 있는 자신에게 돌아가려는 필요로 몸부림치는 것을 멈출 수 없다. 그래서 그것은 다시 한 번 실존적이 된다.43)

이제 우리가 깨지기 쉬운 껍질을 우리의 진정한 정체성으로 여기고, 우리의 가면을 우리의 진정한 얼굴로 생각한다면, 그것은 우리가 우리 자신의 진실을 파괴하는 대가를 치르면서까지 허구로 그것을 지키는 것이다. 그래서 결국 단지 허구의 정체성—"자아", 즉 다시 말해 대상으로 인식되는 것들을 보호하기 위하여 거대하고, 강박적이며, 통제가 힘든 허구의 역동성을 가지게 될 것이다. 곧 이것은 뒤에 서서 자신이 즐기고 있는 것을 바라보는 자아이다(그들이 실존하고 있음을 재확인해 주는 환상).44)

정말로 슬픈 것은 그 자신을 관상적이라고 상상하고, 계획된 노력과 영적인 야망의 열매로서 관상을 성취하려는 외적 자아의 경우입니다. 그는 여러 가지 태도들을 생각할 것이고, 그 자신의 마음가짐의 내적 중요성에 대하여 명상할 것이고, 그를 위하여 관상적인 정체성을 조작할 것입니다. 그리고 그런 모든 것에도 불구하고 거기에는 아무도 없을 것입니다.

내면의 자아 the inner self는 하나님만큼이나 비밀스러운 것입니다. 하나님처럼, 그것은 그것을 온전히 다 파악해 보려는 시도를 하는 모든 개념들을 빠져나갑니다. 그것은 "어떤 사물"(a thing)이 아

---

43) Thomas Merton, *The New Man*(『새사람』), New York: Farrar, Straus, & Cudahy, 1961. p. 112.
44) Thomas Merton, *Raids on the Unspeakable*(『말할 수 없는 것에 대한 급습』), New York: New Directions, 1966. p. 15.

니기 때문에 하나의 대상으로 잡을 수 없고 연구할 수 없는 삶입니다.45)

하나님 안에서만 우리의 정체성을 발견하기 때문에 다음에 들어가는 갤러리에는 이렇게 표시되었다. "자기 정체성"self identity. 이것은 수많은 머튼의 저작들 사이를 쉴 사이 없이 누비는 주제 중의 하나이다. 이 주제는 정확히 말해 자기정체성을 찾기 위한 인간의 추구이다. 한 사람의 진정한 정체성이라는 것은 표면적으로 나타나는 것이 아니라는 것에 대하여 그는 분명히 한다. 우리가 무엇으로 보이는가와 우리가 누구인가 하는 것 사이에, 즉 외적 자아와 내적 자아 사이에는 엄청난 차이가 있다. 우리가 우리 자신에 대하여 어떤 존재라고 생각하고 그리고 우리가 다른 이들에게 보이는 것과 관련된 자아 즉 외적 자아는 그 홀로 실재인 깊은 내적 자아가 아니다. 그러므로 나의 위대한 영적인 과제는 내 자신(나의 내적 또는 참 자기)을 발견하기 위하여 내 자아(외적 자아)를 버리는 것이다. 이것이 복음의 역설이다. 즉 우리는 우리 자신(우리의 진정한 자아)을 발견하기 위하여 우리 자신(우리의 거짓된 자아)을 잃어야 한다. 그리고 우리가 우리의 진정한 자아를 발견할 수 있는 유일한 "장소"는 바로 하나님의 품 안이다.

우리는 하나님으로부터 왔으며 하나님께로 돌아가야 한다. 그리고 하나님께로 돌아가는 것은 여정이다. 그 여정 중에 우리 안에 작용하는 두 가지의 힘이 있다. (1) 원심력인데 이것은 우리의 진정한 정체성(즉 하나님)으로부터 우리를 밖으로 밀어내는 힘이다. (2) 구심력인데 이것은 우리를 진정한 정체성으로 돌아오게 하는 하나님의 선물이다. 원심

---

45) 'The Inner Experience,' in *Thomas Merton: Spiritual Master*, pp.297-298).

력은 우리가 원죄라고 말하는 것이다. 그리고 그것은 우리를 우리의 중심으로부터 떼어놓아 비실존의 영역으로 가게 하는 것이다. 그것은 우리가 궁극적으로 본질(실재)이 없는 피상적이고 심지어는 환상적이기까지 한 자아를 형성하도록 추진하는 것이다. 반면에 구심력은 우리가 하나님을 발견하고 하나님 안에서 우리가 우리의 진정한 자아를 발견하는 우리의 중심으로 우리를 끌어가는 하나님의 성령의 힘이다.

당신은 머튼이 영성에 대하여 말해야 하는 것을 읽을 때, 두 가지의 용어들이 되풀이되는 것을 알게 될 것이다. 즉 외적인 거짓 자아와 내적인 진정한 자아이다(나는 관상에 대하여 이야기할 때 그것들을 간단히 언급했었다). 그는 이 정체들을 묘사하기 위하여 다양한 용어들을 사용하였다. 나는 긴 목록으로 독자들을 지치게 하고 싶지는 않지만, 이러한 다양한 용어들을 열거하는 것이 머튼이 이러한 다소 포착하기 힘든 용어들을 사용할 때 의미하고자 했던 것을 이해하는 데 도움이 될 것이라고 굳게 믿는다. 그가 외적 자아에 사용했던 용어들 중에 다음의 것들이 있다.

- "피상적 자아"(superficial self, *New Seeds of Contemplation* 7, 11, 16쪽)
- "경험적 자아"(empirical self, 같은 책, 7, 11, 279쪽)
- "외향적 자아"(outward self, 같은 책, 7, 21쪽)
- "그림자 같은 자아"(shadow self, 같은 책, 109쪽)
- "연기 같은 자아"(smoke self, 같은 책, 38쪽)
- "상황적 자아"(contingent self, (같은 책, 38쪽)
- "상상적 자아"(imaginary self, 같은 책, 57쪽)

"사적인 자아"(private self, 같은 책, 34쪽)
"환상적 자아"(illusory self, 같은 책, 281쪽)
"거짓된 자아"(false self, 같은 책, 21, 25, 26, 33, 34쪽)
"하등한 자아"(petty self, Monastic Journey, 40쪽)

이러한 다양하고 묘사적인 형용사들은 최소한 좋게 보이는 것들은 아니다. 나는 자신이 되고자 원하는 자기 묘사로서 그것들을 환영하지 않는다. 물론 이것이 바로 요점이 된다. 이러한 용어들은 나의 진정한 자아를 묘사하지 않는다. 어떤 면에서 그것들은 나의 진정한 자아를 숨기고 있다. 머튼을 인용하자.

> 우리들 모두는 환상적인 사람(거짓 자아)에 의하여 감추어져 있습니다…나의 거짓되고 사적인 자기는 하나님의 뜻과 하나님의 사랑의 범위 바깥에 존재하고자 하는 자기입니다. 즉, 실재와 삶의 바깥 말입니다. 그러한 자기는 환상일 뿐입니다…세상에 있는 대부분의 사람들에게 있어서 존재하지 않는 그들의 거짓된 자기보다 더 큰 주관적인 실존은 없습니다.46)

진정한 자아를 위하여 머튼은 역시 아주 상이하고, 묘사적인 용어들을 많이 가지고 있다.

"내적 자아"(inner self, *New Seeds of Contemplation*, 279쪽)
"숨겨진 자아"(hidden self, 같은 책)
"창조적이고 신비한 내적 자아"(creative, mysterious inner self, 같은 책, 38쪽)

---

46) *New Seed of Contemplation*, p.34.

"가장 깊은 자아"(inmost self, 같은 책, 282쪽)
"실제적 자아"(real self, Conjectures of a Guilty Bystander, 134]
"가장 깊숙이 가장 잘 숨겨진 자아"(deepest, most hidden self, 같은 책, 166쪽)

이러한 동의어들은 대단히 환영할 만하다. 그렇지 않은가? 나는 나 자신과 나의 친구들이나 동료들과 이것에 대하여 말하면서, 이러한 용어들을 생각하는 것이 매우 흥미진진하다는 것을 발견하였다. 그것들은 감추어짐, 신비, 내면성, 깊이, 실재를 표현하고 있다. 그것들은 탐구를 불러일으킨다. 그것들은 나의 진정한 자아와 다른 이들의 진정한 자아에 대하여 내가 얼마나 알고 있지 못하는지, 내가 아직도 얼마나 배워야 하는지를 깨닫게 해준다.

외적 자아

내가 이미 말했던 것으로부터, 외적 자아는 우리가 우리 자신의 행동을 통하여, 특히 우리의 이기적인 습관과 우리의 실존으로부터의 끊임없는 도피를 통하여 되고자 하는 존재를 말하는 인간구조이다. 그것은 공허한 자아 empty self이다. 나의 내면의 실재와 접촉이 없이, 그것은 내안에서 하나님이 아닌 모든 것들의 복합이다. 따라서 궁극적으로는 사라지는 운명에 처하게 된다. 머튼에게 있어 그것은 굴뚝에서 피어나는 연기와 같은 것이다. 왜냐하면 그것은 실존의 표면 수준에서만 존재하기 때문인데, 이 경우 외적 자아는 어떤 종류의 초월적인 경험도 불가능하다. 다시 말해서 그것은 하나님을 알지 못한다. 그것은 역사와 전기 biography를 가지나 둘 다 죽음으로 끝을 맺는다.

진정한 자아

반면에 진정한 자아는 성령의 힘에 의하여 깨어나기를 기다리며 깊은 곳에서 고요히 잠들어 있는 자아이다. 그것은 우리 안에서 하나님과 하나가 되기 위하여(혹은 우리가 하나님과 하나이고, 그리고 하나님과 항상 하나가 되어왔던 것을 발견하려는) 하나님의 부름에 대한 개방성이다. 그것은 한때 머튼의 스승이자 친구였던 대니얼 월쉬가 "신성을 향한 인간의 능력"이라고 부른 것이며, 또한 독일 가톨릭 신학자 칼 라너가 "초월성에 대한 인간의 개방성"이라고 부른 것이다. 머튼은 그것을 우리 모두 안에 존재하지만 우리 대부분의 안에서 잠들어 있는 "신비로운 수용성의 백열점" the white-hot point of mystical receptivity[47]이라고 설명한다.

친애하는 독자들이여! 나는 이 모든 것들이 파악하기에는 어렵다는 것을 인식하고 있다. 솔직히 진정한 자아라는 것은 실질적으로 설명하기 힘들거니와 심지어는 생각하기조차도 어렵다. 진정한 자아는 결코 어떤 대상이나 물질로서 알려질 수 없는 우리 자신의 주관성이다. 다른 말로 하면, 그 자체로부터 구별하여 하나의 대상으로서 그 자체를 알 수 있는 진정한 자아에 대하여 생각할 수 없다. 진정한 자아와 구별되는 대상은 진정한 자아가 아니기 때문이다. 이것은 어느 정도 역설적인 것이다. 우리는 우리의 눈을 가지고 보지만, 그러나 우리는 우리의 눈을 볼 수 없다. 이 비유를 통하여 내가 의미하는 바는 이것이다. 우리는 우리의 눈을 가지고 대상을 볼 수 있지만 그러나 우리의 눈은 우리가 볼 수 있는 대상이 결코 될 수 없다. 그와 같이 진정한 자아라는 것은 우리가

---

[47] *The New Man*, p.208.

보통의 인간 의식의 수준에서 알 수 있는 실체entity가 아니다. 그것은 알려질 수 없지만 우리가 보통으로 도달할 수 있는 것보다 훨씬 깊은 의식의 수준에서만 경험될 수 있다.

우리 존재의 가장 깊은 근원에서 깨어남

우리 자신의 자기중심적 욕망과 노력에 의하여 조작하거나 우리 자신이 조작되는 것을 용납함으로 만들어지는 외적 자아는 항상 계속적으로 생성되는(항상 존재의 피상적인 수준이기는 하지만) 과정에 있는 반면에, 진정한 자아는 항상 신적 자아Divine Self와 동일시되도록 하는 하나님의 초대로서 거기에 있다. 그것은 하나님의 성령이 우리가 거듭나도록 부르고, 우리 존재의 가장 깊은 근원으로 우리를 일깨우는 끈질긴 목소리이다. 그것은 깊은 영적인 의식이다. 머튼은 그것을 "영적 인식의 만족할 줄 모르는 다이아몬드"라고 묘사하였다.

이러한 영적인 의식이 우리의 삶 속에서 자리를 잡을 때에 온갖 종류의 놀랄 만한 일들이 벌어진다. 우리가 하나님 안에 있고, 모든 이들의 진정한 자아가 하나님 안에 있다는 것을 의식하는 인식의 수준에 도달하면 우리의 관계들은 불가피하게 변화한다. 우리는 전체 인간 가족을 하나로 받아들이게 되고 이러한 직관은 우리가 하는 모든 것을 지배하게 된다.

세 가지 실체가 아니다

진정한 자아와 거짓 자아에 대하여 이야기할 때, 내가 직면하게 되는 문제 중 하나는 이것이 이른바 나 자신과 내가 가지고 있는 두 개의 자아, 즉 거짓 자아와 진정한 자아라는 세 가지 상이한 실체에 대하여 이야기하는 것으로 보인다는 것이다. 그러나 이러한 삼중의 구별을 만드는 것은 우리가 논의하고 있는 핵심을 완전히 놓친 것이다. 진정한 자아는 바로 나 자신이다. 그것은 진정한 나이다. 그것은 내가 오로지 하나님 안에서만 발견할 수 있는 나의 정체성을 표현한다. 반면에 궁극적인 용어로, 거짓 자아는 하나의 환상이다. 우리는 우리가 의도하는 한 그것을 우리의 주변으로 가지고 올 수는 있지만 그것은 죽음에서 살아남을 수는 없다. 진실로 죽음을 이해하는 길은 육신으로부터 영혼을 분리하는 것으로서 이해하는 것이 아니라, 외적 자아의 사라짐과 진정한 자아의 출현으로서 이해하는 것이다. 죽음에서 나는 하나님 안의 나 자신을 발견하는 것이다.

진정한 자아의 출현으로서의 죽음

이것은 대부분의 사람들의 운명이다. 죽음은 그들의 진정한 자아의 정체성의 궁극적인 긍정이 된다. 죽음 안에서의 진정한 자아의 이러한 출현은 하나님과의 연합의 발견뿐 아니라 하나님 안에서 다른 사람들과의 연합이기도 하다. 머튼은 다음과 같이 쓴다.

> 온 하늘에 전하여지고 넘쳐나는 영광과 거기에 있는 모든 다른 사람들 속에서 하나님을 보고 그 분은 우리 모든 이들의 생명이며 우

리는 그 분 안에서 하나라는 것을 앎을 통하여 그 분의 다함이 없는 선물을 우리가 나눌 때까지, 우리는 하나님의 영광의 온전한 환희를 맛볼 수 없을 것입니다.48)

우리 사회는 에밀리 디킨슨이 "죽음의 거대한 근접성"이라고 불렀던 것을 향한 훨씬 더 긍정적인 자세를 절대적으로 필요로 한다. 죽음은 승자와 패자에게 상과 벌을 주는 시합의 끝이 아니다. 죽음은 집, 우리의 가장 깊은 바람과 욕망을 만족시킬 수 있는 유일한 집으로 가는 것이다. 죽음은 내가 이미 인용한 어거스틴의 말에 대한 하나님의 반응이다. "우리의 마음은 당신 안에서 안식처를 찾을 때까지 쉼을 얻지 못합니다."

나는 하나님은 죽어가는 자들과 함께 계시고, 우리가 결코 보지 못하는 일들을 하고 계신다는 것을 진정으로 믿는다. 삶의 피상성들은 한쪽으로 내던져진다. 거짓 자아는 버려지고 진정한 자아가 나타난다. 한 사람이 무의식 속에 빠질 때, 그 사람은 어떤 것을 의식하지 못하고, 단지 그것에 집중하지 못하는 것만을 말하는 것이 아니다. 오히려 그 반대로 개인은 바로 그 안에 있을 수도 있다. 토머스 머튼은 그 친구에게 한번은 이렇게 썼다. "모든 것 중의 최상의 것은 무의식적인 것이거나 초의식적인 것입니다." 그가 의미하는 바는 내가 앞서도 말했듯이, 거의 연구되지 않은 무의식의 광대한 영역이 우리에 대하여 그리고 우리의 주변에 존재한다는 것이다. 혹 그것이 연구되었다 하더라도 이것은 단지 심리학적 수준에서만 행해진 것이다. 그러나 이러한 삶의 현실을 훨씬 뛰어넘어 영의 실존과의 접촉 안으로 밀어 넣는 무의식의 세계에

---

48) *New Seeds of Contemplation*, pp.65-66.

이르는 영적인 수준이 있다.

죽음에 가까이 감으로써 깊어지는 의식

우리가 죽음에 더 가까이 갈수록, 우리는 점점 더 너무도 오랜 기간 거짓 자아에 의하여 가려져 있던 우리의 실제적인 자아에 대하여 인식하게 되리라고 나는 믿는다. 나는 뉴욕 주의 로체스터에 있는 양로원에서 죽은 나의 아주머니 플로렌스 길버트와 만났던 생생한 경험을 회상한다. 나는 정규적으로 그녀를 방문하곤 했다. 어느 날은 그녀의 화장대에서 사진 한 장을 발견했다. 그것은 깜짝 놀랄 만한 아름다운 여인의 사진이었다. 사진에는 "생일 축하드려요. 아빠. 1930년 플로렌스로부터"라고 쓰여 있었다. 나는 그 사진을 액자에 넣었다. 그러고 나서 그 집에서 일하는 사람에게 그녀가 그것을 볼 수 있는 장소의 벽에 걸어달라고 요청했다. 그는 그렇게 했다. 다음번에 내가 그녀를 방문했을 때, 그 사진을 가리키며 물었다. "사진 속의 아름다운 여인은 누구지요?" 그녀는 대답했다. "잘 모르겠구나." 그러자 나는 말했다. "아주머니예요." 그녀의 눈에 불신이 어리며 그녀는 강하게 말했다. "아니야, 저것은 내가 아니야."

그때부터 그렇게 묻고 대답하는 것은 내가 방문할 때마다 일종의 의식이 되었다. 나는 질문을 던졌다. 그녀는 누구인지 모른다고 말했다. 나는 말했다. "저건 아주머니예요." 그녀는 그것을 부인했다. 이렇게 몇 달을 지속했다. 어느 날 그녀를 방문했을 때 그녀는 얼마 못살 것이 분명해졌다. 그러나 나는 우리의 작은 게임을 계속하였다. 그리고 다시 나는 그녀에게 물었다. "사진 속의 저 아름다운 여인이 누구지요?" 그녀는 나를 쳐다보았다. 밝은 미소가 그녀의 얼굴에 나타났다. 그녀는 말했다. "그건 나야."

나는 이것이 그녀에게 나타난 의식의 변화였다고 굳게 믿는다. 그녀는 파괴되어 가는 늙은 몸을 가진 나이든 여인이 더 이상 아니었다. 그녀는 그녀의 진정한 자아, 우리 모두 안에 있고, 단지 하나님에게만 알려져 있는 자아를 경험하기 시작하고 있었다. 그녀는 그녀를 기다리고 있는 영원한 젊음과 아름다움을 희미하게 보았다. 그 사진은 영원의 상icon of eternity이 되었다.

하나님께 '예' 하는 죽음

죽음에서 사람은 하나님, 즉 궁극적인 실재와 얼굴과 얼굴을 맞대어 만난다. 이 삶 속에서 우리를 흐트러뜨리던(접속곡이 연주되는 것처럼) 모든 것들은 사라진다. 만약 전 생애를 통하여 우리가 우리의 진정한 자아를 긍정하기 위하여 노력해왔다면(때로는 확고히 그리고 때로는 머뭇거리면서 하나님께 "예"라고 말했다면), 우리를 하나님으로부터 멀리 떨어지게 하는 모든 것들은 사라진다. 우리가 "예"라고 계속 말하는 것을 막는 것은 아무것도 없다. 죽음은 우리가 하나님께 말하는 마지막 "예"이며 동시에 그것은 가장 자유로운 것이다. 그리고 우리는 결국에는 집에 있게 된다. 우리는 우리의 정체성, 우리의 진정한 자아를 발견하게 되는 것이다.

진정한 자아의 출현으로서의 관상

죽음이 이러한 측면을 가진 채 한 사람의 진정한 자아를 이루게 하는 것은 관상 안에서만 가능하게 된다. 관상 안에서 거짓 자아는 물러나고 진정한 자아가 깨어난다. 관상은 (하나님과의) 비유사성의 영역에서 유사성으로 향하는 여정이다. 그것은 애굽으로부터 약속의 땅으로 가는 여정이다. 그것은 유랑생활로부터 낙원으로의 귀환이다. 머튼에게 있어서 타락 이전의 인간의 상태는 관상이었다. 그는 타락을 관상적 삶의 통일성으로부터 우리가 현재 우리를 발견하고 있는 비통일성과 소외의 상황으로의 나락으로 보고 있다. 그것은 관상으로부터 분리와 소외 속에서 살고자 하는 것이고, 작위적 환상으로서 내적 자아의 기능들을 차지하려고 시도하는 타락하고 소외된 외적 자아를 생기게 하는 것이다.

비록 그것이 죄의 효과로 인하여 고통 받기는 하지만 이것이 외적 자아가 악하다고 말하는 것은 아니다. 그러한 것은 종교의 외적 훈련에 참여할 수 있다. 심지어 관상적인 것이 되거나 혹은 관상에 관한 책들을 쓰고자 할 수 있다. 그러나 외적 자아는 결코 진정으로 관상적이 될 수 없다. 왜냐하면 관상은 하나님과 나 자신의 연합이며, 궁극적인 용어로서, 환상과 하나님의 연합은 불가능하기 때문이다. 머튼은 다음과 같이 썼다.

> 동일한 "자기"$_{self}$, 동일한 개별적 자아$_{ego}$와 새로운 활동들과 새로운 많은 종교적 훈련을 함께 유지하는 것으로 충분하지 않습니다. 인간은 성령으로 탄생하여야 합니다. 그분은 그 분 자신에게로 우리의 마음을 가져가서, 우리의 마음과 그분의 마음을 하나로 만들

고, 우리를 위하여 보이지 않게 새로운 정체성을 창조하시며, 그분 자신이 바로 그 정체성이 되심으로써, 자유롭게 마음의 가장 깊은 곳을 가르쳐주는 분이십니다.[49]

관상은 외적 자아를 뛰어넘어 하나님과 하나가 된 참된 자아로 감으로써만이 가능한 것이다. 그리고 나서야 나는 내가 정말 누구인지 발견하게 된다. 그 발견은 결코 진정으로 잃지는 않았지만 감추어져만 있던, 나의 본래적인 정체성으로의 회귀이다. 머튼이 말한 것과 같이 "그것은 우리가 새로운 일치를 발견하는 것이 아니다. 우리는 오래된 일치를 회복하는 것이다."[50] 그러므로 관상에서는 내가 아니었던 어떤 것이 되는 것이 아니다. 도리어 나는 진정한 내가 되는 것이다. 나는 내 존재의 깊이 속에서 관상적이고, 항상 관상적이었다는 것을 의식하게 된다.

우리가 다음 부분에서 보게 되는 것처럼, 머튼은 종종 진정한 자아를 인격체$_{person}$와 동일하게 사용하고, 거짓 자아를 개체$_{individual}$와 동일하게 사용하였다.

5. 공동체(인격들의)와 집합체(개체들의)

이오네스코의 『코뿔소』에서 베랑거$_{Beranger}$의 문제는 괴물의 사회가 되어버리도록 압력을 가하는 상황에서, 좌초되고 홀로되어 버린 인간의 문제입니다. 6세기에 베랑거는 아마도 그의 모든 동료시민들, 그의 모든 친구들, 그리고 심지어는 그의 여자인 데이지

---

49) Thomas Merton, ed. Robert E. Daggy. *Honorable Reader*(『영애로운 독자』): *Reflections on My Work,* (New York: Crossroad, 1989.), p.134.

50) Thomas Merton, *The Asian Journal*(『아시아저널』). (New York: New Directions, 1973.) p.308.

가 코뿔소가 되어 버린다는 사실에 대해 별 관심을 가지지 않고 이 집트에 있는 스세티 사막으로 걸어 들어갔을 것입니다.

오늘날의 문제는 사막이 없고, 관광목장만 있을 뿐이라는 것입니다.51)

실제로 모든 사람은 홀로 있습니다. 그들 중의 대부분은 단지 홀로 있거나, 혹은 홀로 있음을 느끼는 것이 너무 싫어서, 그들의 외로움을 잊어버릴 수 있는 모든 일을 합니다. 어떻게 할까요? 아마도 그것은 대개 파스칼이 오락-기분전환, 체계적인 기분전환이라고 부른 것일 겁니다.. 사회에 의하여 자애롭게 제공된 그런 행위와 오락들은 하루 24시간 동안 우리가 우리의 동료를 피할 수 있도록 해줍니다.52)

사람은 개체(個體)로부터 구조되어야 합니다. 하나님의 자유로운 자녀는 환상과 욕망 그리고 관습의 맹종적인 노예근성으로부터 구원받아야 합니다. 창조적이고 신비스러운 내적 자아는 가면으로 자기를 감추려고만 하는 낭비적이고, 쾌락적이며, 파괴적인 나(ego, 자아)로부터 해방되어야 합니다.53)

머튼의 전시관을 이동하면서, 우리는 우리가 반드시 책임을 가져야 할 세상을 보여주는 창이 있는 거대한 방을 만나게 된다. 우리는 이제 생의 마지막 10여 년 동안에 있었던 머튼에 대하여 이야기할 것이다. 그 10여년의 기간으로 머튼이 들어갔을 때, 머튼은 그가 1941년 겟세마니 수도원으로 들어가던 때 품고 있었던 것과는 완전히 다른 방식으로 세계를 보았다. 1960년대의 초반에 그의 사고를 표현하는 방식은

---

51) *Raids on the Unspeakable*, p. 19.
52) *Disputed Questions*, p. 178.
53) *New Seeds of Contemplation*, p. 38.

그가 세계를 보는 단순한 시각으로부터 벗어났다는 것을 말해 준다. 그 단순한 시각이란 『칠층산』에 있는 대로 세계는 수도원 안의 세계와 수도원 밖의 세계인 세속적인 세계로 나누어져 있다는 것이다. 이제 그가 보는 것은 사람들이 두 가지 선택 사항 중에 하나에 직면해 있는 세계이다. 즉, 공동체와 교통(또는 통교)communion을 의식하는 인격체의 사회와 혹은 이름 없는 고립과 구원받지 못한 집합체collectivity의 소외 안에 빠져 있는 고립된 개체들의 사회가 있는 것이다. 그리고 사람들의 눈 바로 앞에서 벌어지고 있는 일은 그들을 공동체로부터 떨어져 나오게 해서 집합체의 방향으로 쉴 새 없이 이끌고 가는 기술의 엄청난 힘인 것이었다.

점차 머튼은 인간의 삶에 있는 실제적인 투쟁은 인간 공동체 - 인간의 존엄성, 자유, 고독, 관상에 대한 가치를 가지고 - 를 세우기 위한 투쟁이라는 것을 이해하게 되었다. 이러한 투쟁을 다른 것으로 대치하는 것은 사람들이 사고하고 행동하는 자유를 포기하고, 그들과 모든 사람들의 삶을 통제하는 체제의 일부가 되는 집합체 속으로 거의 무력하게 흡수되어 버리는 것이다.

공동체(자유의 공간)와 집합체(노예의 공간)의 대조는 항상 명시적인 것은 아니라 할지라도, 적어도 암시적으로 1960년대에 있어서 머튼 저작들의 꾸준한 주제였다. 이러한 대조와 깊은 연관성을 가지는 것이 인격체(진정한 자아)와 개체(거짓된 자아)의 구별이다. 인격체는 공동체 속에서 사는 사람이고, 개체는 집합체 속에서 소외된 사람이다. 개체는 단순히 다른 모든 단위들과 떨어져 있는 단위일 뿐이다. 그 사람은 부정적인 방식으로만 정의할 수 있는 홀로 떨어져 있는 존재이다. 그(또는 그녀)는 "어떤 다른 이"가 아니다. "개체들"은 고립되어 살아가며, 다른 이들로부터 소외되어 있다. 그들은 인간 영혼의 내적 실제와는 거의 관계를 맺지 못하는 외적 균일성에 의하여 피상적으로 연합되어 있다. 그 집합체는 이러한 연결되지 않는 개체들로 구성된 대중 사회이다. 혹은 머튼의 말을 사용하자면, 그것은 "그들의 중심을 잃어버리고, 정서나 지성적인 목적이 없이 밀착하는 대중에 비천한 수동성으로 의지하기 위해서 그들 자신의 내면의 빛을 꺼버린 공허하고 소외된 인간 존재들로 구성된" 대중 사회이다.[54]

"개체"와는 완전히 달리 "인격체"는 그들을 인간으로 만들어주는 연합체 안의 형제자매들과 연결되고, 그들을 그리스도 안에서 하나로 만들어주는 나눔과 연결된 사랑과 자유의 중심에 존재한다. 개체가 선입관에 사로잡혀 있는 반면에, 인격체는 원형archetype이신 그리스도에게 순종한다. 머튼에게 있어서 인격의 충만함과 공동체의 의미는 "그리스도 안에 있는 것"이다. 머튼은 성 바울과 함께 이렇게 얘기하고 싶었을 것이다. "이제는 내 안에 사는 것은 내(고립된 개체)가 아니고 그리스도(모든 인류의 원형 안에서 다른 인격체들과 함께 연결이 된 인격체)입니다."

인격체들은 공동체 안에서 고독과 관상을 위한 공간을 찾아낸다. 반면에, 집합체는 17세기 프랑스 철학자인 블레이즈 파스칼이 "오락"divertissement[55]이라고 말한 공간이다. 그것은 삶의 문제들로부터의

---

54) Thomas Merton, *Disputed Questions*(『논란의 질문들』). (New york: Farrar, Straus & Cudahy, 1960). p. x
55) 쉽게 번역할 수 없는 단어인데, 원래의 의미는 마음이 흩어짐, 기분전환, 다른 쪽으로 쏠리게 하기 등의 의미를 가지고 있다.

탈출이며, 궁극적인 의미로 무의미한 활동으로의 초대이다. 그것은 인간 삶의 진정한 현실과의 대면을 피하기 위한 방법으로서 피상적인 행동으로의 끊임없는 방향 전환이다. 연속극과 시트콤은 쉽게 중독이 된다. 그것들은 고대 로마의 "음식과 오락"의 대체이다. 로마 사회에는 엄청난 부정이 있었고 로마의 황제들은 사람들이 그들의 삶의 진부함과 무의미를 잊어버리게 하기 위하여 빵과 유흥을 제공하였다. 우리의 사회도 아주 유사한 것을 하고 있고, 그렇게 함에 있어서 훨씬 세련된 도구를 사용해왔다.

삶이 집합체로 형성된 사람들은 초월성의 감각을 잃어버린 자들이다. 이것은 그들의 타고난 관상의 능력을 상실했다는 것을 의미한다. 고전이 되어 버린 한 에세이 "말할 수 없는 사람들에 대한 급습"Raids on the Unspeakable 에 있는 『비와 코뿔소』 *Rain and Rhinoceros* 라는 희곡에서 머튼은 고독의 감각과 관상의 감각을 잃어버린 대중 사회의 병리에 대하여 묘사하고 있다. 그는 그것을 "코뿔소증"Rhinocertis 이라고 부른다. 그는 유진 이오네스코의 강렬한 연극인 "코뿔소"를 의지하여 그가 의미하는 집합체의 의미를 설명한다. 이 연극에서 베랑거 역할을 제외한 모든 사람들은 코뿔소 증의 희생자가 된다. 이것은 그것이 아무리 불합리하더라도, 그 순간의 기준이 무엇이든지 간에 상관하지 않고, 순응하는 것으로 이루어진 병이다.

"코뿔소"는 조그마한 프랑스의 한 마을을 배경으로 시작된다. 두 명의 사람들이 아침커피를 마시면서 야외 카페에 앉아 있었다. 그 순간에 그들은 넓은 도로를 따라 달려오는 코뿔소 떼를 보았다. 그들이 그 때가 달려오는 방향을 쳐다보았을 때, 그들은 사람들이 자기 집을 나와 그

떼에 함께 합류하면서 코뿔소가 되어 버리는 것을 보았다. 그 떼가 그들에게 달려왔을 때, 그들도 그 무리에 합류 하고 싶은 강한 충동을 느낀다. 결국 그들 중 한 사람이 그렇게 한다. 이제 베랑거는 지구상의 마지막 인간 존재로, 마지막 인격체로 남게 된다. 그 또한 그의 인간성을 버리고 코뿔소 떼에 합류 하고픈 강한 충동을 느끼지만, 그의 안 깊은 곳에 있는 그 어떤 것이 그가 그렇게 하는 것을 막는다. 그는 비인간적인 세상이 되는 상황에서도 그의 인간됨을 일관되게 유지하고 있다.

머튼은 사회 안에서 자신과 다른 관상가들의 책임들 중의 하나는 "베랑거들"로 하여금 집합체의 환상적인 우선성에 대한 어리석음을 과감하게 직면하고 "대중의 생각"을 거부하도록 촉구하는 것이다. 그래서 그들이 다시 한번 진정한 인격체가 되고 진실된 것과의 접촉을 하게 하는 것이다. 머튼은 "대중의 생각"에 대항할 때 "우주적 양심을 옹호하기 위하여 일어났었던 그 소외된 양심"을 위한 공간이 언제나 존재할 것이라고 얘기하면서 이오네스코를 인용한다. 머튼은 덧붙인다.

> "그러나 그들의 공간은 고독입니다. 그들은 다른 아무것도 가진 것이 없습니다. 그러므로 그것은 성숙과 자유와 평화를 위한 진정한 역량을 상기 시켜주는 측량할 수 없는 호의를 인류에게 행하는 고독한 인격(도시에 있든지 아니면 사막에 있든지)입니다."[56]

이오네스코 그 자신은 같은 점을 지적하는데, 공동체에 적절한 고독만이 생각 없는 순응주의의 노예로부터 사람들을 구원할 수 있다는 것이다. 그러므로 그는 다음과 같이 쓴다. "모든 종류의 '코뿔소증'의 형

---

56) *Raids on the Unspeakable* p.220.

태들은 좌로든 우로든 간에 사람들이 생각할 시간이 없거나 그들이 그저 모여 있을 때 인간을 위협하기 위하여 거기에 있다. 그리고 그것들은 인류를 기다리고 있는데, 왜냐하면 우리는 진정한 고독의 느낌과 맛을 모두 잃어버렸기 때문이다. 고독은 '분리'가 아니라 '중재'이다…"57)

이 시점에서 나는 공동체나 집합체가 순수한 상태로 존재한다고 생각하는 것은 오해가 될 수 있다는 것에 대하여 확실히 할 필요가 있다고 본다. 우리 모두 안에는 각각 이것들이 어느 정도씩 있다. 이것은 머튼에게도 역시 사실이고, 머튼은 그것을 인정한 최초의 사람일 것이다. 우리 그리스도인들의 임무는 우리 사회에서 뿐 아니라 우리 자신에게서도 집합체가 살아 있고, 그것이 공동체의 형성을 위하여 일하고 있다는 환상들을 드러내는 것이다.

6. 내면적 진실의 표현으로서 자유

완전한 영적 자유는 어떤 악한 선택은 할 수 없는 전적인 무력함입니다.58)

우리를 인격체가 되게 하고, 하나님의 형상이 되게 하는 것은 우리의 자유입니다…교회의 초자연적 사회의 주 기능들 중의 하나는 하나님의 자녀로서 우리의 영적 자유를 보존하는 것입니다. 얼마나 극소수의 사람들이 이것을 깨닫고 있는지!59)

인간의 참된 내적 생활과 자유는 이 내적인 영역이 열리고 인간이

---

57) Trans. Donald Watson, Ionesco, *Notes and Counter Notes; Writings on the Theatre*,(New York; Grove Press, 1964.), p.151.
58) *New Seeds of Contemplation*, p. 199.
59) *New Seeds of Contemplation*, p. 202.

그의 내부에 있는 미지의 존재와[the unknown] 교제하며 살 때 시작됩니다. 이에 기초하여 인간은 또한 다른 사람들 속에 있는 동일한 미지의 존재와 교제 가운데 있을 수 있습니다.60)

여기서 우리는 "자유"라고 이름붙인 화랑의 방으로 들어갈 것이다. 머튼의 편지 모음집 5권 째, 즉 모음 집 마지막 권인 『자유의 증인』 *Witness to Freedom*에서, 나는 자유를 향한 머튼의 성장 속에서 세 가지 단계들을 지적했다. 첫째, 초기 단계―그의 젊은 시절―인데, 이 시기의 머튼의 자유는 그가 원하는 것은 무엇이든지 하는 것을 의미하였다(비록 여러 번 이 기간 동안 그가 하고 싶은 것이 무엇인지 진정으로 확신하지 못했지만). 순간의 일시적 기분이나 욕망을 따르는 것을 막아주는 규율이나 규칙들에서부터 가능한 한 멀리, 머튼을 해방시켜 주었던 것이 바로 이 자유였다. 그것은 어떤 종류의 훈련도 없는 자유, 즉 거짓 자유였다.

진실하고 진정한 자유를 향한 머튼의 여정에 있어서 두 번째 단계는 그의 20대 중반에 왔다. 두 번째 단계는 첫 단계보다는 훨씬 더 좋지만, 여전히 아주 한정된 경험을 가진 자유의 단계였다. 겟세마니에서 그가 수도승이 되려고 도착했던 날 밤을 묘사하는데 사용하곤 했던 말들 속에서 아마도 그 최상의 표현을 발견한다. 그는 우리에게 매튜 형제가 그의 뒤에 있는 문을 닫았고, 그는 "그의 새로운 자유의 사면 벽" 속에 갇히게 되었다고 말한다. 물론 새로운 자유가 있었지만, 그것에 대해 그가 표현한 말은 오히려 자유를 정의하는데 있어서 다소 진기한 방식을 취하고 있다. 즉, 사면의 벽에 갇힌 자유라는 것이다. 진실하고 진정

---

60) *Witness to Freedom*, pp. 329-330.

한 자유를 향한 그의 여정의 이 두 번째 기간 동안에, 머튼은 자유를 내적인 힘으로 봤지만, 그것은 외부로부터 크게 지시받는 것이었다. 그것은 종교적 공동체 내에서 매우 오랫동안 존재했던 자유의 형식이었다. 즉, 그 공동체를 지배하는 규칙서에 대한 복종과 그리고 그 규칙서를 관장하고 해석하는 장상들에게 복종을 의미하는 자유였다.

첫 단계가 그를 규칙들에 대한 복종에서 해방시켰던, 얽매이지 않는 자유라고 한다면, 두 번째 단계는 규칙들에 복종함을 통해서(그 당시에 그는 그렇게 믿었다) 그를 해방시켰던 자유에 해당된다. 그가 1941년에 들어왔을 때 이 수도회의 정신은 매우 단순했다. 규칙서를 준수하라 그러면 너는 하나님과 함께 안전할 것이다. 너를 위해 처방된 규칙들을 엄수하라, 너의 장상들의 지시들에 복종하라, 그러면 너는 하나님을 기쁘시게 하는 방식으로 너의 자유를 행사할 수 있을 것이다.

자유에 대한 더욱 깊은 이해

이들 자유의 두 단계들은 분명하게 복잡하여 쉽게 이해할 수 있다. 수도원 생활에 대한 머튼의 이해가 자랐을 때, 그리고 특히 관상적 영성이 그가 했던 모든 것에 점점 더 영향을 주게 되었을 때, 그가 품었던 세 번째 단계의 자유가 있다. 이 자유는 설명하기도 이해하기도 더욱 어렵다. 이 단계는 자유가 점점 더 내면화되는 단계이다. 이 단계의 자유는 내가 내 자신의 내적 진실, 내 자신의 내적 단일성, 내 자신의 영적 중심에 응답함에 따른 자유이다.

이 단계의 자유는 참으로 실재하는 것, 즉 하나님의 실재, 자신의 실재, 모든 하나님의 피조물의 실재와 깊은 관계에 이미 들어간 어떤 사람에게만 가능하다. 이런 종류의 자유에 이르는 길은 많은 타락한 우상들, 즉 거짓 하나님, 거짓 자아, 하나님의 피조물들에 대한 거짓된 이미지 등으로 어지럽혀 있다. 나는 존재(what is)를 보는 나의 관점을 왜곡시키는 환상들을 벗겨냈을 때만 자유롭게 된다. 나는 참으로 있는 그대로 모든 실재를 볼 때만 자유롭게 된다.

만일 내가 이런 종류의 진정한 자유를 향한 길을 택하기를 원한다면, 나는 이미 내가 위에서 말했던, 나의 생활 속에서 조용한 시간과 관상적 차원을 얼마간 구축해서, 외적으로 보다는 내적으로 삶을 살도록 관리해야만 한다. 이 내면적인 생활은 나의 존재의 발산되는(산개하는, 끝이 퍼지는) 요소들을 위한 중심과 초점을 창조하는 과정(또는 보다 낫게 발견하는 과정)과 관련된다. 이 방향으로 나아가면서, 나는 내부에서 아주 다양한 방향으로, 내가 어디로 가야 하는지 또는 심지어 누구에게서 나온 것인지도 모르는 주의를 끄는 아주 많은 요구들에 의해 끌려 다니는 산산 조각난 존재로서가 아니라, 점차로 하나의 전체로 통합되는 나의 삶을 발견할 수 있게 된다.

나는 계속해서 나의 삶을 통합시키고 단순화시킴으로서(그리고, 내가 반복하자면, 이것은 내 삶 속에서 조용한 시간, 기도, 인격적 훈련 등을 요구한다), 야망, 탐욕을 통제하고 교묘하게 조종하려는 욕망에 의해서 채색되지 않은, 진실로 있는 그대로의 실재를 보기 시작하는 지점에 이른다. 나는 "실재하는" 모든 것 속에서 유일한 "실재"$_{\text{the Real}}$를 보기 시작한다. 또는 선禪 개념을 사용하여, "긍정이나 부정이 없이" 사람들과 사물들을 보는 데 자유롭게 된다. 이것은 중요하다. 왜냐하면 내가 사람들과 사물들에 대하여 판단하게 될 때는 사물을 존재하는 그대로 보지 않기 때문이다. 오히려 나는 거기에 존재하는 것 대신에 내가 그것들에 투사하는 것을 본다.

    이것은 내가 내 삶에서 결코 판단을 하지 않는다는 것을 말하는 것은 아니다. 반대로 판단하는 것은 자유의 중요한 요소이다. 그러나 나는 "선입견들", 그것은 속단들인데, 즉 누군가 또는 무엇이 거기에 있는지를 살펴보기 전에 이미 그곳에 있다고 내리는 판단들을 피해야 한다. 만일 그 사람을 살펴보는 그 동작 속에서, 내가 그나 그녀를 나 자신을 위한 목적들을 위해서 사용될 수 있고 조종될 수 있는 대상으로서 본다면, 나는 한 인간을 있는 "그대로 볼" 수 없다. 내가 만일 항상 실용적이고 유용한가의 관점으로 사물들을 본다면, 나는 그것들을 있는 "그대로 볼" 수 없다. 최근에 출판이 된 머튼의 책 『내면의 경험』 *The Inner Experience* 에서 그는 도움이 되는 한 예를 제공한다. 그는 한 그루의 나무에 대한 어린 아이의 관점과 벌목업자의 관점 간의 대조를 그리고 있다.

> 어린이는 나무를 극도로 단순하게 그리고 배후의 동기들에 의해서 채색되지 않은 채로 본다. 벌목업자는 그가 나무를 볼 때, 아마도 그것의 아름다움을 인식하겠지만, 그의 안목은 이익의 동기에 의해서 그리고 사업 상태에 따라서 달라진다. 그는 그 나무를 그저 있는 "그대로 볼" 수 없다.

    내가 사람들과 사물들을 있는 그대로 볼 수 있게 되면 될수록, 나는 점점 더 해방된다. 점차로 내가 참된 나 자신이 되는 것이 가능하게 된다. 나는 "예" 또는 "아니오"라고 스스로 말할 수 있는 능력을 획득하고 나의 전존재가 그 언명$_{saying}$ 속에 투입된다.

    이 말은 자유가 내 삶 속에서 통제를 제거한다고 말하는 것은 아니다.

진정한 자유는 우유부단의 영역 속에서 목적 없이 떠돌아다니는 것일 수 없다. 반대로 통제를 전제로 하지만, 그것은 스스로 지시하는 통제이다. 그것은 내재적이고 인격적이지만 외적이고 교묘하게 다루는 것은 아닌 것이다. 자유는 결코 변덕스럽지 않다. 그것은 내가 무엇을 하기를 원하는 만큼 많이 하는 것이 아니라, 내 존재의 중심에서 내가 왜 그것을 하기를 원하는지 아는 것이다.

다시 말해서 자유는 우리 자신의 내적 진실에 응답하는 힘이다. "내적 진실"이란 표현은 머튼이 내가 나 자신과 하나님과 존재하는 모든 것의 통일성을 발견한, 그 중심을 묘사하는 데 자주 사용했던 것인데, 현대 도덕주의자들, 즉 기본적 선택(몇몇 가톨릭 신학자들이 이 용어를 좋아하지 않기 때문에 나는 오히려 묵묵히 이것을 말해야 한다. 그들이 이 말을 싫어하는 이유는 그 말의 진정한 뜻을 이해하는 것에 그들이 실패했기 때문이라고 나는 믿는다)에 의해서 사용된 용어와 매우 가깝다.

기본적 선택

오늘날 도덕주의자들에 의해서 이해된 기본적 선택은 한 인간이 그나 그녀 자신에게 적합하게 만들어서 자기 것으로 만든 가치와 원리들의 축적을 나타내는데, 그것들은 인격 안에서 연합하는 힘이 된다. 그것들은 그 사람의 삶 속에서 그 통합을 창조하여, 그 통합으로부터 인간의 행동들이 흘러나오고, 그나 그녀의 삶이 방향을 취하게 된다.

우리의 내적 진실에 응답하는 것은 하나님과 하나님 안에서 깨달은 내 자신의 정체성에 "예"라고 말하는 것이다. 그것은 환상적이고, 거짓

되고 보다 덜 인간적인 모든 것에 "아니오"라고 말하는 것이다. 내가 말한 "예" 또는 "아니오"는 외면화되기 전에 내적이어야 한다. 순전히 외적인 "예" 또는 "아니오"는 그것이 밖으로부터 내게 강요되었기 때문에, 참으로 나의 것이 아니며 따라서 자유로운 것이 아니다. 사람의 행동들이 "체제"에—그 체제가 국가, 정당, 또는 심지어 교회일지라도—의해서 규정될 때, 사람의 자유는 그 바로 핵심에서 상처를 입게 된다.

나는 자신의 내적 진실을 따름에 있어서, 어떤 불안정감이 있을 수 있다는 사실을 부인하지 않는다. 내가 오류가 없을 수 없으며, 나도 잘못될 수 있다. 머튼의 말을 인용하자.

> 가장 어려운 종류의 도덕은 당신에게 당신 자신의 내적 진실이라고 보이는 것을 따르도록 강요하는 것이다. 그리고 물론, 당신은 항상 그와 같은 식으로 많은 실수들을 한다. 그러나 그것이 요점이다. 나는 이제 내가 항상 옳아야만 한다는 생각을 하지 않는다. 중요한 한 가지, 즉 옳지는 않지만 신실한 것, 그것을 행하는 것은 아주 어렵다. 그렇다면 얼마나 큰 차이인가! 종교재판집행자들은 그런 접근을 두려워한다. …61)

자유와 권위

따라서 자유는 권위와 양립할 수 없는 것은 아니다. 적합하게 실행된 권위는 내가 나의 내적 진실에 응답하는 것을 돕는 참된 안내지침들을 제공할 수 있다. 나의 결정들이 다른 사람들의 결정들과 상호 작용해야만 하는 공동체 속에서 자유가 실행되기 때문에, 권위는 이 결정들의

---

61) *The Hidden Ground of Love*, pp.392-393.

상호작용이 모두의 공동선에 봉사하고 그것을 증진시키는 구체적인 길들을 명확하게 하는 데 도움이 될 수 있다. 따라서 권위는 그것이 나의 내적 진실을 존중할 때, 나의 자유를 증진시킨다. 왜냐하면 그것은 내가 자유를 현명하게 사용하도록 돕기 때문이다.

반면에, 자유는 권위주의와는 양립할 수 없다. 권위주의는 무소불위의 권력을 사용하는 권위이다. 권위는 그것이 대화 없이 그리고 그 권위에 복종하는 사람들의 내적 진실에 대한 배려 없이 그 명령들을 강요할 때, 권위주의로 타락한다. 사람은 특히 전체주의적인 제도들 속에서 권위주의를 발견할 것으로 기대한다. 그 본질상, 자유를 육성하고 보존하는 것에 헌신되어야 할 제도들 속에서도 권위주의를 발견한다는 것은—비록 불행한 일이지만 일상적인 경험이다—확실히 놀라운 것이다. 머튼의 후기의 글들 중에서 많은 부분이 미국 사회, 수도회 그리고 또한 교회 속에 존재하는 비자유의 요소들을 밝혀내는데 깊은 관심을 보인다.

홀로그래픽 노트 35번에서, 1968년 5월 24일 날짜에 머튼은 베를린에서 태어난 미국 사회주의 철학자, 헤르베르트 마르쿠제에 의해 묘사된 자유의 세 가지 방식을 말한다. 마르쿠제의 사상에서 실마리를 얻어, 머튼은 자유로운 인간의 삶은 가난, 순결 그리고 순종(순명)의 삶으로서 묘사될 수 있다고 제시한다. 그것은 거짓된 욕망들과 환상적인 자기 추구로 가득 찬 나의 마음을 비우는 것으로, 자유는 소비 사회가 대중매체의 교묘한 힘을 통해서 나를 강요하는 거짓된 필요들에 매여 있는 노예상태에서 나를 자유롭게 하는 영혼의 가난이다.

자유는 나를 명석하게 하고 한 마음을 유지하게 함으로써, 내가 대중적 의견이 실재에 대한 나의 시야를 가리려고 시도하면서 주입하는 미궁을 넘어서 볼 수 있게 해주는 마음의 "순결"이 된다. 그런 순결한 마음은 나로 하여금 사람들이 자주 실재라고 오해하는 위조된 가치들과 공허한 관심을 향하여 비판적인 입장을 취하는 것이 가능하도록 해준다.

마지막으로, 자유는 자주 커다란 적에 대항하여, 가장 기본적인 인간적 가치들을 확고하게 하고 모든 남자와 여자들이 그들의 내적 깊이의 통합을 회복하도록 오늘날 세계에서 움직이고, 추구하는 인간 영혼의 진정한 운동과 관계를 맺도록 하시는 성령께 순종을 낳는다.

자발성의 자유

약간 현학적으로 말하자면(내가 이미 그렇게 하지 않았다면), 나는 머튼이 말한 자유가 반대contrariety의 자유가 아니라 자발성의 자유라는 것이 분명해져야 한다고 말하고 싶다. 철학자들이 반대의 자유라고 부르는 것은 선이나 악을 선택하는 힘을 의미한다. 그것은 하나님에 대하여 "예"나 "아니오"라고 말할 수 있는 것을 뜻한다. 우리가 깨달을 필요가 있는 것은 악을 선택하는 것이나 하나님께 "아니오"라고 말하는 것은 결코 진짜 자유가 아니라는 것이다. 그것은 노예상태이다. 이것이 마치 선인 것처럼 악을 선택하는 것은 사물들을 그들이 실제로 있는 대로 보는 것에 실패한 것이다. 따라서 그것은 환상에 불과한 자유이다. 하나님께 "아니오"라고 말하는 것은 참된 자유의 실행이 아닐 뿐더러, 헛되고 어리석은 실행이다. 그것은 유일하게 나를 존재케 하고 지탱하시는 분께 "아니오"라고 말하는 것이기 때문이다. 오직 진정한 자유는 자발적으로 선을 향하여 나아가는 것이다. 이것이 내가 자발성의 자유라는 말로 뜻하는 바이다.

  죄는 부자유의 형태이다. 죄는 외적인 법을 깨뜨리는 것 그 이상이다. 그것은 나의 내적 진실에 응답하는 것에 실패하는 것이다. 그것은 하나님이 뜻하시지 않는 것을 하려는 의지이다. 그것은 나의 내적 진실이 나를 "아니오"라는 대답을 요구할 때는 "예"라고 하고, "예"라는 대답을 요구할 때는 "아니오"라고 하는 것이다. 죄$_{deludere}$라는 말의 문자적인 의미 중에 "기만"이 있는데, 이 말은 "거짓되게 처신하다"라는 뜻이다. 그것은 인생의 게임을 거짓으로 하고 있는 것이다. 이것은 거짓된 것을 할 뿐만이 아니라 어떤 의미에서 거짓된 존재가 된다. 머튼이 『내면의 경험』이라는 글에 쓴 대로, 죄 속에서 나는 "내가 잘못했을 뿐만 아니라, 내가 철저히 잘못된 존재라는 것을 내게 말하는" 내적 허위성을 경험한다.

  죄는 진정한 자유의 남용이기 때문에 부자유인 반면, 또 다른 형태의 부자유가 있다. 이것은 나의 자유를 파괴하고 내가 자유를 실행하는 것을 가로막는 나의 밖의 강제적 힘들에서 나오는 부자유이다. 이것은 강압에서 나오는 부자유이다.

  1960년대 토머스 머튼은 강압에서 나오는 부자유에 대해 많은 글을 썼다. 그가 자신의 고독 속에서 사람들에 대한 보다 깊은 동정심을 얻었을 때, 그의 관심은 전쟁과 폭력에 의해서, 거짓된 정치적 경제적 이념들에 의해서, 사회적 부정의와 전체적인 구조들에 의해서, 억압받는 모든 사람들을 향해 흘러 나왔다. 그는 전쟁 산업에서 막대한 이익을 취하기 때문에 문자 그대로 평화를 제공할 수 없는 거대한 산업 복합체들과 전쟁 사이의 연결고리를 분명히 보았다.

머튼은 '가톨릭 평화 운동'the Catholic Peace Movement과 '가톨릭 노동자 모임'the Catholic Worker group에 능동적인 지지를 보냈다. 그는 "화해의 제자도"라는 모임의 일원이 되었던 최초의 가톨릭 신자 중 한 사람이었는데, 1962년에 가입했다. 그는 전쟁에 대한 베리건Berrigans의 반대로 인해 (비록 그는 항상 그들의 정책들에 동의한 것은 아니었지만) 그들을 격려했다. 그는 고인이 된 존 하워드 그리핀과 가까운 친구가 되었고, 시민의 권리를 위해서 투쟁하는 중에 그의 협력자가 되었다. 그는 목사인 마틴 루터 킹 주니어 목사에게 깊은 존경심을 가졌으며, 그가 암살되었다는 비극적인 뉴스를 들었을 때 그의 방문을 기다리고 있는 중이었다.

그는 모한다스 간디를 존경했고 『간디의 비폭력』 Gandhi on Non-violence이라는 그의 짧은 책자 속에서, 이 위대한 인도 지도자의 사상과 전략들을 미국의 실천주의자들을 위한 모범으로 제시했다. 간디처럼 그는 비폭력과 사회의 참된 갱생사이의 어떤 본질적 관계를 보았다. 그는 "오직 진정한 해방은 폭력적 과정의 압제적인 자동화에서 억압자와 피억압자를 동시에 해방하는 것이다"62)라고 썼다. 간디처럼 머튼은 비폭력의 효용성이 그 즉각적인 결과들에 의해서가 아니라, 진리와 사랑에 대한 헌신에 의해서 판단 받을 것이라고 믿었다.

비록 머튼은 수도원에 남아 있었지만, 그의 동정심과 관심에 의해서 어디에나 있는 것처럼 보였다. 꾸준히 그리고 확고하게 그는 그가 수도원을 떠나서 "정사들과 권세들"에 대항하는 전투의 최전선에 합류하기를 원하는 사람들의 요구에 저항했다. 그는 결코 수도원에 있는 것이 "세상"으로부터 합당한 거리를 준다는 믿음에서 동요하지 않았다. 수

---

62) Thomas Merton, *Gandhi on Non-Violence*(『간디의 비폭력』). (New York: New Directions, 1965.), p.14.

도원은 그가 "자유의 새로운 차원들"을 탐사하고 발견할 수 있도록 해주는 곳이기 때문이다.63) 교황 바오로 6세의 요청으로 쓰인, 관상적 삶에 관한 그의 편지에서, 머튼은 이슬람의 문장을 인용했다. "암탉은 시장에서 알을 낳지 않는다." 그는 더욱 더 그의 수도원을 그가 뿌리 내리고 터전을 잡은 집으로서가 아니라, 어떤 의미에서 그가 어느 곳에 나 있을 수 있게 해주는 장소로 보았다. 『칠층산』의 일본판 서문에서, 머튼은 "나는 숨겨짐과 긍휼에 의해서, 세상 안의 어느 곳에나 있기 위해, 이익의 대상으로서의 세상으로부터 사라진다"64)고 썼다.

수도원적인 삶은 이 세상 속에서 실현되어질 수 없는 완전한 자유에 대한 종말론적인 증거이거나 또는 그 증거여야만 한다고 머튼은 믿는다. 동시에 수도원적인 삶은 억압과 폭력의 힘으로 인해 그들의 자유를 박탈당하고 파괴당한 사람들을 위한 더 나은 미래의 소망을 증거하는 징표여야 한다. 수도원적인 삶은 폭력적인 세계의 어둠 속에 비춰는 것이면서 더 나은 미래가 모든 하나님의 사람들을 위한 실재가 되도록 하기 위해 모든 남자와 여자를 일하라고 부르는 빛의 신호여야 한다.

그들 시대의 불평등들과 부정의들에 대항한 히브리 예언자들의 탄핵들을 울려 퍼지게 하는 계시적인 진술 속에서, 머튼은 가난한 자, 억압받는 자 그리고 희생당한 자들과 같은 입장에 선다. 『칠층산』의 일본판 동일 서문에서 그는 다음과 같이 쓰고 있다.

> 나의 전 생애를, 전 인류…그리고 "그것과" 함께 세상을 파괴하려고 위협하는 전쟁과 정치적 횡포의 범죄들과 부정의들에 대항하여 항의하는 것, 반대하는 것으로 만들려는 것이 나의 의도입니다.

---

63) *Contemplation in a World of Action*, p.178.
64) *Honorable Reader*, p.65.

나의 수도승 삶과 서약들에 의해서 나는 모든 강제 수용소들과, 공중 폭격, 각색된 정치적 실험, 사법적 살인, 인종적 부정의, 경제적 횡포들, 그리고 평화를 위한 그 모든 좋은 말들에도 불구하고 범세계적인 파멸이나 다름없는 것을 위해서 돌아가는 듯 보이는 모든 사회-경제적 기구에 대하여 '아니오'라고 말하고 있습니다. 나는 나의 수도승으로서의 침묵을 정치가들, 선전주의자들, 선동가들에 대한 저항으로 만들고, 내가 그것을 말할 때 나의 신앙과 나의 교회가 부정의와 파괴의 이러한 강제력들에게 심각하게 같은 태도를 취할 수 있다는 것을 부인하는 것입니다. 그럼에도 불구하고, 내가 믿고 있는 신앙이 전쟁을 믿고, 인종적 부정의를 믿고, 자기 의와 전제 정치의 거짓된 형태들을 믿는 많은 사람들에 의해서 또한 열망되고 있다는 것도 사실입니다. 그러므로 나의 생애는 이와 같은 사람들에 대한, 그리고 아마도 이들 대부분에 대한 저항이 되어야만 합니다.65)

사람들은 자주 이런 질문을 한다. 오늘날 세계의 상황에 관하여 머튼의 태도는 무엇일까? 나는 내가 방금 인용했던 그의 말들을 지키는 것으로 충분하지 않나 생각한다. 왜냐하면 그 말들은 그의 가장 깊은 중심으로부터 나온 말들이기 때문이다.

7. 비폭력 Nonviolence

우리는 다른 이들에게 폭력적인데 그것이 우리가 이미 우리 자신의 진실에 대해서 불신하는 내적 폭력에 의해 나누어져 있기 때문입니다. 미움은 이러한 분리를 우리 자신의 바깥 쪽 사회로 투사합니다.66)

---

65) *Honorable Reader*, pp.65-66.

즉각적인 열매에 대한 초연함이 없다면, 비폭력은 힘을 잃고 맙니다.67)

인쇄될 때까지 나는 내가 얼마나 혹독했었는지 깨닫지 못했습니다. 이번 달의 **Jubilee**(아마 1962년)에 실린 글 하나가 수많은 사람들의 귀에 거슬릴 것입니다. 그리고 나는 그것이 내 잘못이라고 생각합니다. 나는 결국 더욱 신중하고 온화하고, 같은 말을 좀 더 부드럽게 하는 방식들로 말할 수 있었습니다. 나는 야구방망이를 들고 폭언을 퍼붓습니다. 비폭력의 교수인 내가 말입니다.68)

내가 조금 전에 자유에 대하여 말한 것은 우리를 전시관의 다른 방 즉 적어도 십 년 동안 그의 진실한 독자였던 많은 사람들을 놀라게 하고, 심지어는 화나게 하는 것들을 내용으로 하는 방으로 움직이게 한다. 1961년 그가 기도에 관하여 얘기한 것들을 존경하던 많은 사람들에게 놀라울 정도로 토머스 머튼은 갑자기 정치학, 전쟁과 다른 사회적 이슈들로 방향을 바꾸면서, 독자들에게 책임과 행동을 도전하는 것으로 보인다. "반항아"가 소리치고 있었던 것이다. 수도승의 옷을 입은 채로 말이다. 많은 그의 신실한 추종자들은 이러한 방향의 전환에 대하여 놀랐고, 혼란스러워했다. 그는 신성한 것에 대하여 아주 장엄하게(그들은 그렇게 느꼈다) 써 왔던 것이다. 왜 그는 갑자기 세속적인 것으로 관심의 방향을 바꾼 것일까? 분쟁, 갈등과 전쟁과 같은 것들이 관상과 무슨 관계가 있는가?

---

66) *Conjectures of a Guilty Bystander*, p. 85).
67) *Witness to Freedom*, p. 284.
68) *The Hidden Ground of Love*, p. 211.

관상과 사회적 이슈들

1960년대의 머튼에게 있어서, 관상은 미국과 세계를 혼란스럽게 하는 사회적 이슈들과 상당히 큰 관계를 맺고 있었다. 만약 관상이 나를 하나님과 하나 됨에, 그리고 하나님 안에서 하나님의 모든 피조물과 나의 하나 됨에 깨어 있게 한다면(그것은 반드시 그래야만 한다), 미국과 세계를 혼란에 빠뜨리는 것들은 반드시 나의 관심이 되어야 한다고 머튼은 말한다. 1963년 6월 25일에 다니엘 베리건Daniel Berrigan에게 보낸 편지에서 머튼은 다음과 같이 썼다. "만약 사람이 그 '관상' 안에서 하나님을 듣지 않는다면 과연 관상적인 삶이란 무엇일까요? 만약 사람이 세계와 그분의 교회 속에서 사람의 권리와 하나님의 진리를 감지하지 못한다면 관상적인 삶이란 무엇일까요?"69)

"가톨릭 노동자" The Catholic Worker 기사

전쟁에 반대하는 사회 활동 영역으로의 첫 번째 등장은 1961년에 발간된 '가톨릭 노동자'The Catholic Worker의 이슈 란에 쓴 전쟁에 관한 글이다. 그가 『가톨릭 노동자』에 보낸 글은 "전쟁의 뿌리는 두려움입니다"라는 제목으로 『새 명상의 씨』의 한 장이 되었다. 이 책의 장에 세 개의 긴 문단의 글을 첨가하였다. 검열 후에 이 글들이 첨가되었기 때문에, 이 글들은 검열관들이 보지 않았다. 만약에 검열관이 그 글들을 보았다면, 그 글들은 아마 발간되지 못했을 것이다. 순진하게든 혹은 부주의하게든, 머튼은 이러한 "조그만" 누락의 상황을 가볍게 생각하

---

69) *The Hidden Ground of Love*, p. 79.

고, 도로시 데이에게 자신이 책에 썼던 내용을 현재의 위기 상황에 맞추어 간단히 서술하였노라고 말했다. 사실 이 글들은 매우 선동적이다. 전 세계에 영향을 준 전쟁의 광분을 애통해 하면서, 그는 미국만큼 이러한 광분에 시달림을 받는 국가는 없다고 선언하였다. 그는 그의 가톨릭 동료들에게 도전하면서, "그들에게 문제들의 비폭력적인 해결과, 국제적 혹은 시민간의 분쟁을 해결하는 방식으로서의 전쟁이 점차로 폐기되어 가는 길"에서 선두에 설 것을 촉구한다.70)

목표는 "전쟁의 폐기"이고, 그것을 이루는 수단은 "비폭력"이라는 점에 주목해야 한다. 그는 계속해서 말한다.

> 그리스도인들은 모든 가능한 방법 안에서 적극적이어야 합니다…많은 연구를 해야 하고, 많이 배워야 합니다. 평화가 설교되어야 하고, 비폭력이 실제적인 방법임이 설명되어야 합니다. …기도와 희생이 가장 효과적인 영적 무기로 사용되어야 합니다. …우리는 또한 기꺼이 희생하여야 하고, 다른 사람들과의 관계에서 우리의 폭력적이고, 공격적인 본성을 제한해야 합니다. …그것이 우리 시대의 그리스도인들이 가질 위대한 사명인 것입니다.71)

---

70) Thomas Merton, ed. William H. Shannon. *Passion for Peace*(『평화에의 열망』): *The Social Essays of Thomas Merton*, (New York: Crossroad, 1995.), p.12.
71) *Passion for Peace: The Social Essays of Thomas Merton*, pp. 12-13.

사티아그라하 Satyagraha

2년 전인 1959년 7월 9일, 머튼은 도로시 데이에게 다음과 같이 편지했다. "나는 당신의 평화를 위한 증언에 깊은 감동을 받았습니다. 당신이 '사티아그라하'72)를 따라 그렇게 한 것은 아주 정당한 것입니다. 다른 길은 없습니다…"73) 1964년에 그는 올라프 앤더슨에게 보다 더 절박하게 다음과 같이 썼다.

> 만약 우리가 이 지구상에서 의미 있는 인간 사회를 보존하려고 한다면, 우리는 사티아그라하의 교훈을 배워야만 합니다. 나는 이것을 전적으로 확신합니다. 그것은 절대적으로 가장 중요한 것입니다.74)

나는 머튼이 사용한 '사티아그라하'라는 용어를 두 번이나 인용했는데, 여러분들은 아마 '도대체 그것의 의미가 무엇일까?' 궁금해 할 것이다. 사실 그것은 산스크리트어로, 모한다스 간디가 인도인의 권리를 위하여 먼저는 남아프리카에서 그리고 인도에서 행한 그의 투쟁 안에 담긴 중심적인 사상을 설명하기 위하여 만든 신조어이다. 그 중심 사상은 정의, 진리, 사랑, 평화를 위하여 투쟁하는 비폭력적인 삶의 방식과 행동전략이다. '사티아그라하'에 헌신한 사람들을 '사티아그라히스' Satyagrahis 라고 부른다. 만약 당신이 좋은 사전을 참고한다면, '사티아그라하'라는 단어가 완전히 수용할 만한 것임을 알게 될 것이다. 그렇지만 나는 그것이 칵테일파티 석상에서 당신이 들을 수 있으리라 기대하

---

72) 역주: 1919년 인도의 M. Gandhi가 주창한 비폭력 불복종주의
73) *The Hidden Ground of Love*, p.136.
74) *Witness to Freedom*, p.105.

기 어려운 단어이며, 풋볼 경기 혹은 이사회 회의석상(만약 그것이 평화단체의 회의석상이 아니라면)에서는 더욱 듣기 어려운 단어라는 것을 말해야겠다.

간디가 원래 이런 종류의 투쟁을 묘사하기 위하여 채용한 단어는 "상해 없음"을 뜻하는 산스크리트어 "아힘사" $_{ahimsa}$였다.75) 이제 간디에게 있어서 아힘사는 모든 실재하는 것들의 연합이라는 영적 진리에 기초하였고, 따라서 그것은 긍정적인 어떤 것을 의미하게 되었다. 그러나 문자적으로 그것을 번역하면, 그것이 사용되던 문화 속에서 건져 올린 연합의 의미가 상실되고, 따라서 번역 상으로 그것은 부정적인 의미를 취하는 경향을 가지게 된다. 즉 악에 대하여 아무것도 하지 않는 것이다.

반면에 '사티아그라하'는 그 진리에 매달려 있는 것을 의미한다. 간디는 종종 그것을 진리의 힘 혹은 영혼의 힘 혹은 사랑의 힘으로 언급한다. 그러나 간디가 아힘사 안에서 말해지는 모든 것과 그 안에서 의미하는 모든 것을 끄집어내기 위하여 이 단어를 사용하였다는 것은 명백할 것이다. 그는 진리의 추구는 적에게 상처를 주고 폭력을 가하는 것이 될 수 없다는 입장을 견지했다. 하지만 그렇다고 그것이 수동적이라는 것을 의미하지는 않는다. 왜냐하면 수동적인 태도는 진리의 추구를 포기하고, 모든 실재하는 것의 합일로 인하여 우리에게 지워진 책임성을 무시하는 것을 의미하기 때문이다.

'사티아그라하'의 사용이 약간은 격식적인 것 같고, 많은 사람들이 이해하지 못하기 때문에, 이를 지지하는 우리 서구인들은 그 산스크리트어의 의미를 번역하기 위하여 '비폭력'이라는 단어를 사용하는 경향

---

75) *Himsa*는 "상해"를 뜻한다. 접두부정어 'a'는 명사의 의미를 부정한다. 그러므로 문자적으로 상해 없음, 비폭력의 의미가 된다.

이 있다. 자주는 아니지만 우리도 역시 간디가 다루어야 했던 문제에 직면하게 된다. 즉 '비폭력'이 아힘사와 같이 부정적으로 들린다는 것이다. 그 문제를 해결하는 한 가지 방법은 그것을 "능동적 비폭력"으로 언급하든지 혹은 비폭력의 동의어로 "무조건적인 사랑"을 생각하는 것이다.

이제 우리는 "가톨릭 노동자"의 1961년 10월호 기사의 세 문단으로 된 선동적 서문에서 머튼이 사용한 단어로 돌아갈 수 있을 것이다. 당신은 그가 그의 독자들에게 비폭력적 삶을 선택하도록 도전했다는 것을 기억할 것이다. 이러한 목적으로 비폭력이야말로, 난제를 해결하고, 전쟁을 점차 불식시키며, 다른 사람들과의 관계에서 우리의 폭력성과 공격성의 본성을 극복하는 실제적인 방법임을 사람들에게 가르쳐야 한다. 이어지는 글에서 그가 전쟁과 평화에 대하여 쓴 대부분의 글은 비폭력과 그것이 말하려고 하는 진정한 긍정적 의미를 설명하려는 노력이다.

무엇이 머튼을 비폭력으로 이끌었는가?

이러한 질문이 자연스러운 것이다. 진정한 그리스도인의 삶에 있어 비폭력이 그렇게 중요한지에 대한 관념을 머튼은 어디서 얻었는가? 그 질문은 제기되어야만 하는데, 왜냐하면 분명히 그는 그의 시대의 로마 가톨릭 전통에서 그것을 발견하지 않았기 때문이다. 그의 시대의 윤리신학 교과서에는 비폭력에 대한 언급이 없었다. 1500년 동안 가톨릭교회의 전쟁에 대한 입장은 비폭력이 아닌 "정당전쟁이론"just war theory[76]으로 정의되어 있었다. 사람들은 1960년대의 가톨릭의 글 속에서 비폭력을 옹호하는 내용을 찾으려고 헛수고 할지도 모르겠다. 나는 머튼이 사제가 되기 위한 준비의 일환으로 윤리신학을 공부하고 있었던 시기에 가톨릭 신학교에서 공부했었다. 그것은 1940년대였다. 그는 내가 사용한 책을 같이 사용했다(바티칸 제2 공의회 이후까지 가톨릭 신학교의 표준적인 책들이다). 나의 어느 교과서나 어떤 수업에서도 비폭력에 대한 언급을 듣지도 보지도 못했고, 그것에 대한 토론에서는 더욱 그랬다. 대체적으로 미국 가톨릭교회는 미국이 전쟁을 하면 그것은 정당할 것이라고 느끼는 애국적인 사람들이 많았다. 그들은 비폭력을 옹호하는 사람들에게는 의혹을 가지고 있었다. 그렇게 할 정도로 용기 있는 소수의 사람들이 평화를 위한 가능한 수단으로의 비폭력에 관한 아주 간단한 언급이라도 교회의 문서에서 발견하기 위해서는 현대 세계 속의 교회*Gaudium et Spes*에 대한 바티칸 제2 교서까지 기다려야 했다. 그리고 그 교서는 1965년까지 공의회에서 통과되지 못했다.

여기서 질문은 계속된다. 어디서 머튼은 비폭력을 발견했으며, 어디서 비폭력이 인류의 미래를 위해 가장 중요한 것이라는 깊은 확신을 가지게 되었는가? 나는 그가 신약성서와 그리스도의 가르침에서 그것을 발견했다고 이야기하고 싶다. 그러나 사실 그는(그리고 또 많은 다른 그리스도인들도) 모한다스 간디의 글들과 삶에서 비폭력을 발견하였

---

76) 정당전쟁이론은 기독교이전의 자료들(스토아 철학자들이나 키케로)에 기원한다. 기독교적인 정당전쟁이론은 암브로시우스에 의하여 최초로 형성되었다가 아우구스티누스(354-430)에 의하여 완성되었다. 그리고 어거스틴의 입장은 아퀴나스에 의하여 답습되었으며 현대에 이르기까지 거의 대부분의 개신교와 가톨릭교회의 전쟁윤리의 핵심으로 수용되어왔다. 정당하기 위하여 전쟁은 (1) 적법한 권위(competent/legitimate authority)에 의하여 선포되어야 하며, (2) 정당한 원인(just cause), (3) 올바른 의도(right intention), (4) 정당한 수단(proportionate means, 이것은 무고한 비 전투요원에 대한 공격을 하지 않는 것을 포함한다), 그리고 (5) 합리적인 성공에 대한 희망(reasonable hope for success)을 가지고 있어야 한다. 핵무기와 대량학살을 감행할 수 있는 살상무기의 출현으로 인하여 오늘날 더욱 더 많은 사람들이 이 정당전쟁의 가능성에 대하여 질문을 제기하고 있다.

다. 그리고 그것이 사람들이 평화 속에서 함께 살아갈 수 있는 유일한 길이라는 확신을 도출하게 된 것은 간디로부터이다. 그러면 간디는 어디서 비폭력을 발견하였을까? 바로 예수 그리스도의 가르침 속에서이다! 특별히 산상수훈에서 말이다! 부활하신 그리스도는 그가 그토록 명백히 비폭력에 대하여 가르친 것을 그리스도인들이 발견하는데 거의 20세기가 걸렸다는 아이러니에 미소 지으셨을 것이다. 그뿐 아니라, 그들을 이러한 발견으로 인도한 것이 그들의 성서학자들이 아니고, 그리스도인이 아닌 어떤 사람이라는 아이러니에 대하여 말이다. 간디는 약간의 과장법과 유모적인 감각으로 예수가 비폭력을 가르쳤다는 것을 알지 못하는 유일한 사람들이 그리스도인들이라고 어떤 기회에 말했다고 한다.

머튼과 간디

제1장에서 언급한 바와 같이, 간디에 대한 머튼의 관심은 영국의 오캄 스쿨 시절의 십대로 거슬러 올라간다. 그 관심은 수도원에서 다시 표면화되었다. 1956년 초의 그의 독서노트에는 비폭력에 대한 간디의 이해에 관한 메모로 가득하다. 1964년에 머튼은 잡지 『램파트』 Ramparts 에 "간디: 온화한 혁명가"라는 제목으로 글을 썼다. 그 다음 해에 그는 『쥬빌리』 Jubilee 에 "간디와 외눈박이 거인"이라는 제목으로 기고했는데, 이 글은 같은 해 출간된 간디 선집의 서문이 되었다.

전적 헌신을 요구하는 비폭력

비폭력을 통하여 머튼이 의미하는 것은 무엇일까? 우선 그것은 전부가 아니라면 아무것도 아닌 것이 되는 실재이다. 그것은 한 사람의 삶의 모든 것과 한 사람의 특정한 삶의 방식으로부터 흘러나오는 책임들의 모든 것을 포함한다. 이것으로 내가 의미하는 바는 어떤 삶의 영역들에서는 비폭력적이기를 선택하면서 또 다른 상황에서는 폭력적으로 행동한다는 것이 가능하지 않다는 것이다. 어떤 사람들에게는 비폭력적이면서 다른 사람들에게는 폭력적으로 행동할 수 없다는 것이다. 그것이 먹힐 때에는 비폭력을 사용하면서 그렇지 않을 때는 그것을 포기하는 결정을 할 수 없다. 비폭력은 전 인격에 그리고 모든 상황에 관여한다. 그것으로부터의 탈출구는 없다.

이런 방식의 삶과 행동은 내가 하룻밤에 이룰 수 있는 것이 아니라는 것은 분명할 것이다. 이것은 시간을 요한다. 어쩌면 평생이, 또는 그 이상이 걸릴지도 모른다. 그러나 그들 자신을 그것에 헌신하기로 선택한 사람들은 사회와 사회구조 안에 있는 폭력에 저항하는 것 뿐 아니라, 그들 안에 숨겨져 있는 공격성에게까지 저항하는 투쟁을 기꺼이 받아들여야 한다. 이것은 말하자면 비폭력은 초기 교회 교부들이 그들의 저작들에서 영성의 목적으로 묘사한 순전한 마음을 요구한다는 것이다. 순전한 마음은 "하나님께 대한 무조건적인 그리고 전적 겸손의 복종, 우리 자신과 상황을 하나님의 뜻으로 받아들이는 전적인 수용"[77]을 의미한다. 순전한 마음은 비폭력의 "풍토"이다.

"우리의 상황들을 하나님의 뜻으로 받아들이는 전적인 수용"이 폭

---

77) *Contemplative Prayer*, p.83.

력의 수용을 의미하는 것은 아니다. 폭력이 있는 곳에는 반드시 저항이 있어야 한다. 이것이 비폭력의 핵심적인 원리이다. 비폭력적인 사람은 폭력에 직면하여 결코 수동적일 수 없다. 수동성은 비겁한 것이다. 사실 그것은 사람이 밖으로 드러내기를 두려워하는 상당한 정도의 미움과 마음속의 폭력을 감추는 가리개이다. 그러한 수동성은 사람에게 적합하지 않다. 간디는 그러한 거짓된 비폭력보다 솔직하게 힘에 의지하는 편을 선호할 것이라고 말한다. 적어도 힘에 의지해온 사람은 폭력에 언제나 저항하여야 한다는 사실을 깨닫고 있는 것이다. 그러나 간디와 마틴 루터 킹 목사와 토머스 머튼은 다음과 같이 주장할 것이다. 악에 저항하는 것에 더 낫고, 궁극적으로는 보다 효과적인 길이 존재한다. 바로 그것은 비폭력의 길이다.

비폭력과 관상

비폭력적인 사람에게 동기를 부여하는 비전은 우리 모두가 하나님 안에서 하나라는 관상적인 비전이다. 비폭력은 그들과 우리 사이에 전제되어 있는 분리 위에 세워질 수 없다. 그것은 오히려 근본적인 일체성을 바라보는데, 이것으로 인하여 모든 하나님의 피조물이 서로 연합되어 있다. "비폭력은 악한 자가 선한 자의 생각으로 회심하기 위하여 있는 것이 아니라 사람이 그 자신과, 인격체로서의 사람과, 그리고 인간 가족으로서의 사람과 화해하고 치료받기 위해서 있다."[78]

---

[78] *Passion for Peace: The Social Essays of Thomas Merton*, p.249.

진리에의 헌신

그러므로 비폭력의 근본적인 헌신은 진리에 대한 헌신이다. 그러나 우리는 내가 모든 진리를 가지고 있다고 생각하는 덫에 걸리기가 너무도 쉽다. 내가 명확히 하고자 하는 것은 내가 위하여 싸우고 있는 진리가 나 자신의 진리가 아니라, 궁극적 실재에 기초하고 있고 그러므로 모든 사람에게 참된 진리라는 것이다. 우리의 신실함의 시험은 이것이라고 머튼은 지적한다. 즉, 우리는 상대로부터 무엇인가를 기꺼이 배우려고 하는가? 상대방(그나 그녀)을 통하여 새로운 진리가 우리에게 알려진다면, 우리는 그것을 수용할 것인가? 나는 최근에 별로 중요하지 않은 문제를 가지고 어떤 사람과 토론(논쟁?)한 것을 기억한다(내가 다음 날 가야 하는 한 수도원에 도착하기 위해 어떤 한 주간(州間, interstate) 고속도로를 통과하여야 하는지 아닌지에 관한 토론). 나중에 이 토의에 대하여 생각하면서, 토론의 열기 가운데 우리 둘 다 진리를 찾기 보다는 자신이 옳다는 것을 주장하는데 더 관심을 가졌던 것이 아니었나 하는 생각을 하였다. 물론 이것은 별 문제가 아니었고 우리가 다시 만났을 때 의견의 불일치로 인해 우리가 화낸 데 대하여 웃을 수 있었다. 하지만 이것은 우리가 "옳아야 한다"는 필요가 얼마나 쉽게 자신의 거만함이 될 수 있는지를 보여주는데, 이것처럼 우리는 어떤 반대 의견이 때로 우리가 전혀 예상하지 못했던 길을 우리에게 비추어 줄 수 있다는 점을 보지 못하게 된다.

인간의 존엄성에 대한 존경

그러므로 비폭력은 압제자를 비인격체로 보는 것을 거부한다. 따라서 그것은 압제당하는 사람들뿐 아니라 그의 폭력으로 그나 그녀가 자유하지 못하게 하는 압제자까지도 해방하여 자유하게 한다. 따라서 비폭력은 압제자의 진정한 선을 갈망한다. 비폭력의 사람은 압제자와 압제당하는 자가 하나라는 의식의 수준인 관상적인 안목을 가지고 있기 때문이다. 이것이 바로 예수가 원수를 사랑하라는 것을 통해 의미하는 것이다. 간디는 다음과 같이 썼다. "만약 그가 영원한 사랑의 법에 의하여 우리의 모든 삶을 규정하도록 가르치지 않았다면 그는 헛되게 살다 죽은 것이다."[79] 간디가 어떻게 예수의 죽으심뿐만이 아니라 그의 생애를 영원한 사랑의 법의 가르침으로 이야기하는 지를 주목하라. 간디에게 있어서 "비폭력은 삶의 완성의 길이며, '사티아그라하'는 그 자신의 삶과 그 반대자의 삶과 사회의 변화를 위하여 사랑이라는 수단을 가지고 전적으로 헌신하는 것이다"[80].

비폭력과 사회

능동적 비폭력은 힘에 바탕을 둔 사회의 모순을 벗겨내야 한다. 불행하게도 그 사회의 구성원들에게 모든 자유를 제공하는 것으로 생각되는 풍요로운 산업 사회는 풍부한 사람은 더욱 부해지고, 풍부하지 못한 사람은 더욱 가난해지게 하는 체제적 탐욕과 비밀스런 폭력에 의하여 살아가기 때문에 생존하는 사회이다. 비폭력을 실천하는 사람들은 그

---

79) *Gandhi on Non-Violence*, p.26.
80) *Gandhi on Non-Violence*, p.35.

러한 사회에서 그들 자신이 반드시 이상한 사람들이라는 것을 발견하게 될 것이다. 동시에 그들은 이익에 전념하고 탐욕에 의하여 동기 부여된 사회에 의하여 쉽게 퍼져나가는 경시에 의하여 그들의 가치가 자기도 모르게 상실되지 않도록 조심해야 한다. 머튼이 끊임없이 비폭력의 추종자들에게 그들 자신 안에 찾기 힘들게 쉽사리 감추어진 폭력과 공격성에 대항하여 자신들을 보호하라고 주장한 것은 우연이 아니다. 매번 나는 내가 다른 사람을 무시하고, 어떤 사람을 잔인하게 비하하고, 말을 자르고, 다른 이들의 잘못들을 광고하고 다니면서 폭력적인 사람이 되어가고 있다는 사실을 너무나도 쉽게 잊어버리고 살아간다. 나는 사랑을 요구하는 복음을 거부하고 있다. 나는 나를 형제와 자매와 연결하고, 친구와 원수를 연결하는 관상적인 하나 됨을 잊어버리고 있다. 그리고 나는 항상 나의 공격성과 비천함으로 살아가면서, 무조건적인 사랑을 하는 것처럼 행동하고 있다. 나는 나 자신의 삶과 내가 살고 일하는 곳에 함께 하는 사람들의 삶에 평화와 조화를 가져다주는 위대한 치유와, 순전하게 하고 연합하게 하는 힘을 포기하고 있다.

우리가 새로운 천년을 시작하면서 비폭력은 전성시대를 맞이하고 있다. 『펠로우쉽』*Fellowship*의 최근 이슈란(1996년 7-8월호)에 "능동적 비폭력의 전 지구적인 확산"이라는 제목의 글이 실렸다. 점점 더 많은 사람들이 "갈등을 해결하고, 압제를 극복하며 정의를 세우고, 지구를 보호하며, 민주주의를 세우는 창조적이고, 생활 긍정적인 방법"으로 비폭력을 발견해가고 있다. 우리에게 달려 있는 새로운 세기의 가장 거대한 도전 중의 하나는 비폭력에게 기회를 주는 것이다.

8. 선禪

선禪이 전달해주는 것은 잠재적으로는 거기에 있으나 의식하지는 못하는 것에 대한 앎입니다. 그러므로 선은 케리그마가 아니고 깨달음이며, 계시가 아니고 의식입니다…81)

"선이 가르치는 것은 아무것도 없습니다. 그것은 단지 우리로 하여금 깨어나서 의식을 차리게 하는 것입니다. 그것은 가르치지 않고 가리키는 것입니다."82)

머튼 생애 마지막 10년 동안의 가장 충격적인 특징 중 하나―이것은 우리를 머튼의 주제의 전시관의 완전히 새로운 방으로 인도한다―는 그의 아시아 종교, 특히 선에 대한 열정적인 흥미였다. 30년 전인 1930년대 후반에 그는 동양의 서적들에 잠깐 손을 댔지만 결국 큰 소득이 없이 끝났다. 후에 『칠층산』에서 그가 내린 대략적인 결론은 동양 신비주의는 "악은 아니지만… 그 자체로 별로 유용하지 않은 것이다"는 것이다.83) 40년대와 50년대 동안에 그는 이러한 말들에 표현된 협소성과 전적인 오해 때문에 당혹스러웠다. 그 자신이 서양의 신비적 전통에 몸을 담고 있으면서, 그는 "언어의 형식을 뛰어넘는 경험의 중요성"을 깨닫게 되었다. 이러한 깨달음의 시작은 그로 하여금 선에 있어서 가장 선구적인 현대 인물인 D. T. 스즈키의 저술을 바르게 평가하게 했다.

정확하게 선은 무엇인가? 『신비주의자들과 선의 스승들』 Mystics and

---

81) Thomas Merton, *Zen and the Birds of Appetite*(『선과 맹금』), New York: New Directions, 1968. p. 47.
82) *Zen and the Birds of Appetite*, (pp. 49-50에서 D. T. Suzuki의 말을 인용하고 있다).
83) *The Seven Storey Mountain*, p. 188.

*Zen Masters*에서 머튼이 설명한 바에 따르면 "이것은 위험할 정도로 부담스러운 질문이다."84) "선"은 명상$_{meditation}$을 의미하는 한자인 찬$_{Ch'an}$ 禪,(이것은 영어식 발음이다)에서 유래한다. 그러나 그것을 단순히 명상의 한 방법으로 간주하는 것은 잘못된 것이다. 분명히 그 용어는 서양에서 이른바 추론적으로 사고하기를 의미하는 명상은 아니다. 추론적인 사고는 언제나 주관(생각하기)$_{thinking}$과 객관(사고)$_{thought\ about}$과 관련된다. 선은 그러한 주관과 객관의 구분을 거부한다. 서양인으로서 선을 바라보면서 머튼은 그것을 "주관과 객관을 뛰어넘어 순수한 존재에 대한 존재론적 인식"이라고 정의한다.85) 그러나 선 스승들은 선의 경험을 언어화하는 것을 강력히 거절한다. 머튼은 다음의 말들로 그렇게 하는 것을 다시 한 번 시도한다. 즉, 선은 "전 세계가 내 안에서 인식되며, '나'는 더 이상 나 개인이 아니고, 제한된 자아도 아니며…나의 '정체성'은 존재하는 모든 것들로부터의 분리 안에서 발견되어지는 것이 아니고 하나 됨 속에서 발견되어지는 것이라는 깨달음"이라는 것이다.86)

머튼이 관상에 대하여 말한 많은 것들(특히 『새 명상의 씨』에서)이 선 경험을 묘사하는데 사용될 수 있다는 것은 지적할만한 가치가 있다. 그러므로 바로 그 책의 첫 번째 페이지에서 그는 다음과 같이 썼다. 즉 관상은 "깨어 활동하며, 생명이 살아 있다는 것을 충분히 의식하는 삶 자체입니다." 우리는 쉽게 "관상"을 "선"으로 대체할 수 있으며, 언급

---

84) Thomas Merton, *Mystics and Zen Masters*(『신비주의자들과 선의 스승들』, New York: Farrar, Straus, Giroux, 1967.) p.12.
85) *Mystics and Zen Masters*, p.14.
86) *Mystics and Zen Masters*, pp.17-18.

된 문장들은 각각에 있어서 동일하게 진실된 것일 것이다. 이것은 우리를 다음 질문으로 인도한다. 선과 선불교를 구별할 수 있는가? 머튼의 대답은 긍정적이었을 것이라고 나는 믿는다. 따라서 그는 『선과 맹금』에서 선의식을 설명하기를 "문화를 넘어서고, 종교를 넘어서며, 변화된 의식이다…그것은 빛이 유리가 파란색이거나 녹색이거나 빨간색이거나 노란색이거나 그것을 통과하여 비출 수 있는 것처럼, 선은 이 체제와 저 체제를, 종교적인 것과 비종교적인 것을 통하여 비출 수 있다"87)고 하였다.

머튼은 계속해서 선 경험과 기독교의 관상을 비교한다. 선과 오랜 기간 성과 있게 접촉을 해온 기독교 작가들은 "기독교 선"Christian Zen이나 "선 카톨릭주의"Zen Catholicism가 가능하다고 말한다. 사람은 기독교 전통에 충실하면서, 동시에 기도와 명상이 선의 접근방식을 통하여 더욱 풍성해질 수 있다. 내게는 로마 가톨릭 사제인 좋은 친구가 한 사람 있는데, 그는 그의 영적 지도자로 선 스승을 가지고 있고, 좌선을 수행하기 위하여 정규적으로 도량道場에 간다. 좌선은 앉아서 명상하는 것을 의미하는데, 자기 자신의 깊은 곳으로 들어가기 위하여 노력하며, 주관과 객관이 사라지고 모든 것이 하나가 되는 가장 깊은 공간(그것은 실제로 존재하지 않는 공간이다)으로 "내려가는" 것을 찾는 것이다. 선 학자와 기독교인들이 그 하나$_{oneness}$라는 것을 다른 방식으로 묘사하지만, 그것은 둘 다가 열망하는 깨달음의 목적이다.

일본에는 선 스승이기도 한 로마 가톨릭 사제들이 있다. 일본에서 여러 해를 가르친 윌리엄 존스톤 신부는 『기독교 선』Christian Zen이라

---

87) *Zen and the Birds of Appetite*, p.4.

는 이름의 책을 썼는데, "종교"로서의 선불교와 "명상"으로서의 선을 명시적으로 구분하고 있다.

내가 믿기로 머튼에게 있어 선은 명상으로서의 선(선 스승에 포함되어 있는 모든 것과 더불어)이지 선불교가 아니며, 선과의 만남을 통해 그 자신의 영성과 수도원 전통이 풍성해 지기를 바라고 있었다는 것은 분명하다. 당신이 기독교과 선을 종교로 비교할 수 없다는 것, 다시 말해서 그것들을 교리적인 수준에서 비교할 수 없다는 것을 머튼은 잘 의식하고 있었다. "선의 주제에 지성적이고 신학적인 시비를 건다면 그것은 혼란으로 끝을 낼 것입니다."[88] 선에 접근하는 것은 실재$_{reality}$를 향한 지성적인 접근도 아니고, 인간 존재에 대한 신학적 설명도 아니다. 반면에 기독교는 처음부터 둘 다를 전부 말하는 것으로 보인다.

선은 깨달음이다. 그것은 교리가 아니다. 기독교는 계시이다. 그리고 수세기를 거쳐서 그 계시는 정교한 체계의 교리로 형식화되어왔다. 기독교는 언어적이다. 많은 잉크가 그것의 교리를 해설하는데 쏟아 부어졌다. 선은 언어에는 흥미가 없으나 실질적인 것에는 흥미가 있다. 스즈키는 말했다. "내가 손을 들었을 때, 바로 거기에는 선이 있었습니다. 하지만 내가 손을 들었다고 주장했을 때, 선은 더 이상 거기에 있지 않습니다."[89] 혹은 선은 다음과 같이 말해진다. "달을 가리키고 있는 손가락은 달이 아니다." 당신이 경험을 개념화하고 그것을 언어로 바꾸려고 하자마자 당신은 그것을 객관화하는 것이고 거기에는 경험 그 자체의 말이나 개념이 혼돈을 일으키는 위험이 있는 것이다. 머튼은

---

[88] *Zen and the Birds of Appetite*, p. 33.
[89] 아일레드 그레이엄의 *Zen Catholicism*(『선 보편주의』), p.19.

우리에게 말한다. "선의 전체적인 목적은 경험에 대한 가장 확실한 문장을 만드는 것이 아니고, 논리적인 언어화의 중재 없이 실재를 잡도록 지도하는 것입니다."90) 어떤 선 스승은 그것을 다음과 같이 말한다. "개념적인 지식과 이해가 아무리 거대할지라도, 실질적인 경험에 직면하여, 개념들은 타고 있는 불 위로 떨어지는 눈송이와 같습니다."91) 흥미롭게도 토머스 머튼이 초기에 『진리로의 상승』 The Ascent to Truth 에서 비슷한 말을 했었다. 나는 이것을 하나님에 대하여 말하면서 언급하였었지만, 여기서 다시 한 번 반복할 가치가 있다고 본다. 그는 우리가 하나님에 대하여 가지고 있는 개념인 "사랑", "지성", "힘" 같은 것을 우리가 밝히는 작은 성냥과 같은 것이라고 말했다. "우리가 이러한 작은 성냥들을 밝히자마자…무제한적으로 모든 개념들을 능가하는 하나님의 엄청난 실체가 암흑의 폭풍과 같이 우리에게 불어와서는 그 불들을 꺼버리는 것입니다."92) 기억해야 할 중요한 점은 이러한 말들이 머튼 책의 아주 초기93)에 나타났다는 것, 즉 머튼이 선과의 아주 심도 있는 접촉을 가지기 전에 나타났다는 것이다. 그것은 결국에 그로 하여금 선을 이해할 수 있게 한 기독교 신비 경험에 대한 그의 이해였다.

교리적인 수준에서 선과 기독교를 비교하는 것—기독교 교리는 엄청난 중요성을 가지고 있고, 선은 부차적이라고 하는 것—이 쓸데없기는 하지만, 여전히 둘의 만남에 있어서 중요한 점이 있다. 경험의 수준에

---

90) *Zen and the Birds of Appetite*, p.37.
91) Abbot Zenkei Shibayama, *A Flower Does Not Talk*(『꽃은 말하지 않는다』), (Vermont: Tuttle, 1970.), p.23.
92) *The Ascent to Truth*, p.106.
93) *The Ascent to Truth*은 1951년에 출판되었다.

서 말이다. 선은 분명히 경험에 우선을 둔다. 하지만 기독교도 제대로 이해된다면 그렇다. 기독교는 선과는 달리 계시로부터 출발한다는 것은 사실이다. 그러나 이러한 계시를 단순히 교리로 생각하는 것은 엄청난 오해이다. 그것은 성령을 통하여 그리스도 안에서 하나님을 경험하도록 부르고 계시는 하나님의 자기계시인 것이다. 이러한 계시가 글이나 문장으로 전달된다고 생각하면서, 기독교인들은 언제나 이러한 문장들의 정확한 의미와 그것들의 정확한 형식들에 깊이 관심을 가져왔다. 그럼에도 불구하고, 기독교 신학자들은 언제나 그런 형식이 하나님의 자기 계시를 적절하게 담을 수는 없다고 이해해왔다. 그러나 우리는 역사가 이 사실을 명백히 증명한다는 것을 인정해야만 한다. 즉, 이른바 올바른 교리 형식들에 대한 강박관념은 사람들로 하여금 기독교의 핵심은 "모든 개념적 형식을 초월하는 그리스도와의 연합이 살아있는 경험"94)에 있다는 것을 잊게 했다는 것 말이다.

이것이 사도시대 교회의 이해였다. 초대교회의 케리그마는 예수와 그의 죽음, 부활에 대한 어떤 명제의 진술이 아니었다. 그것은 그의 죽음과 부활의 실체로 참여하라는 설교였던 것이다. 그것은 영생을 맛보고 경험하라는 부름이었다.

> 우리는 이 영원한 생명을 여러분에게 증언하고 선포합니다. 이 영원한 생명은 본래 아버지와 함께 계시다가, 우리에게 나타나신 것입니다. 우리가 보고 들은 바를 여러분에게도 선포합니다. 그것은 여러분으로 하여금 우리와 서로 사귐을 가지게 하려는 것입니다. 우리의 사귐은 아버지와 또 아버지의 아들 예수 그리스도와의 사

---

94) *Zen and the Birds of Appetite*, p.39.

귐입니다(요일 1:2-3).

기독교는 행동의 변화 훨씬 이상의 것을 의미한다. 그것은 우리 의식의 변화를 요구하고 있다. 그리고 그것이 이러한 방식, 진실로 선과 같이 이해된다면, 그것은 질적 변화의 경험, 적당한 언어로 바꿀 수 없는 그런 경험을 포함하는 것이다.

초기 기독교 저자들 사이에서 신학이 교리에 대하여 생각했다기보다는 교리들이 표현하고자 시도한 실체의 실질적인 경험에 대하여 생각했다는 것은 주목할 만한 가치가 있다. 그리스어인 "*theologia*"는 우리가 오늘날 "관상"이라고 부르는 단어를 표현하기 위한 말이었다.

만약 그 용어에 의하여 우리가 "신학을 기독교 관상에서 경험되어지는 것"(즉 그리스어 "*theologia*")으로 의미를 둔다면, 머튼은 "신학"을 편람이나 교과서의 이론신학이라기보다는 기독교와 선 사이의 상응관계를 발견하게 하는 실질적인 장으로 보게 되었다. 『선과 맹금』 *Zen and the Birds of Appetite*에서 그러한 상응관계를 세심하게 탐구한다. 이 책은 선에 관한 그의 수많은 글들을 모아놓은 것이다. 머튼은 그 복사본을 아시아로 가지고 가서 달라이 라마에게 선물하길 원했으나 그는 그렇게 할 수 없었다. 왜냐하면 그는 아시아로 10월 16일에 떠났고, 5일 후에 달라이 라마를 만나기로 되어 있었는데, 그 책은 1968년 10월 31일에야 발간되었다. 이 책이 발간되고, 약 5주 후에 이상하고 갑작스러운 죽음(겟세마니 수도원에서 수 천마일 떨어진 방콕에서)이 모든 경험들을 초월하는 경험 속으로 머튼을 데리고 갔다.

제4장

머튼 도서관, 무엇을 먼저 읽을까?

집필 작업은 내 삶이 내 안에서 살 수 있도록 도와주는 창의적인 반추와 깨달음을 하게 함으로써 내게 단순하게 존재하는 기쁨을 느끼게 해 주는 듯하다. 내게 집필은 사랑과 같다. 이것은 내게 질문을 하는 것이고, 찬양하는 것이며, 고백하는 것이나 호소하는 것이고…내가 나라는 것을 확인하는 것이 아니라(나는 집필한다, 그러므로 나는 존재한다), 내 삶과 세상과 사람들에게 진 빚을 갚는 것이다. 열린 마음으로 거리낌 없이 말하고 내게 의미가 있는 것을 말하는 것이다.[1]

내가 쓴 모든 좋지 않은 글들은 의무의 포고와 처벌의 공고인 권위주의적인 것들이었다. 좋지 않은 이유는 그것이 사랑의 결여를 보여주기 때문이고, 좋은 것은 아직 사랑이 담겨 있을 지도 모른다는 것이다. 제일 좋은 것은 직접적인 고백과 증언이었다.[2](위의 자료)

내가 더 만족스럽게 느끼는 작품들은 조금 더 개인적이고, 개방적이고, 묵상적인 것들이다. 『죄인된 방관자의 억측』이나 『새

---

1) 미발행 기록 CI, 1966, 시라큐스 대학도서관.
2) 미발행 기록 CI, 1966, 시라큐스 대학도서관.

명상의 씨』, 『요나의 표적』, 『말할 수 없는 자들에 대한 급습』, 혹은 문학적인 에세이나 시들, 아니면 장자나 간디, 사막의 교부와 같은 사람들의 소개와 같은 것들… 『논란의 질문들』 Disputed Questions 에 수록되어 있는 "고독의 철학에 관한 이야기" Notes on a Philosophy of Solitude 가 가장 중심적이다.3)

집필에 관해, 나는 지금과 같이 동시에, 양심적으로 묵상과 같은 것들이 중요하다고 해도 이런 것들만 쓸 수 없다고 느낀다. 나는 또한 다소 소소하고 부차적인 수도승 연구에만 머리를 담글 수도 없다. 나는 큰 문제들, 즉 삶과 죽음의 문제들을 다루어야 한다고 생각한다. 그리고 이 문제들은 모두가 두려워하는 것이다.4)

1963년 머튼은 잡지 "샌프란시스코 이그재미너" San Francisco Examiner 의 편집장에게서 책과 독서에 관한 질문서에 응답해주길 바란다는 편지를 받았다. 머튼이 건네준 자신이 읽은 책들이나 자신에게 영향을 준 서적들의 목록은 대부분의 다른 응답자들의 목록과 꽤 달랐으리라 확신한다. 성 안셀름의 "서문" Proslogion 이나 마이스터 에크하르트의 설교, 윌리엄 블레이크의 시 작품들, 아이슐루스와 소포클레스의 연극들을 목록에 적은 사람은 많지 않으리라. 머튼은 그가 부탁받은 대로 자신이 영향을 받은 책들에 대해 설명했는데, 그는 "이 책들과 이 책들과 비슷한 책들은 내게 삶의 진정한 의미를 알게 해주었고, 판매만이 전부인 문화로 인해 조성된 필요에 의한, 그리고 수동적인 것에 완전히 담궈진 존재의 허무함과 혼란에서 벗어날 수 있도록 해주었다"라고 적었다.5)

---

3) June Yungblut에 보낸 편지, 1968년 3월 6일, *The Hidden Ground of Love*, pp. 641-642.
4) 도로시 데이에게 보낸 편지, 1961년 8월 23일, *The Hidden Ground of Love*, p.140.

만약 우리가 온전한 사람으로 진정한 세상에서 살기 원한다면 인간 삶의 진정한 목적을 발견하고, 이익의 축적을 삶의 가장 중요한 목적으로 여기는 얄팍한 문화를 피하는 것은 우리 삶의 소중한 목표로 삼아야 할 것이라고 생각한다. 머튼의 독서가 그를 이러한 목표들을 향해 가게 했듯이 우리들이 머튼 작품을 탐독할 때 같은 일이 일어날 수 있으리라는 것이 나의 신념이다.

앞 장에서 머튼 작품의 주제를 소개하려 노력했다. 이 장에서는 그러한 중요 테마들이 나타난 작품들을 다루어 보길 원한다. 나는 이 장을 "머튼 도서관"The Merton Library이라고 부르고 싶다. 이 제목을 택할 때 나는 옥스포드 영어 사전에서 "도서관"이라는 단어를 찾아보았고 몇몇 의미를 찾을 수 있었다. 이 단어는 "대규모의 책들이 수집되어 있는 건물"이나 그러한 건물에 있는 "대규모로 수집된 책들"을 말할 수도 있다. 뒤의 의미는 흔하지 않다. 대부분의 경우, 사람들은 "내 도서관"을 이야기할 때 자신의 집에 있는 어떤 특정한 방을 의미하기보다는 자신의 책들을 이야기한다. 이것이 내가 여기서 의미한 것이다.

이 장의 목적

그의 책들을 평가하기 전에, 머튼이 자신의 책들에 대해 어떻게 생각했고 어떤 것들이 그가 좋아하던 것인지 알아보는 것이 도움이 될 것이다. 나는 이것을 내가 그의 책들 중 중요하다고 치는 것들에 대해 논의해 보는 것과 함께 머튼 도서관에서 가장 유익하게 읽을 책의 순서를 권하

---

5) *Witness to Freedom*, p.166.

는 방식으로 나타내 보고자 한다.

머튼의 자기 책들에 대한 의견

여러 곳에서 머튼은 그의 작품에 대한 분류와 평가를 제공했다. 1968년 6월 17일에 쓴 편지6)에 그는 그의 작품들을 세 기간, 즉 (1) 1938년 (11월 16일) 그의 변화부터 1949년 (5월 26일) 서품식까지, (2) 1949년부터 1960년 『논란의 질문들』 Disputed Questions 이 출판된 년도까지, 그리고 (3) 1960년 이후로 나누고 있다.

머튼의 분류

첫 번째 시기 : 1938. 11. 16~1949. 3. 26.

『30편의 시』 (*Thirty Poems*, 1944)
『갈라진 바다에 선 사람』 (*A Man in the Divided Sea*, 1946)
『칠층산』 (*The Seven Storey Mountain*, 1948)
『명상의 씨』 (*Seeds of Contemplation*, 1949)
『세속 일기』 (*The Secular Journal,* 1959년 발행되었으나 겟세마니 이전의 일기들이다)

두 번째 시기: 1949~1960

『요나의 표적』 (*The Sign of Jonas*, 1953)
『아무도 섬은 아니다』 (*No Man Is An Island*, 1955)
『이상한 섬들』 (*The Strange Islands*, 1957)

---

6) Thomas Merton, "to Sister John Marie". *School of Charity*, pp. 384-85.

『고요한 삶』(*The Silent Life*, 1957)
『고독 속의 사색』(*Thoughts in Solitude*, 1959, 그러나 1953년 대부분 쓰였다)
『혼란의 질문들』(*Disputed Questions*, 1960, 세 번째 시기로 넘어갈 수도 있다)

세 번째 시기: 1960년 이후

『분노의 계절의 엠블럼』(*Emblems of a Season of Fury,* 1963)
『파괴의 씨』(*Seeds of Destruction,* 1964)
『비폭력의 간디』(*Gandhi of Non-Violence,* 1965)
『장자의 도』(*The Way of Chuang Tzu,* 1965)
『말할 수 없는 자들에 대한 급습』(*Raids on the Unspeakable,* 1966)
『죄인된 방관자의 억측』(*Conjectures of a Guilty Bystander,* 1966), 등

1968년 글을 썼을 때, 머튼은 첫 번째 기간의 특징을 내세적이며, 금욕적이며, "첫 열정"을 가진 시기라고 했다. 겟세마니에서의 삶이 엄격하였고, 열정적인 수도사였던 머튼은 그 모든 것을 포용한 상태였다. 머튼이 수녀 존 메리에게 "대부분의 사람들은 호의적으로든 호의적이 아니든 이 시기로 나를 평가하고 내가 많이 변했다는 것은 몰라요"라고 이야기했다.

두 번째 시기에 그는 그가 말했듯 "다시 세상을 향해 열기" 시작했다. 이 기간에 그는 정신분석학, 선禪, 실존주의에 관한 책들과 다른 여러 종류의 문학 책들을 읽었다. "하지만 이것의 결과는 세 번째 시기까지 확실히 드러나지 않았다"라고 그는 말했다. 확실히 그는(그의 인생에서 마지막 년도에 그가 쓴 점을 기억하면) "이제 나는 선禪과 산문적 시들의 새로운 종류의 시험적인 창조성, 풍자문학 등을 공부하면서 더욱

더 발전하고 있다"라고 말하였다.

　같은 편지에서 그는 그의 작품의 변화가 어떻게 독자들에게 영향을 미쳤는지 이야기하고 있다. "하나는 항상 『고독 속의 사색』Thoughts in Solitude까지의 초창기 작품들에서 많은 것을 얻는, 하지만 다른 작품들에 대해 전혀 들어보지 못한, 견고하게 단결된 집단의 사람들이 있다. 이런 사람들은 영적인 삶에 관심이 있고 여러 가지 면에서 다소 보수적인 경향을 띤다." 결과적으로, 그가 느끼기로는, 두 머튼이 존재한다. 하나는 금욕적이고, 보수적이며, 전통적이고 수도원적이다. 다른 하나는 급진적이고 독립적이고 다소 시와 운율, 히피와 같다. 그는 양쪽 다 "가톨릭 사상과 오늘날 미국 안에서의 삶의 현재 보조"에 맞지 않다고 암시한다. 그의 인지도가 60년대 말에 쇠약해졌기에 그의 생각이 맞았다고 믿는다. 하지만 1978년, 그가 죽은 지 10년 되던 해에 그의 작품의 인지도는 힘찬 부활을 겪게 된다. 그 후에도 그 부활은 증대해 갔고 잦아들 기미는 보이지 않았다. 완전히 대조되게도 말이다.

그 자신의 작품들에 대한 머튼의 그래프 평가

　1967년 머튼은 그의 작품들을 평가하는 그래프를 만들었다. 그는 기본적으로 같은 뜻을 담고 있지만 제목은 약간 다른 작품들을 구별하기 위해 두 개의 다른 분류법을 사용했고, 이것은 두 개의 다른 경우를 위해 만들었다. 아래의 카테고리는 아주 좋음best, 꽤 좋음better, 좋음good, 보통less good-or fair, 나쁨poor, 꽤 나쁨very poor-or bad, 아주 나쁨awful으로 구분된 목록이다.

머튼의 평가

아주 좋음
  없음

꽤 좋음(better)
  『30편의 시』(*Thirty Poems*)
  『칠층산』(*The Seven Storey Mountain*)
  『명상의 씨』(*Seeds of Contemplation*)
  『눈먼 사자의 눈물』(*Tears of the Blind Lions*)
  『요나의 표적』(*The Sign of Jonas*)
  『고요한 삶』(*The Silent Life*)
  『고독 속의 사색』(*Thoughts in Solitude*)
  『사막의 지혜』(*The Wisdom of the Desert*)
  『새 명상의 씨』(*New Seed of Contemplation*)
  『파괴의 씨』(*Seeds of Destruction*)
  『장자의 도』(*The Way of Chuagn Tzu*)
  『분노의 계절의 엠블럼』(*Emblems of a Season of Fury*)
  『말할 수 없는 자들에 대한 급습』(*Raids on the Unspeakable*)
  『죄인된 방관자의 억측』(*Conjectures of a Guilty Bystander*)

좋음(good)
  『갈라진 바다에 선 사람』(*A Man in the Divided Sea*)
  『아무도 섬은 아니다』(*No Man Is An Island*)
  『이상한 섬들』(*The Strange Islands*)
  『새사람』(*The New Man*)
  『논란의 질문들』(*Disputed Questions*)
  『신비주의와 선의 스승들』(*Mystics and Zen Masters*)

보통(less good-or fair)

　『묵시의 특징』(*Figures for an Apocalypse*)
　『실로의 물』(*Waters of Siloe*)
　『진리로의 상승』(*Ascent to Truth*)
　『광야의 양식』(*Bread in the Wilderness*)
　『교부들의 최후』(*The Last of the Fathers*)
　『삶과 거룩함』(*Life and Holiness*)

나쁨(poor)

　『생명의 양식』(*The Living Bread*)
　『영적 지도와 묵상』(*Spiritual Direction and Meditation*)
　『축제의 계절』(*Seasons of Celebration*)

아주 나쁨(very poor-or bad)

　『영광으로 끝난 출애굽』(*Exile Ends in Glory*)

형편없게 나쁨(awful)

　『이 상처는 무엇인가?』(*What Are These Wounds?*)

머튼의 그래프[7]

이 머튼의 그래프는 그의 31개 작품을 분류한 것이다. 이것은 다른 소소한 작품들과 1968년 출판된 3개의 작품들을 포함하지 않았다. 또한 머튼 사후에 출판된 30권 이상의 작품들(그의 편지들이 담긴 5권의 책들과 저널이 담긴 7권의 책들을 포함한)도 포함되어 있지 않다. 확실

---

[7] 이 평가에 머튼의 생존 시에 출판된 작품들 중에도 *New Seeds of Contemplation*(1962), *Cables to the Ace*(1968), *Faith and Violence*(1968), *Zen and Birds of Appetite*(1968) 그리고 몇 개의 짧은 작품들이 빠져있다.

히 집필 시간이 하루 몇 시간밖에 되지 않았을 수도승에게는 경이로운 업적이다.

나는 머튼이 자신의 작품에 대해 만든 여러 가지 평가들로 인해 당신이 질리기 원하지 않는다. 하지만 라이너 마리아 릴케(Rainer Maria Rilke)를 인용하여 자신의 작품을 비평한 것을 적어놓은 그의 저널(1965년 12월 18일자) 중 주목할 만한 한 문단이 있다. 릴케는 "예술 작품은 필요에 의해서 창조될 때만이 소용 있다"라고 했다. 이에 대하여 머튼은 다음과 같이 평가한다. "내 자신의 작품에 적용해보자면 이것들이 예술 작품이든 아니든 나는 『장자의 도』Chuang Tzu, 『죄인된 방관자의 억측』Guilty Bystander, 『문장』Emblems 에 수록된 몇 편의 시들, 논란의 질문들』에 포함된 "고독의 철학"Philosophy of Solitude,8) 『요나의 표적』, 『칠층산』, 『30편의 시』Thirty Poems 가 일종의 필요에 의해 나온 것이라고 말할 것이다. 그리고 그게 다이다. 나머지는 쓰레기이다. 혹은 나머지는 저널리즘이다. 나는 선(禪)에 관한 작품들 또한 "필요한" 것이라 할 것이다. 『거인들의 행동』Behavior of Titans 의 일부도 마찬가지이다."

1968년 제임스 토머스 베이커는 플로리다 주립 대학교에서 머튼과 그의 작품들에 대해 쓰여 질 수많은 초창기의 논문들 중 하나를 끝냈다. 머튼은 그 논문을 흥미롭게 읽었다. 1968년 6월 11일에 머튼이 베이커에게 편지로 말했듯이 이 논문은 그의 작품 전체를 평가하고 보는데 도움을 주었다. "그 논문은 내게 작품을 볼 수 있는 관점을 주었다. 그리고 내게 가장 큰 충격을 준 것은 내가 미성숙하고, 아직은 준비 중이고,

---

8) 이것은 *Disputed Questions*에 포함된 수필이다.

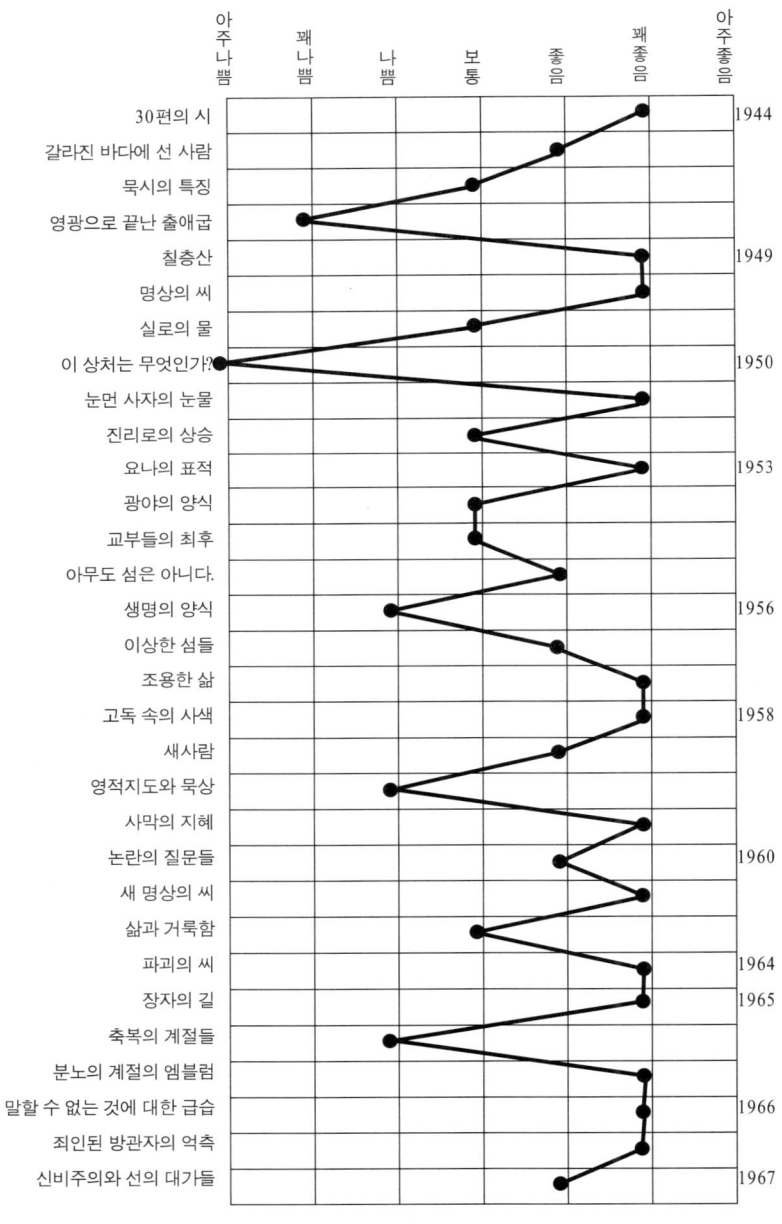

여러모로 부적절한 말들을 많이 했다는 것이다. 나는 전체적으로 사람들이 그 작품들이 가진 가치보다 더욱 존중을 나타내는 마음으로 나의 작품들을 받아들이고, 관심을 보여줌에 놀랐다. 확실히 나는 비우호적인 비판을 받기도 했지만 전체적으로 내 작품들은 동정심과 함께 사람들에게 받아들여졌다."9)

같은 편지에서 그는 가톨릭 독자들이 지나치게 비판적이거나 지나치게 비판적이지 않다는 것을 느꼈고 또한 그는 가끔씩 가톨릭교회 밖의 사람들이 그의 작품에 대하여 더 객관적이고 균형 잡힌 관점을 가진 것을 높이 평가했다는 점을 흥미롭게 이야기 하고 있다. 그가 같은 종교의 사람들에게서 "완전히 지나친 찬사를 받거나 지나친 거부를 받는 것 같다"고 말한 것은 그의 시대에 있어서 이유 있는 올바른 평가일 것이다. 두 명의 머튼, 즉 화려하게 기도와 내적 삶에 대해 쓴 관상가 수도승 머튼과, 이미 떠난 세상에 대해 다른 시선과 더 동정 어린 시선을 주는 사회와 문학의 비평가로서의 머튼은 1968년 아직 많은 사람들의 가슴 속에서 하나로 인식되지 못했다. 아직까지도 몇몇 사람들의 마음속에는 끝까지 남아있긴 하지만, 현재는(21세기 초반에는) 이 이원적인 머튼에 대한 이해는 그 범위가 크게 극복될 수 있었다. 머튼에 대한 연구는 우리에게 관상과 긍휼은 서로 양립하지 못하는 것이 아니라, 오히려 서로 필요하며 실제적으로 긴밀하게 연결되어있다는 것을 알게 해 주었다.

베이커에게 보낸 편지에서 하나 더 끄집어낼 것이 있다. 머튼은 자신이 쓴 작품들에 대해 이렇게 비평했다. "내가 그 대부분의 것을 쓰지

---

9) *The Hidden Ground of Love*, p. 69.

않았다면 좋았을 것을." 그는 앞에서 인용되었던 수녀 존 마리에게 쓴 편지에서도 비슷한 비평을 하였다. "내 작품들을 돌아보면 '대중적인' 종교의 경향을 지닌, 혹은 '영감적' 착상에 의한 내용의 삼분의 일 가량은 책으로 쓰지 말 걸 그랬다"고 하였는데 두 편지는 8일 간의 간격을 두고 쓰였다. 확실히 1968년 그의 마음에는 자신이 너무 많이 집필했다는 생각이 있었다.

만약 머튼이 좀 더 적게 그리고 좀 더 신중하게 썼었더라면 그의 작품들이 더 낫지 않았을까? 이것은 답하기 어려운 질문이다. 확실히 『칠층산』을 좋게 평가하고 『선택된 침묵』 Elected Silence 이라는 제목으로 영국판을 편집한 오우 Waugh 는 머튼에게 그의 작품이 더 정교하고 좀 더 정밀하면 더 나을 것이라고 제안했다. 사실 그는 머튼이 깔끔하게 쓰는 것을 돕기 위해 그에게 포울러 Fowler 의 『현대 영어 사용법』 Modern English Usage 을 보내 주었다. 나는 오우의 비평에 의미가 있다고 생각한다. 어떤 때 머튼의 글은 오우가 말했듯이 "정밀함의 극치"라기보다는, 말이 맞지 않고 중복되고 과다한 "흩뿌림의 극치"이다. 하지만 우리가 기억해야 할 점은 수도원의 일정에 의해 시간이 많이 제약되어 있었다는 점이다. 그보다는 이러한 의문이 제기 되어야 한다. 그가 오우의 충고를 따르고 더 공을 들여 그의 문체를 개선하였다면, 그의 작품을 호소력 있게 만들던 자연스러움, 열정과 열의를 잃지 않았을까? 하는 점이다. 마이클 모트는 『선택된 침묵』 Elected Silence 에 대해 흥미로운 점을 말했는데, "이것은 『칠층산』 과는 다르며 원래 작품의 풍미를 잃었다. 몇몇 중요한 부분은 더 이상 머튼의 목소리가 아니다"[10]라고 했다. 결론을 내리

---

10) Michael Mott, *The Seven Mountains of Thomas Merton*, (Boston: Houghton Mifflin, 1984.),p.248.

자면, 내게 있어서, 머튼은 글 쓰는 기술의 진보를 위해 특별한 의식적인 노력 없이도 단순히 계속 글을 써감으로 문체를 향상시킬 수 있었던 사람이다. 즉 내가 믿기로는 그는 계속적으로 집필을 할 때, 그리고 계속적으로 집필함으로써 집필 실력이 향상되는 작가들 중의 하나이다.

1. 『칠층산』

『칠층산』을 이야기하는 것은 머튼의 작품을 접할 때 확실히 제일 처음 마음에 들어오는 질문에 대한 답으로 인도한다. 어디서부터 시작을 해야 하는가? 할 때 거기가 바로 『칠층산』이라는 것은 의심할 수 없다. 이 책은 각각 다른 배경, 종교, 언어, 인종, 나라, 대륙의 몇 백만 명의 사람들을 토머스 머튼에게 이끈 것이다. 과장함 없이, 이 책은 아마 20세기의 가장 위대하고 영향력 있는 영적인 책이라고 불려도 될 것이다. 이 책은 그들이 제도적인 종교가 가졌든 가지지 않았든, 『칠층산』을 자신이 알고 있던 것보다 더 깊은 삶의 깊은 곳까지 끌어 당겨주는 표지로 받아들인 셀 수 없이 많은 남자들과 여자들의 영성에 방향성을 제공하였다.

만약 머튼이 집필하기 위해 태어난 작가라고 한다면, 아마 우리는 그가 『칠층산』을 집필하기 위해 태어났다고 말할 수 있을 것이다. 이 책은 결국 터져 나오기 전까지 머튼의 안에서 오랫동안 집필되어 왔던 책이다. 그는 그가 프랑스에서 학교를 다닐 때부터 소설을 썼었다. 그가 1959년 9월 12일에 그 당시 영국의 데번셔에서 선생을 하고 있던 존 해리스에게 쓴 편지에는 그의 유년기 시절의 흥미로운 점이 나타나 있다. 머튼은 이렇게 썼다.

> 선생님이 Exeter에서 편지를 보냈을 때, 프랑스에서 나는 그곳을 보고 싶은 열정이 있었고, 그곳에 대해 소설을 썼던 이상한 경험이 있었습니다. 그 이유는 하나님만이 아실 것입니다. 나는 열네 살이었고 소설은 'Westward Ho'와 'Lorna Doone'를 섞어놓은 것 같았습니다.11)

그는 콜롬비아 대학에 재학 중에도 여러 편의 소설을 썼다. 하지만 아무 작품도 출판사를 찾지 못했다. 하코트 브레이스Harcourt Brace에 있는 젊은 편집자 로버트 기루Robert Giroux도 그것들을 거절하였다. 한 작품에 대한 그의 비평은 이러했다. "머튼은 글을 쓸 수 있는 능력은 있지만, 불안정하고 방향성이 없다."12) 그는 이러한 실패들 가운데 가능하지 않을 것 같던 『칠층산』을 완성해냈다. 그는 "방향성 있는" 이야기를 생산해 냈다. 이 작품이 방향성 있는 것은, 그가 이것을 썼을 때 그의 인생은 방향이 잡아가기 시작했기 때문이었다.

베스트셀러

1948년 출판된 이 작품은 금방 베스트셀러가 되었다. 이것은 그를 문학세계의 "큰 물"에 진입하게 해주었다. 이렇게 유명한 신분은 그가 쓴 다른 책들 또한 진지한 관심을 받을 수 있다는 확신을 가져다주었다. 그는 기대할 만한 작가였다. 책은 폭 넓게, 그리고 매우 호의적으로 평가

---

11) *The Hidden Ground of Love*, p.394.
12) Ed. Paul Wilkes, *Merton: By Those Who Knew Him Best*, p.17.

되었다. 『시카고 트리뷴』 *Chicago Tribune*의 에드워드 배리는 이 작품을 "강렬한 흥미와 시간을 뛰어넘는 가치의 작품이다. 처음 장부터 끝까지 몰두하게 만드는 책"이라고 평가하였다. 『쎄러데이 문학 리뷰』 *Saturday Review of Literature*의 앤 울프Ann F. Wolfe는 "영혼의 본질적인 여행이다. 이 책은 존 헨리 뉴먼의 『삶을 위한 변명』과 비교해 더 인간적인 문헌이며 따스함과 기쁨과 어거스틴의 재치를 가지고 있다"고 평가하였다. 풀턴 쉰(Fulton J. Sheen: 후에 주교가 된)은 이 작품을 "성 어거스틴의 『고백록』의 20세기 판"이라고 격찬했다. 『시카고 썬 타임즈』 *Chicago Sun Times*에 제임스 서플James O. Supple이 쓴 비평에는 다른 사람들과 마찬가지로 이 책의 매력을 표현했다. 그는 이 작품을 "그 의미를 찾고 있는 의미 없는 세상 가운데서 불리는 순전한 신앙의 찬양. 어떠한 종교든 간에 종교를 가진 사람이나 가지지 않은 사람이나 흥미롭게 읽을 수 있는 책"이라고 말했다. 같은 맥락에서 그래함 그린은 "이렇게 우리들에게도 적용되는 양식과 의미를 가진 자서전을 읽는 것은 흔치 않은 기쁨이다. 『칠층산』을 읽을 때 사람은 그것을 자신의 것으로 만들기 위해 연필을 들게 된다." 클레어 부스 루스는 약간의 예언을 하였다. "이 책은 백여 년 후의 사람들이 이 잔혹한 세기의 사람들이 어떤 마음을 가지고 있었는가를 알기 위해 읽을 책이다."

머튼은 『칠층산』 이후로도 많은 책을 썼지만 여전히 그의 후작들을 이해하기 위해서는 『칠층산』의 머튼을 알아야 한다는 것은 사실이다. 나는 엘레나 말리츠Elena Malits가 "이 책은 유충과도 같다. 많은 부분이 아직 발달되지 않은 채로 있지만, 그의 후작들의 근본적인 조직들의 구성요소들이 거기에 있다"[13)고 말한 데 동의한다. 『칠층산』은 머튼 도서관의 나머지 부분으로 들어가는 문이다.

끊이지 않는 『칠층산』에 대한 관심

『칠층산』의 굉장한 점은 여전히 베스트셀러로 남아 있다는 점이다. 좀 더 겸손히 표현하자면, 이것이 단순히 동양과 서양, 양쪽에서 점점 많은 언어로 번역되어 계속 팔린다는 것이다. 이것이 특히 굉장한 일로 비치는 이유는 이 책이 명백하게 1940년대의 가톨릭을—이 시기는 교회의 생명에서 특별히 융성하거나 창조적인 시기가 아니다. 특히 20년 후 제2차 바티칸 공회의 열매로 나타난 가톨릭교와 비교하여 볼 때—반영하고 있다는 점이다. 1948년에 출판된 『칠층산』은 1940년대 가톨릭교의 믿음을 보여 주는 까닭에 몇몇의 독자들에게 호소할 수 있었을지 모른다. 이 책에는 가톨릭은 옳고 프로테스탄트는 그르다는 관점이 있었다. 예를 들면, 가톨릭 교인들은 구원의 진정한 길을 가고 있으나, 개신교 교도들과 다른 이들은 극복할 수 없는 그들의 무지로 인해서만 구원받을 수 있다. 가톨릭 교인들은 하나님을 기쁘게 해 드리기 위해서, 혹은 적어도 종교적 의무를 다하기 위해서 교회에 간다. 그러나 개신교 교도들은 그들의 주일 복장을 보여주기 위해 교회에 간다는 것 등이다.

후에 머튼이 그의 "베스트셀러"의 편협함과 독선적임을 부끄러워했다는 것을 의심할 여지가 없다. 1964년 1월 10일에 그가 쓴 투고에는 그의 그러한 심경이 잘 나타나 있다. "내가 『칠층산』을 쓴 후 오랜

---

13) *Spiritual Life*, 27. (1981 여름), p.74.

세월 동안(거의 20년 가까이) 많은 물이 다리 밑을 지나갔다. 나는 요즘이라면 좀 다르게 썼을 수도 있었을 텐데…"14) 1965년 4월 2일에 머튼은 그가 영국 국교에 대해 쓴 비평에 심기가 어지러운 영국 국교의 여성에게 "만약 내가 오늘날 그 책을 다시 쓴다면 영국 국교에 대해 다르게 쓸 것이라는 당신의 추측은 관대하고 맞는 말입니다. 당시 내 생각은 조금도 성숙하지 않았습니다…안타깝게도 다른 이의 교회의 어두운 면과 자기 자신의 교회의 밝은 면을 비교하기는 너무 쉽고 통상적인 일입니다. 하늘에 감사하게도 우리는 그것을 넘어서고 있습니다"라고 대답하였다.15) 1967년 7월 캘리포니아의 한 고등학생이 "다시 『칠층산』을 쓴다면 어떻게 할 것인가?"라고 질문하자 머튼은 "가톨릭 학교와 그러한 것들에 대해 판매적인 경향을 띤 것을 포함해서 많은 장광설을 없앨 것으로 생각한다"16)고 답했다.

──────── 계속되는 매력 ────────

구식으로 보이는 책이 어떻게 출판된 지 거의 50여년이 지난 지금, 사람들을 끌어들일 수 있을까? 나는 작가의 도량, 그의 진심과 진심에서 우러나온, 그의 신학의 결점을 넘어선 요소들 때문이라고 밖에 설명할 수 없다. 더욱 이 책은 때때로 각 장을 어둡게 만드는 위선적인 반영을 가리는 생기에 찬 강렬한 이야기들로 가득하다. 마지막으로 그의 이야

---

14) *Witness to Freedom*, p.310.
15) *Witness to Freedom*, p.319.
16) Thomas Merton, ed. Robert E. Daggy. *The Road to Joy*(『즐거움으로의 길』): *Letters to New and Old Friends*, (New York: Farrar, Straus, Giroux, 1989.), p.310.

기에는 그의 인간으로써의 경험과 모든 남자와 여자의 인생 여행과 나란히 관여된 영원한 요소가 있다. 이 책은 심오한 인간의 이야기이다.

『칠층산』에 접근하는 방법

『칠층산』 26년 전에 쓰였다는 데 직면해야 할 것이다. 앞으로의 독자들은 현재 어떻게 이 책에 다가갈 수 있을까? 삶의 목적을 찾기 위하여 순례자가 된 한 사람과 이야기를 함께 나누기 위해서 다음을 읽을 것을 제안한다. 『칠층산』의 1/4 정도 진행된 곳에서, 18살의 여행객인 토머스 머튼은 좋은 시간을 갖기 위해 로마에 휴양을 왔다가, 이유는 알 수 없지만, 자신이 교회와 바실리카에 끌리는 것을 알게 되었다. "그러므로 아무것도 알지 못하면서 나는 순례자가 되었다[17]"라고 그는 썼다.

우리 중 많은 사람들이 21세기를 시작하면서, 삶의 가장 깊은 의미를 찾기 위하여 이 순례의 역할과 필요성을 확인 할 수 있다. 한때 우리가 당연시 여겨서 확신했던 많은 것들이 지금은 우리에게 질문을 던지고 있다. 오히려 우리가 우리의 믿음의 근거를 둘 수 있었던 그 많은 체계가 우리를 무너지게 만드는 것 같다. 우리는 우리가 있는 곳이 불편할 수도 있다. 그것이 현재 많은 사람들이 뻔히 보이는 의미 없는 삶을 사는가 아니면 탐색을 시작할 것인가의 선택의 기로에 놓여있는 이유이다. 이것이 머튼의 이야기가 다른 시간에, 그리고 다른 환경에 있음에도 우리의 이야기와 맞물리게 되고 우리에게 용기와 통찰력을 주어 때때로 빛

---

17) *The Seven Storey Mountain*, p. 118.

으로 가득 차서 우리를 유혹하기도 하고, 때로는 어둠에 가려져 우리를 위협하기도 하는 길을 계속 따라 갈 수 있도록 해준다. 머튼과 같이 우리는 선과 진실의 근원을 찾는 순례자가 되는 것이다. 우리는 표면적이고 일시적인 것을 넘어 의미를 가진 삶, 하나님의 진정한 마음으로 인도하는 삶을 추구한다.

우리의 모든 문제를 『칠층산』은 답해 줄까? 물론 아니다. 하지만 이 책은 우리가 진정으로 중요한 문제를 분별할 수 있고 진정으로 문제 되는 점이 무엇인지 알 수 있게 도와줄 것이다. 결과적으로 『칠층산』은 머튼 도서관으로 들어가는 문이다. 우리가 안에 들어가게 되면, 우리는 머튼이 『칠층산』 때보다 훨씬 더 성장했다는 것을 깨달을 것이다. 우리가 이 도서관을 탐험하는 동안 그와 그의 여정을 함께 하고, 어쩌면 그와 함께 성장하는 마법에 걸릴 수도 있을 것이다.

머튼 자서전의 제목

『칠층산』의 제목은 단테의 『신곡』 제2막인 연옥편*Purgatorio*의 두 번째 부분에 나오는 것을 따온 것이다. 칠층산은 인간의 여정을 칠층의 연옥을 오르는 것으로 표현하고 있다. 여기서 "인간의 여정"이라고 표현함은 앨런 존스가 그의 훌륭한 책 『영혼의 여정』 *The Soul's Journey*에서 지적했듯이 이 위대한 중세 이야기는 단테의 이야기만은 아니기 때문이다. 즉 이것은 모든 남자들과 여자들의 이야기이다. 지옥, 연옥, 천국은 모두 장소가 아닌 모든 인간의 삶에 들어오는 경험이다. 그것들은 존스가 지적했듯이 "지옥의 부속물부터 천국의 의식까지"18) 모든 사람의 여행의 일부분이다. 그의 명백한 은유는 사랑, 즉 에로스이며, 이 것은 사람의 마음을 채워주는 깊은 갈망과 열망이라고 믿는다. 존스의 생각에 단테의 시의 주제는 이러한 욕망들을 순화하는 것이다. 우리는 우리의 욕망이 어떤 득이 되는지 배워야 한다. 이것은 우리의 욕망은 끝이 없는 하나님 안에서가 아니면 끝나지 않을 것이라는 뜻이다. 단테는 어거스틴이 한 말 중에 자주 인용되는 문장을 잘 안다. "우리의 마음은 당신 안에서 안식을 찾기 전까지 불안정합니다." 『신곡』의 천국인, 제3막의 결론에서 시인은 "해와 모든 별들을 움직이는 사랑" 안에 있는 그 안식을 발견한다.

머튼은 그의 이야기가 그 자신의 욕망을 순화시키게 이끄는 여정, 즉 하나님을 향한 깊은 열망의 정점에 이르게 하는 여정을 이야기 한 것이기 때문에 연옥에서 그의 제목을 땄다. 『칠층산』의 거의 마지막 부분에서 그는 "나의 하나님, 나는 원합니다…세상의 모든 창조된 것들로부터 영향을 받지 않고 그들과 그들의 지식에게 죽은 존재가 되길 원합니다. 그것은…내가 그들을 떠나는 것만이 당신에게 갈 수 있을 것이라는 것을 알기 때문입니다"[19]라고 썼다. 그가 하나님께 다가가는 것이 『칠층산』의 모든 것이다. 천국의 문지방으로 인도하여 끈기 있게 위쪽으로 가는 칠층의 여정인 것이다.

───── **순례자의 여정은 계속된다** ─────

머튼 자서전의 마지막 장이 끝난다고 그의 영적 여정이 끝났다고 하

---

18) *The Seven Storey Mountain*, p.29.
19) *The Seven Storey Mountain*, p.421.

는 것은 아니다. 그의 나머지 책들에서 절대자를 향한 순례자의 이야기가 계속된다. 『칠층산』의 마지막 부분에서 그는 이렇게 적었다.

> 어떤 면에서 보면 우리는 항상 여행을 하고 있고, 마치 우리가 어디로 가는지도 모르는 것처럼 여행을 한다. 다른 면에서 보면 우리는 이미 도착했다. 우리는 이 삶에서 하나님의 완벽한 소유물로 도달할 수 없다, 그리고 이것이 우리가 여행을 하며, 어둠에 있는 이유이다. 그러나 우리는 이미 자비로우심으로 인해 그를 가지고 있고, 그러므로 그런 면에서는 우리는 도착했고 빛에 거하는 것이다.
>
> 하지만 아! 내가 이미 도착한 그 분 안에서 그분을 찾기 위해 얼마나 더 가야 하는가.20)

단테 인용

『칠층산』에서 머튼은 두 번이나 단테에 대해 이야기한다. 122와 123쪽에서 그는 1934년 케임브리지에서 불로Bullough 교수와 함께 단테에 대해 공부했던 겨울 학기에 느꼈던 매력을 기억해낸다. "겨울 학기에 우리는 지옥부터 시작해서 천천히 나아갔다…그리고 이제 단테와 비질은 지옥의 얼음장 같은 마음에 닿아 왔다…그러고는 그 평화로운 바다에서 고난의 『칠층산』 기슭으로 기어 나왔다."21) 다른 것들은 1938년 11월 16일, 가톨릭교회에서 세례를 받던 시절과 연결하는 것과 같이 좀 더 개인적인 것이다. 그는 "나는 높은 일곱 원형의 가파르고 내가 상상할 수 있던 것보다 훨씬 더 고된 연옥 산의 기슭 가에 발을

---

20) *The Seven Storey Mountain*, p.419.
21) *The Seven Storey Mountain*, p.122.

들여놓을 참이었지만, 나는 내가 올라야 할 참인 산에 오르는 것에 대해서는 아무런 인식이 없었다. 중요한 사실은 내가 오르기 시작했다는 것이었다."22)

『칠층산』, 이렇게 읽으라

내 목적은 내가 이전에 그의 삶에 대해서 쓴 것을 제외하고, 『칠층산』의 줄거리를 이야기하려는 것이 아니다. 나는 이 책을 더 유익하고 재미있게 읽을 수 있게 만들 법한 제안을 몇 가지 하고 싶은 것이다.

첫째로, 이것이 회심과 은혜와 영성에 초점을 맞춘 영적인 자서전이라는 것을 기억해야 할 것이다. 둘째로, 독자는 이 책이 수도원적인 렌즈를 통해서 자신의 삶을 돌아보고 삶을 관찰한 수도승에 의해 쓰였다는 것을 마음속에 새겨놓아야 할 것이다. 이 책은 한 수도승이 그 자신이 아닌 누군가에 대한 이야기를 하는 것 같다. 루이스 형제는 '토머스 머튼'이라 불렸던 젊은이의 젊은 나날을 이야기하면서 세상적인 마음을 가진 이 지식인을, 이 외로운 방랑자를 그의 수도원의 경험에서 나오는 청명함과 고독의 시각으로 판단하는 것이다. 이것은 『칠층산』이 (a) 무슨 일이 실제적으로 일어났는가의 역사적 수준, (b) 머튼이 어떻게 기억하는가의 기억적 수준, (c) 수도승 머튼이 기억된 과거에 부여하는 의미의 해석된 수준 등 세 개 단계의 의미를 담고 있다는 것이다. 셋째로, 나는 읽는 도중 놓칠 수 있는 것들, 즉 목차에 있는 인용구들(책 전체에 대해 이야기하기 위한)과 장의 제목(책의 다른 부분을 이해할 수 있도

---

22) *The Seven Storey Mountain*, p.221.

록 도와주는)을 지적하고자 한다.

내부 표지

내부 표지The Title Pages에는 누가복음의 한 구절(3:8), "하나님이 능히 이 돌들로도 아브라함의 자손이 되게 하시리라"가 포함되어 있다. 이 문구는 작가의 삶에서 작용하고 있는 하나님의 은혜의 힘을 보여주기 위한 것이다. 은혜는 가장 단단히 굳은 마음이라도 이 사랑으로 녹일 수 있다. 머튼의 회심이야기는 그가 생각하기에 돌과 같이 굳었던 그의 마음에 하나님의 은혜가 역사하는 이야기를 담은 것이다. 은혜는 아무런 장애물도 참지 않고 감싸 안는다. 머튼의 이야기는 그의 "고백"으로 읽혀질 수 있다. 즉, 성 어거스틴이 그 단어를 사용한 방식, 즉 죄인을 회개와 새 삶으로 이끄신 하나님의 은혜로우신 미덕을 고백하고 찬양한다는 의미와 유사한 의미를 가진 채로 읽혀질 수 있는 것이다. 이전에 이미 언급했듯이, 풀턴 쉰Fulton J. Sheen은 『칠층산』과 어거스틴의 『고백록』이 유사함을 발견했다.

구조적으로 『칠층산』은 3부로 되어 있는데, 1부와 3부는 각각 네 개의 장으로, 2부는 2장으로 구성되어 있다. 그리고 에필로그가 있다. 각 부분을 살펴보겠다.

제1부

제1부는 3-165쪽까지로 머튼의 출생(1915)에서 조모의 죽음(1937)까지의 삶을 이야기하고 있다. 네 개의 장으로 이루어져 있다.

1장 감옥 놀이: 머튼은 자신의 어린 시절을 그가 어렸을 적 했던 게임에 비유한다. 이 아이들의 놀이에서 두 팀은 상대 팀원을 뒤쫓아 잡으려고 한다. 잡힌 아이들은 포로로 있어야 하는 "감옥"으로 끌려간다. 머튼은 자서전의 두 번째 줄에서 자신을 "자신의 횡포와 이기심의 포로"였다고 기술하였다. 이것은 아마도 이 비유, 즉 그가 그 자신을 "감옥"에 가두었다는 것을 표현한 것이 이해되기 위해 쓴 방편일 것이다. 하지만 이 비유는 하나 이상의 의미를 가지고 있을 것이다. 그는 어쩌면 그가 "잡힘"으로써 그 자신이 택한 장소가 아닌 곳으로 끌려가는 것을 의미하는 것일 수도 있다. 이것은 다른 장소들인 버뮤다와 프랑스로 그의 아버지와 여행했던 것도 포함할 것이다. 이 장은 그의 아버지가 자기를 프랑스로 데리고 가겠다고 하는 것으로 끝난다. 그는 "1925년 8월 25일에 감옥 놀이가 다시 시작되었고, 우리는 프랑스를 향해 항해했다"23)라고 적었다.

2장 박물관의 성모님: 30쪽 부터 프랑스에서 지난 시간들과 1929년 영국에 도착한 것에 대해 이야기하고 있다. 제목인 "박물관의 성모님"은 그의 아버지가 작품의 영감을 얻기 위해 지방을 터벅터벅 돌아다니며, 그가 들렀던 많은 교회와 수도원들(많은 수가 파괴되어 있었지만)을 이야기하는 것이리라 추측한다.

3장 지옥의 써레질: 3장은 그가 오캄 학교에 들어가는(1929년 가을) 68쪽부터 시작해서 케임브리지의 클레어 대학에서 재난의 해를 보내고 영국을 떠나는(1934년 11월) 것으로 끝난다. "써레질"이라는 단어

---

23) *The Seven Storey Mountain*, p.29.

는 "강탈하다" 혹은 "약탈하다"라는 의미를 가지고 있다. "지옥의 써 레질"은 창세전부터 포로로 잡혀있는 의의 영혼들을 다시 돌아오게 하기 위해 십자가에 못 박히시고 지옥으로(그것은 더 낮은 곳, 즉 지옥으로) 내려가신 예수님의 성공적인 일을 이야기하는 것이다. 이것이 우리가 사도신경에서 이야기하는 것이다. "지옥으로 내려가셨다." 이 인용은 머튼의 삶에서 명백했다. 예수님은 그가 포로로 잡혀있던 곳, 즉 지옥을 침노하셨고 자신이 떨어진 깊은 곳으로부터 그를 다시 일으켜주셨다.

4장 장터의 아이들: 4장은 그가 다시 영국으로 돌아오는(1934년 11월) 131쪽부터 시작해서 콜롬비아 대학에 입학하고(1935년 1월), 그의 조모의 죽음(1937년 8월)으로 끝난다. 이 제목은 마태복음 11장 16절에서 따왔다. 이 구절은 예수님이 그 당시 사람들에 대한 반응을 그 자신과 세례자 요한에 대한 반응으로 설명한 것이다. 요한은 굉장히 금욕적인 생활을 하는 사람이었고 사람들은 그를 마귀라 불렀다. 예수님은 다양한 사람들과 함께 먹고 마셨고 사람들은 그를 술주정뱅이이며 죄인들의 친구라고 생각했다. 예수님은 그들이 절대 만족하지 않는 "장터의 아이들"과 같다고 말씀하셨다. "우리가 너희에게 피리를 불어도 너희는 춤을 추지 않았고, 우리가 곡을 해도, 너희는 울지 않았다."

이 제목은 우유부단하고 우울했던 당시 머튼의 삶과 맞아떨어졌다. 그는 콜롬비아 대학을 즐겼고 대학 생활에 열중하고 있었지만 동시에 그는 내적, 영적 공허함을 겪고 있었다. 한번은 그가 "나는 내 안에 내가 꿈꾸지도 못했던 일을 하기 위한, 행동하기 위한, 즐거움을 위한 능력

같은 것이 있다는 것을 깨달았다"라고 말했다. 또 다른 때는, 그가 견디고 있는 끔찍한 내적 고통을 "나는 죽기까지 피 흘리고 있었다"[24]라고 생생하고 생동감 있는 표현으로 나타낸 적도 있었다.

제2부

2부는 16~255쪽까지로 여기서 그는 가톨릭에 대한 그의 첫 관심과 그의 영세, 그리고 그의 사제가 되고픈 소망을 가지고 자신의 이야기를 계속한다. 2부는 2년 반의 시간(1937년 2월~1939년 9월)밖에 담고 있지 않지만 이 젊은 사람의 삶에서 결정적인 시간이다. 2부의 중심에는 1939년 11월 16일에 있었던 그의 영세에 관한 이야기가 있다. 그는 24살이었다. 2부의 두 장의 제목은 둘 다 성서에서 따온 것이다.

5장 큰 값을 치르고: 이 글은 바울이 고린도로 보내는 첫 서신 6:20에 나오는 것이다. 바울은 고린도의 사도들에게 그들의 육체는 그들 안에 있는 성령의 성전이라고 이야기하고 있다. 그는 계속해서 "당신은 값을 치루고 사들여졌기 때문에"라고 말한다. 머튼은 그리스 원본에는 나오지 않지만 그가 자주 사용하는 라틴어 불가타 성서와 신약 라임스 번역판에는 찾을 수 있는 형용사 "큰"을 추가했다. 이것은 머튼에게 놀라운 믿음의 축복을 준 예수님의 수난과 죽음과 부활로 인해 우리가 얻은 하나님의 은혜이다. 그는 그 자신이 큰 값으로 사들여졌다는 것을 알았다.

---

24) *The Seven Storey Mountain*, p.164.

6장 모순의 바다: 이 장은 226쪽부터 그가 영세 후 사제가 되길 원한 다는 중대한 결정을 내리기까지의 이야기를 차례차례 해나간다(1938년부터 1939년 가을까지). 이장의 제목은 민수기 20장 13절에서 따왔다. 이 글 또한 불가타 성서와 라임스 번역판에서 따온 것이다. 현대의 성서는 이렇게 써 있을 것이다. "여기에서 이스라엘 자손이 주님과 다투었으므로, 이것이 바로 므리바 샘(모순이 아닌)이다. 주님께서 그들 가운데서 거룩함을 나타내 보이셨다." 이 인용된 구절의 배경은 사막에 있는 이스라엘 백성들이 불평하는 것이다. 그들은 그들을 애굽에서 데리고 나온 모세에게 원한을 품고 있었다. 갑자기 이집트에서의 삶이 그렇게 나쁘게 보이지 않은 것이었다. 이것이 어떻게 보면 머튼이 영세 후 취했던 입장이었다. 그는 자신이 영세의 은혜를 더 굳건하게 만들기 위해 충분한 노력을 하고 있지 않다고 느꼈고, 그러면서 원래 취했던 삶의 방식으로 다시 미끄러져 버릴까봐 두려워했다. 한 번은 그가 교회에 들어오는 사람들에게 조언을 하였는데, 그 조언은 자신이 따라야 하는 것임을 깨달았다. "당신이 누구이든 하나님이 당신을 데리고 오신 이 땅은 당신이 온 애굽 땅과 같지 않습니다. 당신은 여기서 이전에 살던 대로 살 수 없습니다. 당신의 옛 삶과 옛 삶의 방식은 이제 십자가에 못 박혔고, 따라서 당신은 자신의 만족을 위해 사는 삶을 찾지 말고 당신의 판단의 잣대를 현명하신 지도자의 손에 맡기고, 당신의 즐거움과 안락을 하나님의 사랑을 위해 희생하며, 이제는 그것들을 위해 사용하는 돈을 가난한 자에게 나누어 주어야 합니다."25) 이 장은 위기의 장면으로 끝난다. 머튼은 교회에서 기도한다. "예, 저는 전심을 다해 성직자

---

25) *The Seven Storey Mountain*, p.232.

가 되길 원합니다. 이것이 만약 당신의 뜻이라면 저를 사제로 만들어주십시오."26)

제3부

4장으로 된 제3부는 머튼이 댄 월쉬와 사제가 되는 것을 의논하는 1939년 9월부터, 수도원에서의 첫 시간들을 지나 1943년 4월 17일 그의 동생 존 폴의 죽음까지 259~404쪽까지 다루고 있다.

7장 자기북극 Magnetic North: 이 장에서 중심이 되는 사건은 머튼이 프란체스코 수도회에서 받아들여진 것과 그리고 곧이어 거부당한 것이다. "북자극"은 북극이 나침반에 침이 수직일 때 표기되는 것을 뜻한다. 북극은 지리적으로 어디인가에 따라 달라진다. 그러므로 북자극은 항상 진짜 북극이 어디 있는지와 조금 다르다. 이 장은 머튼의 프란체스코 수도원에 품은 열망을 이야기한다. 그는 수련수사로서 승인되었지만 그 다음에 승인이 철회된다. 제목인 "북자극"은 머튼이 옳은 방향으로 가고 있지만 조금 중심에서 벗어나게 된 것을 암시하는 듯하다. 그는 겟세마니 수도원에 들어가면서 자신의 진정한 소명에(북극) 닿게 되는 것이다.

8장 진북 True North: 이 이야기에서 중요한 장은 299~336쪽까지로 여기서는 보나벤투라 대학에서 교수로 지내면서 성주간(고난주간)동안 겟세마니 수도원에 가는 것을 그리고 있다. 그는 자신이 수도원으로

---

26) *The Seven Storey Mountain*, p.255.

돌아와서 거기에 속할 수 있도록 기도한다. 그는 자신의 "진북"을 찾은 것이다.

9장 휴화산: 337~371쪽까지는 짧지만 그의 삶에서 가장 중요한 시기(1941년 9월부터 12월까지)를 이야기한다. 트라피스트회에 들어가고 싶은 그의 마음이 끓어오르고("휴화산"), 결국 그가 오랫동안 묻기 두려워하던 질문을 던지자 그것이 그가 사제가 되는데 아무런 문제가 없다는 것을 확인하고 "분출"된다. 그는 보나벤투라를 12월 9일에 떠나 다음날 겟세마니 수도원에 도착한다.

10장 감미로운 자유의 맛: 372~404쪽까지는 머튼의 초기 수도원에서의 생활을 기술하고 동생의 죽음(1943년 4월 17일)에 대해 쓴 시로 매듭을 짓는다. 그는 수도원에서의 삶이 그를 이제껏 괴롭혔던 것들로부터 벗어나 진정한 자유를 얻게 된 것임을 알게 되었다. 그가 10장의 첫머리에서 "마태 형제는 내 뒤에 있던 문을 잠그고 나는 내 새로운 자유의 네 벽으로 둘러싸였다"(372쪽)고 쓰고 있다. 시간이 지날수록 그는 다른 빛에 비춰진 자유를 볼 것이며 우리는 후에 다른 책들을 볼 때 그것을 볼 것이다.

에필로그

고독 속의 가난한 자의 묵상 *Meditatio Pauperis in Solitudine*. 칠층산의 원본은 (1944년에서 1946년 사이에 쓰여졌을 듯하다) 머튼이 동생의 죽음을 애도하는 시로 끝난다. 나중에 삽입된 후기는 세 이야기로 나뉘어져 있다. (a)407쪽부터 414쪽까지 머튼의 집필 문제로 인한 고뇌(1947년 5월이나 6월경에 쓰였다)를 포함한 수도원 생활에 대한 이야기, (b)414쪽부터 419쪽까지 'Commonweal'에 "활동 수도회와 관상수도회"라는 제목으로 1947년 12월 5일에 실린 논문에서 그대로 따온 관상수도회에 대한 자료, (c)1947년 성심 축일에 떠오른 영감에서 온 마지막 기도 등이다.

『칠층산』은 1948년 1월 출판이 승인되었다. 출판 날짜는 1948년 10월 4일이다. 중요한 것은, 이 원기 왕성한 수도승에게서 더 많은 것들이 나올 것이라는 베일에 싸인 약속이 책의 제일 마지막 줄에 나와 있다는 점이다.

"이것이 책의 마지막이지만 여정의 끝은 아니다."(*Sit finis libri, non finis quaerendi*)

2. 『요나의 표적』 *The Sign of Jonas*

머튼의 도서관에서 "베테랑" 머튼의 독자들에게 인기를 끄는 책은 『요나의 표적』이다. 그들은 이 책의 친밀함과 자발성, 열정적이고 즐거운 경건을 사랑한다. 이 저서는 그가 겟세마니에 온 지 6년이 되는 1946년 12월에 시작하여 12년째가 되던 1952년 7월에 마쳤다.

이 책을 쓴 수도승이 진지한 문제로 씨름하는 자기 자신을 발견했다는 사실에도 불구하고 이것은 행복한 책이다. 그 문제들은 예를 들면 '관상가이면서 작가가 될 수 있는가?' '고독을 향한 커져가는 갈망과 공동체를 향한 필요를 어떻게 연관시킬 것인가?' '그는 자신에게 적합한 수도원에 있는가?' '카르투지오회 은수자가 되어야 하지 않을까?' 하는 것이다.

이 책의 제목은 마태복음 12장 39-41절과 누가복음 11장 29-32절의 "요나의 표적"을 참고로 끌어 낸 것이다. 머튼은 요나 선지자를 히브리 이름인 Jonah 대신 헬라어식으로 Jonas로 불렀다. 이 표현은 불가타와 라임스의 번역본, 즉 머튼이 그 당시 사용할 수 있었던 번역본에 나타난다. 현대식 번역은 히브리식인 Jonah를 따르는 경향이 있다.

성경의 요나서

요나서는 가공적인 작품으로, 아마도 바벨론 포로 이후에 쓰인 것으로 본다. 이것은 하나님의 백성을 위한 중요한 교훈을 전해준다. 이 이야기는 앗시리아의 니느웨 백성들에게 설교하라는 하나님의 명령이 주어짐으로부터 시작된다. 앗시리아는 이스라엘을 약탈하는 제일 강한 세력이고 북쪽 왕국을 유배시켰던 곳으로 역사적 국가이기보다는 이스라엘에 적대적인 민족의 유형으로 등장하고 있다.

요나는 적들에게 회개를 설교해야 한다는 바로 그 생각으로 공포에 휩싸이게 되었다. 그래서 요나는 하나님의 제안을 거슬러서 반대방향으로 가는 배를 탄다. 폭풍이 일어나고 요나는 벌을 받아 바다로 버려진다. 그러나 하나님은 계획을 헛되게 하지 않으신다. 하나님은 큰 물고기로 그를 삼키게 하시고, 3일간 물고기의 뱃속에서 살게 하셨다. 요나는 그 곳에서 시편을 노래했다. 하나님은 물고기로 하여금 니느웨 방향의 바닷가에 바로 뱉어버리게 하신다. 요나는 드디어 하나님의뜻을 알고 니느웨로 가서 회개를 외쳤다. 당황스럽게도, 니느웨 사람들은 요나의 설교를 듣고 파멸로부터 구원을 받는다. 그의 사명의 성공으로 불쾌하게 된 요나는 박넝쿨의 그늘의 임시장막에서 뾰로통해져 있었다. 박넝쿨은 벌레에 먹히고 말라 시들어 버렸다. 요나는 박넝쿨이 말라 죽음에 슬퍼하며 땡볕에 앉아 있게 되었다. 박넝쿨의 운명에 대한 슬픔으로부터 그는 한 가지 교훈을 얻었다. 하나님이 사람들과 가축들이 있는 이 도시의 성이 파괴되면 더 마음이 슬플 거라는 것이다. 하나님의 긍휼과 용서는 요나의 태도와 대조가 된다. 이 요나의 태도는 이스라엘의 전형적인 태도이다. 특별히 이스라엘 민족은 자신들이 하나님의 선택된 민족이라고 믿으면서 여기에 사로잡혀서, 하나님이 다른 민족의 사람들에 관해서도 관심을 가지고 계신 것을 믿지 않았다. 이 책은 포로 후기에 나타난 이러한 유대주의의 협소하고 배타적인 성격에 항변하고 있는 것이다.

복음서에서 요나의 표적

다음은 마태와 누가복음에 언급된 요나의 표적의 배경이다. 두 복음서에서 예수는 하나님으로부터 왔다는 확증의 표적을 요구받는다. 그는 요나의 표적 외에 다른 것을 제공하는 것을 거절한다. 마태에 의하면 이 표적은 미래에 올 것이라 한다. 세상의 음부에서 3일 후에 일어나는 예수의 부활. 누가에 의하면 표적은 요나의 사명을 확실하게 하는 니느웨의 회개이다. 예수는 회개하고 복음을 들을 것을 촉구한다. 그들은 회개할 때에만 예수님의 진정성을 이해할 수 있을 것이다.

『요나의 표적』의 첫 시작은 이 두 복음서의 해석을 사용한다. 마태에 의하면, 그리스도를 따르는 모든 사람들은 요나의 표적의 표시아래 산다는 것이다. 왜냐하면 그리스도의 부활의 힘으로 우리 모두가 살기 때문이다. 누가에 따르면서 그는 제안하기를 "나는 모순의 중심 안에 있는 내 운명을 향해 여행하고 있는 나를 발견했다"라고 했다. 요나와 같이 그는 하나를 원했지만, 하나님(그의 장상들을 통해)은 다른 것을 원하시는 것 같았다. 머튼은 이 『요나의 표적』 여러 곳에서 자주 그가 카르투지오회나 혹은 카말돌레스처럼 더 관상적인 수도회에 들었어야 했다고 느꼈으나, 그의 장상들은 그가 있는 그 곳, 즉 겟세마니 성모 수도원이 그가 있어야 할 곳이라고 말하였다. 책 전체를 통하여 그는 일관되게 장상들에게 그들의 마음을 바꾸어 달라고 호소했다. 결국에 그는 적어도 잠시 동안이나마 그들의 판단에 항복을 한다. 그가 있어야 할 자리에 있는 것 같지 않다는 이 누그러지지 않는 느낌은 후에 그의 삶에서 다시 드러날 것이다.

구조와 목차

구조적으로 『요나의 표적』은 프롤로그, 여섯 장, 그리고 에필로그로 이루어져 있다. 내용은, (a) 머튼의 삶의 이야기로 대부분 일상의 일들 이지만 그에겐 넘칠 듯 많은 의미로 가득한 그의 삶의 에피소드들, (b) 사람들에 대한 회상(대수도원장들, 피정 지도자들, 영적 지도자들, 동료 수도승들), 수도원에서의 삶, 그가 읽은 작품들과 그의 작품들, 성경과 기도서들, 자연과 자연현상들로 이루어져 있다. 이 마지막 것은

『요나의 표적』에서 특별히 호소력 있는 부분이다. 그의 자연에 대한 사랑과 독자들, 특히 강하게 생태적인 의식을 가진 사람들이 머튼을 사랑하게 만드는 그 아름다움과 글로 표현 할 수 있는 놀라운 능력이 들어 있다.

머튼은 이 책 내용을 "개인적인 수기와 묵상 모음집"27)이라고 표현하고 있다. 이 모음집은 순간적인 회상들을 자연스럽게 메모한 것들을 포함한다. 또한 출판을 위한 것임을 분명한 보여주는 신중한 어구들도 있다.

이 책에는 설화적인 수준이 있는데, 여기에서 머튼은 주변의 환경, 자연의 세계와 수도원 삶의 세계를 이야기하고 있다. 또한 심리학적이고 영적인 수준이 있는데, 머튼은 이 책에서 자신의 경험과 그것의 의미를 반추하고 있다. 이 책은 자신의 마음의 변화들과 중세시대의 모습과 가까운 삶의 양식으로부터 훨씬 현대적이고 (머튼이 경악했던 것처럼) 더 소란스럽고 바쁘고 허둥대는 삶의 양식으로 빠르게 달라지고 있는 수도원에서의 침묵과 고독에 대한 그의 관심을 담고 있다. 우리는 그가 자신의 작품에 대해 어떻게 생각하는지 볼 수 있다. 우리는 성서와 예전에 대한 그의 반추를 나눌 수도 있다. 그는 자신의 영혼을 우리에게 열어 놓을 수 있고, 그래서 자주 그가 말하는 것은 우리 자신의 마음에 있는 것들이다. 머튼을 좋아하는 독자들은 『요나의 표적』을 읽으며 가끔씩 마치 설명이 달린 앨범에서 집안의 어른을 보는 것과 같을 것이다. 작가와의 이러한 친밀감은 즐거운 경험이다.

일기는 확실히 생생한 구체성을 갖고 있다. 프롤로그에 적기를, "나

---

27) *The Sign of Jonas*, p.3.

는 추측이 아니고 개인적인 경험으로 수도승의 영적인 삶과 생각을 전하려고 했다." 그가 지적하기를 이것은 "확인된 용어의 확실하고 평범한 길을 버리고 시와 직관의 샛길로 간다는 것을 의미하기 때문에 항상 약간의 모험적인 성격을 띠고 있다."28) 전문적인 용어는 신학자들에게 보편적이고 확실하며 편리할지도 모르지만 "종교적 체험에서의 가장 개인적이고 가장 결정적인 부분들을 전해 주지 못한다.29) 그러므로 머튼은 신앙의 교리에 관한 것이 아닌, 이제 구체적인 깨달음을 찾기 시작한 사람들의 인생에서 그들의 반향들을 이야기 한다. "시와 직관의 샛길"은 신학적인 고찰의 고속도로보다 훨씬 더 머튼의 체질에 맞는 길이었다.

중요한 사건들

『요나의 표적』에서 중요한 사건들은 그의 종신서원(1947년 3월 19일), 사제서품(1949년 5월 26일), 성직자가 되기 위한 수도승들의 학습을 지도하는 책임자 Master of Scholastics 로의 임용(1951년 삼위일체 주일), 그리고 미국시민이 되는 것(1951년 6월 26일)이다. 하지만 이 책의 매력은 그의 일상적인 삶을 이룬, 얼핏 보면 중요치 않은 소소하고 많은 사건들이다. 그의 일상적인 삶을 그와 함께 경험하도록 해주는 것이 이 책의 특별한 매력이다.

짚고 넘어가야 할 것은, 『요나의 표적』이 영적 쾌활함과 "네 벽"안에서 새롭게 발견한 자유로 인한 삶의 기쁨을 이야기하는 동안, 그 벽들

---

28) *The Sign of Jonas*, p.8.
29) *The Sign of Jonas*, p.9.

이 약간씩 열리고 있다는 것을 미묘하게 표현하고 있다는 점이다. 그래서 1951년 3월 3일에 이 중요한 성명서가 있다. "수도원으로 온 것은 내게 딱 알맞은 후퇴였다. 이곳은 내게 관점을 주었다. 이곳은 내게 어떻게 살아야 할지 가르쳐 주었다. 이제 내가 어떻게 살아야 하는지를 배웠으므로, 나는 이 세상에 있는 다른 모든 사람들에게 그것을 나누어야 함을 깨닫는다. 나의 첫 임무는 지금의 나 자신보다 더 어리석지 않고 (그렇다고 덜 어리석지도 않은)인간의 한 멤버로 사는 것을 처음으로 시작하는 것이다. 그리고 나의 첫 인간적 행동은 내가 다른 모든 사람들에게 얼마나 빚졌는가를 인지하는 것이다."30) 이것은 이제 드러나기 시작한, 오랫동안 침묵해오던 모반자의 목소리rebel's voice 인가? 그의 삶이 점점 더 '어떻게 수도원 밖의 사람들과 나의 삶을 나눌 수 있을 것인가?' 라는 질문들에 의해 영향을 받을 것인가? 그 답이 설사 명확하지 않더라도 머튼은 그 질문이 옳은 질문이라는 것을 더욱 더 확신했다.

―――――― 생각해 볼 문제 ――――――

『요나의 표적』에서 아마 당신이 보고 싶어 할 것들은 다음과 같을 것이다. 기도와 관상과 고독에 관한 머튼의 정의, 그가 가졌던 수도원 삶의 의미 회상, 자신의 작품과 그가 읽은 작품들에 대한 비평, 책을 통해서 펼쳐져 나가는 그 많은 기도들, 그리고 자연과 자연현상의 묘사 등등.

특별히 이 책의 아름다운 후기인 1952년 7월 4일에 쓴 "불꽃놀이"

---

30) *The Sign of Jonas*, pp.322-323. (진한 곳은 첨가됨)

를 주목해서 읽어보라.

『칠층산』을 끝내는 하나님의 음성과 『요나의 표적』을 결론짓는 하나님의 음성을 비교해 보라.

3. 『아무도 섬은 아니다』 *No man is An Island*

아마도 머튼 도서관 선반에서 꺼내야 하는 다음 책은 1955년 출간된 『아무도 섬은 아니다』가 되겠다. 『칠층산』이나 『요나의 표적』처럼 이 책 역시 아직까지 널리 읽히고 있다. 잘 알려진 존 돈 John Donne의 다소 과장된 문장에서 따온 제목만으로는 이 책의 진의를 파악하기 어렵다. 제목이 암시하는 대로 모두가 서로 더불어 갖는 공동체성이 서문에서도 분명히 드러난다. 이것이 책 전체를 조명하기는 하지만, 그렇다고 강조점의 전부는 아니다. 이 책은 "영적 삶을 좌우하는 기본적인 진리"[31]에 관한 것이다. 책은 머튼이 영성 지도자로 섬겼던 겟세마니 수도원에서 신학을 공부하는 수도승들과 새로 사제로 서품을 받은 수도 사제들에게 헌사 되었다(라틴어로). 상당 부분이 이들 수도승들에게 행한 강의에서 나왔으리라 짐작된다. 분명 머튼이 수도승들에게 이야기하는 것처럼 보이는 부분들도 있다. 머튼 저작물의 특징은, 특히 초기 작의 경우 수도승이 아닌 독자들을 자극하는 경향을 드러낸다. 주의 깊은 작가들이 필요로 하는 적당한 편집에 있어 그가 본분을 다하지 못했음(보다 자비롭게 말하자면, 시간 부족)을 시사한다.

머튼은 이 책을 자신이 이전에 쓴 두 작품과 연관시킨다. 하나는 아주

---

31) Thomas Merton, *No Man Is an Island*(New York: Harcourt Brace, 1955), p.7.

작은 작품으로 "문장들"Sentences이라 불리는 등사판 원고이다. 30쪽 분량의 이 작품은 120문장으로 이루어졌는데, 몇몇은 그저 문장들이고, 나머지는 문단으로 확장되는 문장들이다. 1959년 1월 13일에 머튼은 "문장들"의 타자 원고를 테레사 렌드포어 수녀에게 보내면서, 『아무도 섬은 아니다』의 열악한 기초를 닦았다고 말하는가 하면, 그 짧은 문장은 아마도 "장황하게 완성된 책"보다 나을 것이라고 비평했다.

"문장들"은 1952년 '성심 절기'에 완성되었다. 『아무도 섬은 아니다』는 1955년 3월 24일에 발간되었다. 이 사실은 머튼이 이 책의 초고 집필을 1954년쯤 완성했다는 것을 의미한다. 즉 2년 만에 "문장들"에서 『아무도 섬은 아니다』로 옮겨간 것이다. "문장들"을 읽고 『아무도 섬은 아니다』와 비교하고 나서, 나는 이 책에 대한 머튼의 변명조의 말에도 불구하고 이것이 앞선 두 작품보다 훨씬 낫다고 말하지 않을 수 없다. 테레사 수녀에게 보내는 편지에서 언젠가 "문장들"을 출간하겠다고 머튼이 감개무량하게 말하고 있지만, 그 책은 출간할 만한 원고가 되기 전에 대부분 고쳐 쓸 필요가 있었다고 말하고 싶다. 그리고 『아무도 섬은 아니다』가 바로 그 개작이다.

머튼이 이전 작품들과 결부시킨 또 다른 연관성은 1949년 3월 2일 출간된 『명상의 씨』 Seeds of Contemplation에 있다. 『아무도 섬은 아니다』의 '저자의 말'에서 머튼은 이 작품이 실제로 『명상의 씨』의 연작이라고 말하면서, 비록 그 책이 두고 떠난 자리에서 전진하는 대신, "더 간결하게, 더 근본적으로, 더 자세히"32) 만들 의도로 같은 문제로 돌아갔다고 주장한다. 우연히도 이 '저자의 말'은 1955년 1월 날짜로

---

32) *Seeds of Contemplation*, p.7.

되어 있고(교정을 보거나 페이지 점검을 마치고 썼기 때문에?), O.C.S.O.[33]의 M. 루이스로 서명되었다. 표지는 토머스 머튼의 이름으로 되어 있지만 말이다.

독자들이 『아무도 섬은 아니다』를 『명상의 씨』보다 더 간결하다고 여길지 의심스럽다. "더 자세하다"고 여길지는 모르지만 말이다. 확실히 내 생각에는 "더 근본적"이다. 이렇게 말할 때 "근본적"이라는 것을 내가 이해하는 바는 "기초적"이라는 의미이다. 머튼이 고백했던 믿음에 있어서 기초적인 것이 "전통"이며 그 역할은 이러한 믿음에 명료함을 부여하는 것이다.

가톨릭 전통의 의미

『아무도 섬은 아니다』는 『명상의 씨』보다 훨씬 더 성숙한 전통에 대한 이해를 보여준다. 『명상의 씨』에서 전통은 "저 너머"에 있는 어떤 것, 즉 그가 무엇을 말하든, 비교해야 하는 어떤 기준처럼 보인다. 그래서 그는 『명상의 씨』의 '저자의 말'에서 이렇게 쓰고 있다. "우리는 이 책이 가톨릭 전통에 새로운 것을 한 문장도 담지 않기를 참으로 희망한다."[34] 이 말에는 『명상의 씨』를 관통하는 다소 당황스러운 확실성이 있다. 예를 들어 "전통과 혁신"이라는 제목을 가진 제12장에서 머튼은 이렇게 쓴다. "가톨릭 전통이 왜 전통이냐는 이유는, 그리스도 사상에서 변함없이 살아 있는 교리는 오직 하나 밖에 없기 때문이다.

---

[33] *Ordo Cisterciensium Strictioris Observantiae*(Order of Cistercians of the Strict Observance, 엄률 시토수도회
[34] *Seeds of Contemplation*, p.14.

새로 발견될 수 있는 것은 하나도 없기 때문이다."35) 머튼이 그런 전통을 혁명적이라고 부른다면, 그것은 물질적 문화의 가치와 기준을 반대한다는 의미에서이다. 그럼 전통 자체에는 어떤 혁명성도 없다는 것을 의미하는가? 아니다. 다만 상당히 고정적이다. 타당하게도, 이 장은 전통이 취하는 바 결정적 양태를 진술하는 가톨릭 도그마를 논하고 있다.

반대로 『아무도 섬은 아니다』는 가톨릭 전통에 대한 꽤 다른 이해를 보여준다. 1949년에 "가톨릭 전통에 새로운 한 줄의 글"도 쓰고 싶지 않다고 했던 사람이 1955년 책에서 이렇게 말한다. "가톨릭 전통의 어떤 관점과도 나 자신이 이별할 의도가 없다. 그러나 그 전통의 관점들을 무분별하게, 이해함 없이, 진정 나 자신의 것으로 만들지 않고 수용할 의사도 없다."36) 그는 계속해서 말한다. "내게 있어서 믿음 있는 사람의 최우선적 책임은 그의 믿음을 합리화함으로써가 아니라(『명상의 씨』에서 자신이 취했던 자세처럼?), 그것을 살아 냄으로써 진정한 자기 자신의 삶의 일부로 만드는 것으로 본다." 이는 개인적 씨름이 요구되지 않은 이미 포장된 대답들을 더 이상은 수용할 의사가 없는 사람의 말이다. 오히려 분명한 답변을 내리지 않고, 당분간 질문들을 마음에 품고 기꺼이 살아가고자 하는 자세를 나타낸다. 물론 이것은 심한 불확실성을 야기한다. 그러나 질문들을 가지고 기꺼이 살아가려는데 따르는 불확실성은 "결국 대답이 없을지도 모르기 때문에 올바른 질문들을 묻는 것을 두려워하는 데서 오는 더 나쁜 불확실성"보다 낫다. 머튼이 그리고 있는 어두운 그림에서 사람들은 "감히 물으려 하지 않는 질문에

---

35) *Seeds of Contemplation*, p.84.
36) *No Man Is an Island*. p.11.

대한 불충분한 답변의 어슴프레한 빛 아래서 함께 의논하고 있다."37)

40년 이상 전에 쓰인 이런 말들은 오늘날 가톨릭교회가 분투하는 문제들에 대해서도 놀랍도록 동시대적 울림을 가지고 있다. 한 가지 예만 들어보자. 어느 정도는 미래에 충분한 독신 남성 성직자가 있어 교회를 계속해서 성례전적 교회가 되도록 할 수 있다는 희망이 있다. 이것이 정말 희망의 표현인가, 아니면 새로운 의혹과 답변들의 두려움을 누설하는가? 혹은 그저 "불충분한 답변의 어슴프레한 빛"에 만족하고 있는가?

―――――― 제2차 바티칸 공의회를 예고하며 ――――――

한편 『아무도 섬은 아니다』에서 전통에 대한 머튼의 견해는 시대를 앞선 것이라 말할 수 있다. 전통에 대한 이 생생한 이해는-정적으로 고정되었다기보다 발전되되 지속적으로 심사숙고하며 탐구하는 것으로서- 10년 후에 있을 2차 바티칸 공의회의 "신적 계시에 대한 교리적 구성"Dogmatic Constitution on Divine Revelation보다 앞서 제기된 입장이다. "옛부터 말씀해 오신 하나님이 여전히 그 사랑받는 아들의 신부와 끊임없는 대화를 유지하신다. 성령 또한 역사하시는데, 복음의 살아 있는 소리가 교회에 울려 퍼지게 하시고, 세상에서 이를 통해 온전한 진리를 믿는 사람들을 이끄시며, 그리스도의 메시지가 그 풍성함으로 그들 안에 거하게 하신다"(8장). 또한 머튼은 『아무도 섬은 아니다』의 8장에서 이를 잘 말하고 있다.

---

37) *No Man Is an Island*. p.10.

전통은 언제나 낡은 것이되 동시에 새로운데, 그것이 항상 되살아 나 각 세대마다 새롭게 다시 태어나, 새롭고 특별한 방식으로 살아 나고 적용되기 때문이다…전통은 창조적이다. 언제나 본래적이 지만 언제나 낡은 여정에 새로운 지평을 연다…그것은 우리에게 어떻게 살아갈지 가르치는데, 그것이 우리의 능력을 개발하고 발전시키며, 우리가 살고 있는 이 세계에 우리 자신을 어떻게 헌신할 것인지 보여주기 때문이다.38)

나는 비정상적일 정도로 많은 시간을 머튼의 전통에 대한 이해 변화에 쏟았다. 이것은 두 가지 이유 때문인데, 첫째이며 가장 큰 이유는 이 이슈에 대해 그의 사고가 전진한 진화과정이 토머스 머튼에 대한 많은 것을 말해 준다고 믿기 때문이다. 곧 이것은 더욱 성숙한 또 다른 머튼을 나타낸다. 지평이 더 넓은 사람, 실존의 비전이 더 분명한 사람, 인생에 관한 관점이 더 균형 잡힌 사람으로서 말이다. 그에게서 이런 변화를 이해하는 것은 그의 생애와 저작들이 이후 어떤 방향을 취했는지 예상하는 데 있어서 결정적이다. 이런 이유로 『아무도 섬은 아니다』는 머튼 전집에서도 중요한 책으로 이해되어야 한다.

내가 이 이슈에 집중하는 두 번째 이유는, 작가 자신이 완결성을 가지고 비평하는 데 어려운 문학 장르를 선택했기 때문이다. 책은 16개 주제를 토론한다. 모두 영적인 삶과 관련되었지만 작가는 그것들을 서로 연관시키는 데 거의 애쓰지 않는다. 독자들이 몰입하도록 돕기 위해 이 책을 간단히 소개하려고 하는 불행한 비평가는 자신이 비평할 "책들"이 16개나 된다는 것을 깨닫는다. 가장 손쉬운 방법은 책에서 인용

---

38) *No Man Is an Island*. pp.120-21. 진한 곳은 첨가된 부분임.

할 만한 최대한의 인용구를 발췌하는 것이다. 본문은 시적인 특징을 가지고 있다. 이는 아포리즘에 특히 풍부한데, 분명하고 간결하고 도전적이다. 이는 다음과 같은 몇 가지 예로도 충분하다. "결코 나를 꾸짖으려 하지 않는 친구의 사랑에서 하나님이 나를 보호하시기를. 나를 변화시키고 뜯어고치려고만 하는 친구에게서 나를 보호하시기를."39) "포기는 그 자체로 끝이 아니다. 그것은 우리가 더 나은 것을 선용하도록 돕는다."40) "금욕주의의 진정한 목적은 피조물의 악한 사용 즉 죄와, 선한 사용 즉 선 사이의 차이를 드러내는 것이다."41) "통전성과 궁극성에 굶주린 우리의 깊은 존재에는 특별한 것이 있다."42) 내가 가장 좋아하는 것은 비폭력의 뿌리를 건드리고 있는 것 같은, 이 주옥같은 문장이다. "진실한 사람은 진리를 선명하게 진술하는 것과 비교해 진리를 방어하는 데는 그다지 관심이 없다. 진리란 선명하게 보이기만 하면 스스로 매우 잘해 나갈 수 있다고 그는 생각하기 때문이다."43) 또 이것이다. "화평의 하나님은 인간의 폭력으로는 절대 영광을 받지 않으신다."44)

단락마다 인용하고 싶은 유혹이 계속된다. 동시에 너무나 아름답게 표현된 어떤 아포리즘은 더 분명한 설명을 요구한다고 말해야 한다. 머튼이 저작에 선택한 장르는 그를 이러한 책임에서 자유롭게 하고 때때로 독자에게는 긴박감을 안겨 준다. 게다가 그가 때때로 선명함을 희생하여 현명함으로 나아간 것이 아닌지 의심스러운 때가 있는데, 이

---

39) *No Man Is an Island*, p.10.
40) *No Man Is an Island*, p.34.
41) *No Man Is an Island*, p.106.
42) *No Man Is an Island*, p.140.
43) *No Man Is an Island*, p.195.
44) *No Man Is an Island*. p.197.

것은 어휘에 대한 사랑과, 휘두를 수 있는 직관에 대한 능력이 너무나 명확한 작가에게 있어서 분명 작은 유혹이 아니다.

1967년 머튼이 자기 저작들에 대한 평가표를 만들었을 때, 『아무도 섬은 아니다』는 "좋음"으로 분류되었다. 내 판단은 이와 좀 다른데, 그것을 "아주 좋음"으로 한 단계 올려야 한다는 것이다. 이 책은 수십 년 간 사랑받았고, 더 많은 시간 사랑받으리라 예상된다.

4. 『새 명상의 씨』 New Seeds of Contemplation

1948년 7월 1일 머튼은 『명상의 씨』 Seeds of Contemplation 라는 제목의 책 저술을 마쳤다. 따라서 이 책은 『칠층산』의 출판과 그 출판의 괄목할 만한 성공 이전에 완성되었다. 이 책은 『칠층산』 출간 꼭 5개월 후인 1949년 3월 2일 출판되었는데, 베스트 셀러 『칠층산』의 후광을 얻어 여러 판을 찍었고 그 해 7월 까지 40,000부가 팔렸는데, 이런 종류의 서적으로는 정말 괄목할 만한 일이었다.

~~~~~~~~~~~~~ 제목 ~~~~~~~~~~~~~

책 제목은 노트르담 성 메리 대학의 한 학생에게서 온 편지에 대한 답변으로 머튼이 쓴 작은 소책자에서 유래되었다. 그 학생은 "관상 contemplation 이란 무엇인가?"라고 물었었다. 머튼은 이에 응답하여 원고를 쓰고 출간 허락을 성 메리대학으로부터 얻었다. 이 원고의 제목은 그 학생의 질문인 "관상이란 무엇인가?"와 동일하였다. 여기서 머튼은 쓰기를 "이 완전한 삶의(즉 하나님과의 관상적인 합일) 씨앗은 세례를 받은 모든 그리스도인 영혼 속에 심겨져 있다. 그러나 그 씨들은 수확을 하기 전에 자라나야 한다…그 관상의 씨앗은 심겨져 있다…그러나 (너무도 많은 경우에) 그것들은 단지 휴지 상태에 있다."45)

"씨"라는 비유는 물론 성경에 그 뿌리를 두고 있다. 씨앗의 비유는 공관복음 세권에 모두 나온다. 그 비유는 다만 씨앗에 대한 것일 뿐 아니라 그 씨앗을 받은 다른 종류의 흙에 대한 것이기도 하다. 이 비유가 머튼의 마음을 사로잡았다는 것은 그가 원래 그 책의 제목을 "흙과 관상의 씨앗들"로 하려 하였다는 사실에서 분명하다. 비유가 그것을 듣거나 읽는 사람들에게 규범을 가리키는 이야기가 아니라 도전을 주기 위한 이야기라는 것을 상기한다면, 머튼의 의도는 씨앗의 비유한 의도와 마찬가지로 그의 독자들이 도전에 직면하게 하는 것이라고 정당하게 말할 수 있다. 하나님이 당신 안에 심어 놓은 관상의 씨앗에 대하여 당신은 어떤 종류의 흙 인가?

책에 대한 영감

책의 제목이 성경 자료에서 나왔다면, 그것에 대한 영감은 머튼의 고해신부 돔 길다스Dom Gildas로부터 왔는데 그는 머튼에게 다음과 같이 말했다. "관상에 대하여 가르쳐야 하는 것, 특히 사람들에게 알게 해주어야 하는 것은 관상적인 삶이 아주 쉽고, 접할 수 있으며 또 초월적이거나 이상한 노력을 요구하는 게 아니라, 다만 거룩함을 위하여 정상적인

---

45) *What is Contemplation?* templegate 판, p.17.

관대함을 필요로 할 뿐이라는 것이다."46)

『명상의 씨앗』은 아주 폭넓게 비평되었고, 대부분의 비평들은 우호적이었다. "가톨릭 도서관 세계"The Catholic Library World 는 이 책을 20세기 판 『그리스도를 본받아』 라고 하였다. 그러나 '런던 도서관 지' The London Library Supplement 는 이 책의 주요 문제일 수 있는 점을 지적하였다. " '자연적'과 '초자연적' 사이에 너무 날카로운 균열과 깊은 심연이 있어서 도약을 거부하는 사람들은 용서되어야 한다." 이 타당성이 있는 현명한 코멘트를 머튼은 곧 알게 될 것이다.

이 책에 대한 머튼 자신의 평가는 좋은 것들이 아니었다. 비록 삼베 커버 (출판업자, James Laughlin이 나이트클럽 벽지에 사용되는 재료 종류라고 머튼에게 알려 주었지만) 에 만족하였으나, 그는 『요나의 표적』의 한 부분에서(1949년 3월 6일) 그 책에 대한 그의 염려를 표명하였다. "내가 쓴 모든 책은 내 자신의 성격과 양심의 거울이다. 나는 언제나 내 자신이 동의되어질 수 있다는 희미한 희망을 가지고 마지막 인쇄 작업에 임하지만 결코 그렇지 못한다."47) 그는 계속하여 "이 책 안에는 또 내가 자랑할 아무것도 없다. 그것은 영특한 듯하지만 깊이가 결여되어 있고 따르기가 어렵다…그것은 따뜻함과 인간적인 정감이 결여되어 있다. 나는 내 자신 속에 이미 사라져 버렸다고 생각했지만 여전히 거기 있으며, 이전보다 더욱 나빠져 있는, 자만심이 깔려 있는 것을 발견한다. 나는 이 책이 과연 어떻게 선한 영향을 끼칠 수 있을 것인지 기대할 수 없다." 그는 그 책을 선정한 한 도서클럽이 그것을 현대판

---

46) *The Sign of Jonas*, p.20.
47) *The Sign of Jonas*, p.165.

『그리스도를 본받아』라고 높이 평가한 것을 유감스럽게 생각하였다. 그는 "하나님이여 날 용서하소서"라고 썼고, "그것은 토머스 아 켐피스라기보다는 오히려 요나단 스위프트Jonathan Swift[48])이다"라고 하였다.

머튼의 이 책에 대한 불만족으로 인해 그는 이 책의 개정에 신속히 착수하였다. 1949년 7월 9일 그는 자끄 마리땡Jacques Maritain에게 쓰기를 "나는 『명상의 씨앗』을 개정하고 있습니다. 이 책에 있는 많은 표현들이 경솔하고 내가진의를 바로 드러내고 있지 않습니다." 머튼이 이 책에 대하여 가진 불만족에 동의하지 않을 수 없다. 이 책은 젊은 기운이 넘치는 책으로 종종 단순하고 순진하다. 세상을 등지고 방향 전환을 하고는 모든 사람들이 자기와 같이 행동하기를 원하는 한 젊은이에 의하여 쓰여진 책이기 때문이다.

그는 약간 개정된 판본을 만들어 1949년 12월 19일에 출판하였다. 그러나 대폭의 개정은 1961년까지 기다려야 했고, 마침내 『새 명상의 씨앗』으로 출판하였다. 『새 명상의 씨앗』은 많은 점에서 먼저의 책과는 달랐다. 머튼이 책 서문에 밝힌 바와 같이 "이 책은 단순히 옛 책의 개정판이 아니다." 그것은 많은 점에서 완전히 새로운 책이다. 기존의 책에서 약간의 수정이 있었고 많은 내용이 부가되었다. 대부분의 장들이 늘어나, 많은 장들이 추가되었다. 『명상의 씨앗』은 27장으로 되어 있었으나, 『새 명상의 씨앗』은 총 39장이다. 내 의견으로는 원래 있던 것 중 너무 많은 부분들이 그대로 남아 있다. 만약 전체적으로 다시 썼다면 보다 나은 책이 되었을 것이다. 그러나 머튼은 언제나 새로운

---

48) (1667-1745) 아일랜드 태생의 영국의 풍자 소설가 걸리버 여행기(Gulliver's Travels)의 작가

주제에 착수하기를 열망하였기 때문에 이 책의 철저한 개정 작업에 필요한 인내심을 가지고 있지 않았다. 그러나 여전히 『새 명상의 씨앗』은 현대의 영적 고전으로 머튼을 오래 동안 사람들의 기억에 남게 할 책 중의 하나이다.

문학 장르

『새 명상의 씨앗』(또는 『명상의 씨앗』)이 어떤 문학 장르에 속하는가를 정하기는 약간 까다롭다. 그것은 관상적 경험에 대하여 많은 것을 말하지만, 그런 경험에 대한 체계적인 연구는 결코 아니다. 머튼은 그것을 "다소 관련이 없는 생각들의 묶음"[49]으로 "메모와 개인적인 회상들의 모음"[50]으로 묘사하였다. 그것은 파스칼의 작품, 일련의 '팡세'와 비슷한데, 어떤 것들은 다른 것들보다 더 발전되어 있다. 각 장은 독립적이고 그 전후에 오는 장과 반드시 연관되어 있지 않지만 책에 있는 모든 것은 다소간 관상적 영성에 관한 것이다. 머튼은 수도승들뿐 아니라 많은 사람들이 이 책에서 논의되고 있는 종류의 것들을 갈망하고 있다고 믿었다.

나는 『새 명상의 씨앗』의 내용을 분석할 의도가 없다. 거룩과 세속 사이의 이분법(『명상의 씨앗』이 비판받았던)이 극복되었다고 말하는 것으로 충분하다. "실재는 분리에서가 아니고 하나 됨에서 추구되어야 한다. 왜냐하면 우리는 서로 지체가 되기 때문이다."[51] "깊은 관

---

49) *New Seeds of Contemplation*, p. xiii.
50) *New Seeds of Contemplation*, p. xiv.
51) *New Seeds of Contemplation*, pp.47-48.

상 기도에서는 주체와 객체 사이에 어떤 분리도 없는 듯함으로 하나님에 대하여나 자신에 대하여 어떠한 말을 할 필요가 없다. 하나님은 '계신다.' 이 같은 현실이 다른 모든 것을 빨아들인다."52) "(관상에서) 일어나는 것은 당신you이라는 분리된 개체가 사라지고 무한한 자유로부터 구별될 수 없는 순수한 자유, 사랑Love으로 인식된 사랑love 외에 어떤 것도 남아있는 것 같지 않은 것이다. 하나가 다른 하나를 기다리고, 얻으려고 애쓰고, 추구하는, 그런 두 개의 사랑이 아니고 자유 가운데 사랑하는 사랑이다53) …정말 그러하다. 순수한 관상에 의하여 하나님 안으로 사라진 사람에게는, 하나님 홀로 남는다. 그분은 거기서 활동하시는 '나'이다. 사랑하고 아시고 기뻐하시는 분은 하나님이시다."54)

나는 더 이상의 설명을 하지 않겠다. 나는 당신이 이 책의 3장을 참조하기를 바란다. 기억하고 있을지 모르겠으나 거기서 관상적인 영성과 진정한 자아를 다루었다. 거기에 있는 많은 내용들이 이 책으로부터 인용되었다. 『새 명상의 씨앗』은 토머스 머튼과 그의 사상을 이해하기 위하여 읽어야 하는 도서들의 작은 목록에 속하여 있는 책이다.

5. 『죄인된 방관자의 억측』 Conjectures of a Guilty Bystander

이 책은 문학 장르에 있어 우리가 앞서 살펴보았던 4개의 책들과는 다르다. 어떤 면에서 그것은 그들 각각의 요소들을 포함하고 있다. 그래

---

52) *New Seeds of Contemplation*, p.267.
53) *New Seeds of Contemplation*, p.283.
54) *New Seeds of Contemplation*, pp.286-287.

서 『칠층산』과 같이 그것은 전기적 요소를 가지고 있기도 하다. 『요나의 표적』과 같이 일기 요소도 있다(머튼은 서문에서 다음과 같이 명백히 말하고 있다. "자료는 1956년 이래 내가 가지고 있던 기록장에서 가지고 온 것이다"). 이 책은 1966년 가을에 출판되었다. 그래서 그의 인생의 약 10년간을 담고 있다. 이 10년간의 이야기는 그의 인생에서 가장 중요한 시기 중에 포함된다.

그러나 『요나의 표적』과는 달리, 각 항목들은 날짜를 기록한 것도 아니고 정확한 연대적 순서에 따른 것으로 보이지도 않는다. 그들은 단지 일기로부터 발췌된 것도 아니다. 때로 그것들은 일기 항목에 좀 더 반추한 내용을 포함하고 있다. 루이스 빌의 4번가 월넛 거리의 코너에서 있었던 모든 인류에게 잘 알려진 하나의 경험은 1958년 3월 18일에 발생했다(머튼의 "세상으로 귀환"이라고 말한 그의 삶에서 중요한 사건). 그러나 그것은 그 책(p. 156-158) 중간에서야 실제적으로 언급이 되고 있으며, 그 날짜에 일기장에 있는 내용이 꽤 크게 확장된 형태로 쓰인 이야기이다.55)

다른 것과 느슨한 관계를 갖고 있는 항목들로 구성되어 있는 『죄인된 방관자의 억측』 *Conjectures of a Guilty Bystander*은 어느 정도 『아무도 섬은 아니다』나 『새 명상의 씨』와 유사하다. 그 항목들은 앞의 두 개의 광세보다 훨씬 긴 경향이 있다. 같은 시기에 쓰인 앞선 작품들은 크게 내적 삶을 중심으로 다룬 반면에, 『죄인된 방관자의 억측』은 관상가의 감각을 잃어버린 세상에서의 참여의 문제들을 다루고 있다. 머튼의

---

55) 머튼 일기집의 제3권과 비교하라. Thomas Merton, ed. Lawrence S. Cunningham. *A Search for Solitude*(『고독을 찾아서』), *A Pursuing the Monk's True Life: Journals of Thomas Merton*, vol.3, 1952-1960, (San Francisco: Harper SanFrancisco, 1996.) pp.181-182.

『죄인된 방관자의 억측』은 우리를 그의 관상적인 경험에 의한 세상과의 접촉 안으로 밀어 넣는다.

머튼이 선택한 이 책의 제목은 그의 인생에서 이 시점의 그가 어디에 있었는지를 암시해 주고 있다. 그가 독자들에게 주고자 하는 것은 답(초기의 일부의 책에서는 이미 모든 정답을 가지고 있는 것처럼 자신을 나타낸다)이 아니고 "억측"이다. "억측"으로 말하자면, 머튼에게 있어서 그것은 사안의 면밀한 조사를 의미한다. 이 용어는 "추측" 이상의 뜻을 함축하지만, 명확한 입장을 말하는 것은 아니다. 어원적으로 그 단어는 그렇게 명확한 것은 아니지만 합리적으로 보이는 하나의 결론에 도달하기 위하여 "함께 물체를 던지는 것(집어넣는 것)"을 의미한다. 머튼은 스스로를 "방관자"라고 부르면서, 근 20년 동안의 수도원 생활의 동떨어진 삶을 이야기한다. 머튼은 지금 깨닫기를, 그는 세상 뒤에 있었고, 세상사로부터 떨어졌었다. 머튼이 처음에 수도승으로서 합당한 자세로 여기면서 가졌던 세상과의 거리는 이제 실존적인 유죄를 암시한다. 유죄라는 것은 두 가지 것을 의미한다. 첫째, 그는 얼마동안 동떨어진 삶이 포함하고 있는 무책임성을 깨닫지 못했다. 둘째, 그는 그것을 깨달아야 했었다.

서문에서 그는 책의 의도에 대하여 중요한 설명을 주고 있다. 그가 우리에게 말하는 것은 1960년대 세상에 대한 그의 개인적인 관점이다. 그 책은 독백이 아니라 대화이며, 독자와 대화를 추구하면서 그 질문 속에 그들의 참여를 바라고 있다. 이 책은 결코 미리 준비된 답이 아니다.

비록 그가 다양한 종교적인 전통을 이야기하고 있지만, 그 책은 전문적인 에큐메니즘을 다루는 책이 아니다. 즉 종교 간의 차이점들을 다루며 이를 해결하고자 하는 에큐메니컬 도서가 아님을 조심스럽게 지적하고 있다. 그러한 상호교환은 중요하며 필요한 것이다. 그러나 그의 관심은 다른 곳에 있었다. 즉, 그는 다양한 종교 배경을 가진 사람들을 나누기보다 연합할 수 있는 그러한 종교적인 경험의 장소를 찾고자 했다. 그의 관심은 교리적 형식 보다는 종교적 경험에 있었다. 다른 말로, 머튼은 1960년대에 가톨릭교회가 하고 있는 것, 즉 현대 세상 및 다른 종교적 전통들과 접촉하는 것을 해야 한다고 느낀다. 그는 이 모험에 그의 독자들을 초대한다. 그래서 다음과 같이 쓰고 있다.

> 만약 가톨릭교회가 근대 사회와 다른 기독교 교회들에게로 돌아가고 있다면, 그리고 아마도 처음으로 심각하게 비기독교 문서들을 그것들의 원래 개념으로 사용하고 있다면, 소수의 관상적인 수도승 신학자들이 자기 자신들의 생각을 그 논의에 조금이나마 기여하게 될 것이다. 바로 이것이야말로 이 책이 의도하고자 하는 것 중 하나이다. 그것은 이들 현대적 문제들에 대한 수도원적이고 개인적인 관점을 제공한다. 독자적이고, 실존적이며, 시적 접근은 이 수도원적인 관점에 적합하다.56)

그들 자신의 용어로 "비기독교 문서를 취한다는" 중요한 진술에 주목하라. 분명히 이 접근방법은 가톨릭교회에게는 새로운 것이지만, 머튼은 어느 정도 마음으로 수용하였다.

『죄인된 방관자의 억측』은 "담그기"$_{\text{dipping}}$를 위한 책이다. 추측컨대 매우 소수의 사람만이 처음부터 끝까지 그것을 읽을 것이고, 대부분 철저하게 읽을 필요를 느끼지도 않을 것이다. 그 책은 5 부분으로 나눠

---

56) Thomas Merton. *Conjectures of a Guilty Bystander*(Garden City, N.Y.: Doubleday, 1966). P. 7.

져 있는데, 파트별 제목은 단지 내용의 간단한 표시일 뿐이다. 그것은 이 책에 나와 있듯이, 머튼의 마음에 있는 다양한 관심사들을 다루는 많은 조각의 모자이크처럼 생각되며, 이런 관점은 이 책을 이해하는 데 도움이 될 것이다. 다음은 내 자신의 알파벳 정렬들과 해당 페이지이며, 그것은 『죄인된 방관자의 억측』을 조직적으로 접근하는 데 도움이 될 것이다.[57]

1. **자서전**(Autobiography): 5-7, 89, 156-158, 180-189, 193, 200, 214, 245, 249, 257, 261-262, 280, 312, 320, 324
2. **미국적 신화**(the American Myth): 33-39, 75-77, 80-81, 235-237.
3. **죽음**(Death): 41, 137-138, 189, 232-234, 262-263.
4. **에큐메니즘**(Ecumenism) : 21, 33-39, 55, 76, 80, 101-102, 143-144, 168-171, 194-195, 203-205, 210-211, 217-218, 235-237, 270, 312-315, 323-326.
5. **자유**(Freedom) : 83, 88-90, 91-92, 115-116, 121, 166-171, 220-221, 227-229, 234, 237-238, 240, 250-251, 255.
6. **라틴 아메리카의 시인들**(Latin American poets) : 13.
7. **수도원생활**(Monasticism) : 150-151, 179-180, 184, 190-191, 199, 230-232, 244, 337-338
8. **자연**(Nature): 29, 131-132, 137, 146, 148-149, 179, 201-202, 246-247, 280, 284-285, 294, 296, 304, 306.
9. **재림과 역사**(Parousia and History): 52, 71, 102, 123-128, 171-172, 207-208, 211-212, 299.
10. **기도**(a Prayer) : 177.
11. **인종차별, 폭력, 비폭력, 평화**(Racism, Violence, Nonviolence,

---

[57] 이 자료는 출판사 이미지 북(Image book edition)을 참고한 것이다.

Peace): 31-33, 41, 58-59, 68-69, 84-85, 86, 109-112, 117, 200, 227-228, 269-270, 301-302, 317, 343.
12. **자아**(the Self): 95, 150, 154, 158, 184, 219, 224, 245.
13. **기술**(Technology) : 25, 67, 75-77, 220-223, 230-232, 251, 253, 296-297, 308.
14. **세상**(the World): 7, 14-15, 45-48, 50-51, 53, 125-128, 156-158, 194-195, 223, 253-254, 256-257, 283-284, 312-314, 316-321.

6. 『선과 맹금』 Zen and the Birds of Appetite

머튼이 초대 교회의 위대한 작가들이나 12세기의 시토수도회 작가들과 접촉한 것은 말로 나타낼 수 있는 범위와 합리적 사고를 뛰어넘는 관상적인 경험의 의식을 확립했다. 점점 더 그는 관상을 까다로운 교의적 문구보다는 경험적인 것으로 이야기했다. 이 개념과 말을 뛰어넘는 경험에 중점을 둠은 불가피하게 그를 동양적인 사고, 특히 선의 사고로 이끌었다. 동양으로 떠나기 전, 머튼은 선에 관한 각각 다른 주제에 대해 쓴 꽤 많은 그의 에세이들을 모아서 『선과 맹금』이라는 책에 담았다. 나는 이 책을 머튼에게 다가가기 위해 "필히" "꼭" 읽어야 할 작품에 넣어야 할지 적어도 잠시 동안이라도 망설였다. 내가 망설인 것은, 이 책이 어렵고 도전적이고 큰 노력이 필요하기 때문이다. 하지만 바로 이것이 나로 이 책을 목록에 넣게 한 점으로, 이 책 역시 훌륭하고 통찰력 있다. 이 책과 씨름하느라 시간이 걸리는 사람들은 막대하게 보답을 받을 것이다. 사실 내가 이 책을 표현하는 방법은 말만 다를 뿐 내가 추천한 다른 책에 대해 표현한 것과 비슷하다. 하지만 『선과 맹금』은 다른 작품이 보여주지 않는 머튼의 동양적 사고를 확실히 보여 준다. 그의 근본적인 사고보다 더, 그 자신만의 기독교 전통에 더 가까이 가는 삶의 방식. 이것은 더군다나 그 전통에 관해 그의 이해를 더 풍요롭게 하는 수단이 된다.

이 책은 요약할 필요가 없는 책이다. 시작 부분의 각주가 확실히 보여 주듯이 책의 이야기들은 다양하다. 그 중 셋은 오클라호마 대학의 학술지 『키매론 리뷰』 Cimarron Review 의 "선에 대한 연구"(1968), "새로운 의식"New Consciousness, 1967 과 몬트리올 R. M. 벅키 협회의 협회지에 실린 "초월적 경험"Transcendent Experience, 1966 이다. 그 이외에도 두 개의 글은 머튼의 중국인 친구, 존 우John C. H. Wu 박사가 쓴 『선의 황금시대』 The Golden Age of Zen 라는 책의 서론으로 쓰인 "한 그리스도인이 바라본 선" A Christian Looks at Zen, 1966 과 스미스 칼리지의 학생 샐리 도넬리Sally Donnelly 의 논문 머리말로 쓰인 "열반"Nirvana 이다. "D. T. 스즈키: 인간과 그의 업적"과 "키타노 니시다: 선 철학자"Kitaro Nishida: A Zen Philosopher 는 유명한 선의 명인들에게 바친 것들이다. 첫째는 토시미수 하스미Tosimitsu Hasmi, 1962 가 쓴 『일본 예술에서의 선』 Zen in Japanese Art 을 "가톨릭 노동자"에서 1967년 8월에 서평 한 것이다. 마지막으로 『선과 맹금』의 2부는 1961년 잡지 New Directions 에 처음 실린 "지혜와 공허"Wisdom and Emptiness 라 불리는 머튼과 스즈키의 49페이지에 달하는 긴 대화를 담은 것이다.

이 책의 기본적인 아이디어의 짧은 요약을 위해서는 선의 주제에 대해 논한 제 3 장에서 선에 대한 부분을 보면 된다.

7. 『아시아저널』 The Asian Journal

1968년 초에 머튼은 전 세계적으로 수도원적 부흥이 일어나게 도와주는 목적을 가진 국제 베네딕도 협회의 초대를 받았다. 협회는 1968년 12월 태국의 방콕에서 열리는, 아시아의 베네딕도회와 시토회 수도승 지도자들이 모이는 회의를 후원하고 있었다. 머튼은 그곳에 초대받아 중요한 연설을 하기로 되어 있었다. 수도원장 플라비안 번스의 허락으로 그는 태국 이외에 다른 나라들도 여행하는 계획을 세웠다. 1968년 10월 15일 그는 가슴에 큰 기쁨과 "오랜 세월 동안의 기다림과 방황과 어리석음 후에 드디어 나의 진정한 길로 간다는 굉장한 운명의 느낌"을 가지고 샌프란시스코를 떠났다58). 머튼이 캘리포니아에 있을 동안 차를 운전해 준, 지금은 고인 된 윌버 핑 페리 Wilbur H. Ping Ferry 는 후에 머튼이 비행기에 탑승할 때, "디즈니랜드에 처음 가는 아이처럼 흥분해 있었다"라고 설명했다.

토머스 머튼은 오랫동안 기독교 수도승으로서 자신의 전통에 대한 깊은 연구와 전적인 헌신에 깊이 뿌리를 내리고 있었다. 동시에 머튼은 동양의 수도승전통을 직접 경험함으로 배울 것이 많이 있다고 깊이 확신하고 있었다. 그는 전 세계적인 종교 지도자들이 세계의 종교 안에서 상호 교류하겠다고 서약한 협의회 'Temple of Understanding meeting'의 강연 초대를 받아 캘커타에 들렀다. 1968년 10월 23일에 행한 그의 연설에 다음과 같은 내용이 담겨 있다.

---

58) *The Asian Journal*, p.4.

저는 이제 우리가 기독교적이고 서구의 수도원적인 헌신에 온전히 충실하게 남아 있으면서도, 불교나 힌두교의 수련이나 경험을 심도 있게 배울 수 있는 영적인 성숙의 단계(오랫동안 지체되어 온)에 이르렀다고 생각합니다. 우리 중 어떤 사람은 자신의 수도승으로서의 삶의 질을 더욱 더 진보시키기 위해, 그리고 또 서방교회 안에서 착수한 수도원의 갱신을 돕기 위해서라도 이것이 필요한 사람도 있을 것이라고 믿습니다.59)

몇몇 사람들은 아마 머튼의 동서양의 회담에 대한 낙관과 성공하리라는 높은 기대에 대해 의문을 가질 수도 있다. 하지만 아무도 그가 회담에 참가할 때, 그의 열정에 대해서 의문을 나타내지는 않는다. 사람들은 『아시안 저널』을 읽으면서 불교와 힌두교의 교서에 대한 신비로움과 비의를 노트에 기록하는 그의 그치지 않는 열정과 여행 중에 만나는 달라이 라마를 비롯한 다른 많은 영적인 사람들과 즉각적으로 관계를 쌓는 그의 넉넉함과 여유에 놀라게 된다.

그렇지만 그는 열정적이었어도 고지식하지는 않았다. 그는 회담이 어떻게 이끌려져 나아가야 한다는 원칙을 나름대로 갖고 있었다. 그는 캘커타 회담을 위해 준비한 노트에서 명료하게 적고 있다. (1) 대화에 참석 할 수 있는 사람은 오랫동안의 침묵과 묵상의 습관을 가지고 철저하게 훈련을 받은 사람이어야 한다. (2) 잘못된 혼합주의 false syncretism 를 다음의 방법으로 피해야 한다. (3) 종교 전통들 사이에 존재하는 중요한 차이점을 세심하게 존중해 주어야 한다. (4) 대화는 이차적인 문제에 집중하기보다(즉, 제도적인 구조나 수도원적인 규칙 등등) 더 근본적

---

59) *The Asian Journal*, p. 313.

인, 즉 수도승의 탐구대상, 다시 말해서 의식의 변화를 통해 획득되는 자아 초월과 깨달음의 의미와 경험에 더 치중해야 한다.60)

그는 이런 종류의 대화는 중요하다고 보았다. 왜냐하면, 그는 수도승들은 현대의 남자들과 여자들에게 말해줄 중요한 것을 가지고 있다고 믿었기 때문이었다.

> 현대 세상에서 관상적인 경험의 삶을 지속시키고 자신의 내면 심층의 통합을 회복하고자하는 현대의 기술적인 사람들을 위해 열려있는 방법을 제시하는 것이 수도승 특유의 직무이다.61)

그렇지만 궁극적으로 대화를 통한 의사소통으로는 충분하지 않다. 말로 하는 의사소통은 말없이 하는 교통보다 못한 것이다. 교통은, 차이점이 해소될 수 없는 동안에도, 어떤 특별한 방법으로 그것을 극복할 수 있는 것이다. 교통은 근본적인 일치를 나누는 것이다. 머튼은 캘커타에서의 회담을 이렇게 마무리 했다.

> 제일심도 깊은 의사소통은 의사 교환이 아니라 교통이다…그것은 말을 뛰어 넘는 것이다…개념을 뛰어 넘는 것이다…우리가 새로운 일치를 발견하는 것이 아니라. 우리는 더 오래된 일치를 발견한다. 나의 친애하는 형제들 그리고 자매들, 우리는 이미 하나이다. 그러나 우리는 우리가 그렇지 않다고 생각한다. 우리가 회복해야 할 것은 본래의 일치성이다. 우리가 되어야 할 것은 본래의 우리의 모습이다.62)

---

60) *The Asian Journal*, pp. 316-317.
61) *The Asian Journal*, p. 317.
62) *The Asian Journal*, p.308.

11월에 머튼은 히말라야에 있었고 11월 4일에 그는 다람사라에서 달라이 라마와 전체 세 번에 걸친 만남 중의 그 첫 만남을 감동적으로 가졌다. 머튼은 그가 인상적이고 마음에 드는 사람이라는 것을 알아차렸다. 그들은 생동적인 대화를 나누었다. 머튼은 그의 내면적인 삶이 아주 견고한 기초와, 일상적인 생활과 세상에 대한 실제적인 문제의 객관적인 인식 위에 세워졌다고 믿고 있었다. 달라이 라마도 머튼에게 깊은 감명을 받았다. 1990년 발행된 그의 자서전에서 달라이 라마는 머튼이 자신을 가장 놀라게 했던 점은 "일목요연하고 명백한 그의 내면세계였다. 나는 그가 진정으로 겸손하고 영적으로 성숙한 사람이라는 것을 알 수 있었다. 이렇게 내가 기독교인 어느 누구에게서도 느낄 수 없었던 영적인 숭고함의 느낌을 받은 것은 토머스 머튼이 처음 이었다…내게 '기독교인' 이라는 단어의 진정한 의미를 가르쳐 준 것은 바로 머튼이었다."63)

12월 2일 세 개의 거대한 돌로 깎아 만들어진 불교 상이 있는 스리랑카의 폐허된 도시 폴로나루와로의 기억할만한 여행이 있었다. 머튼이 스리랑카에 있는 동안 그를 초대했던 스리랑카 미국 대사관의 빅터 스티어는 페리에게 머튼이 폴로나루와의 사원에서 엄청날 만큼의 감명을 받았다고 편지에 썼다. 머튼의 여행에 대한 희열에 넘친 회고는 그의 『아시아저널』에 잘 나와 있다.

> 그것들을 보면서 나는 갑자기, 거의 강제적으로 습관적인 것들을 확 비워버렸고, 반쯤 시선이 고정되었고, 내면의 깨끗함…투명함

---

63) Tenzin Gyatso, *Freedom in Exile*(『유배에서 자유』), (New York: HarperCollins,1990.), p.189.

이 분명하고 명백해졌다…나의 동방 순례가 스스로 선명하고 깨끗해졌다. 그러니까 나는 내가 불분명하게 찾던 것을 보았다는 것을 알게 되었다. 나는 무엇이 더 남았는지 알지 못하지만 그러나 이제는 표면을 뚫고, 그림자와 속임수를 넘어서는 것을 보게 되었다.64)

그가 꿰뚫은 표면이란 무엇일까? 그것은 아시아적인 것인가 아니면 그 자신의 것인가? 그 말은 첫 번째를 뜻하는 것으로 보일 수도 있고 두 번째를 뜻하는 것일 수도 있다. 세계의 반을 지나와서 머튼은 마침내 그의 삶의 목표인 공空의 경험과 의식의 완전한 변화를 이해했던 것인가? 그는 불상 앞에서, 드디어 파스칼 신비의 자기 비움의 경험에 온전히 들어가게 되고 그리스도의 마음을 가지게 된 것인가? 우리는 이러한 질문들에 답할 수 없고 또한 답을 물어볼 자격도 없다. 우리가 할 수 있는 것은 그가 12월 10일에 방콕에서 수도승들과 수녀들에게 강연 했던 그의 말을 반추하는 것이다.

> 수도승은 진정한 깨달음을 얻었거나, 얻으려 하거나, 얻길 원하는 사람들입니다…그것은 특이 하거나 황홀한 정보를 얻는 것이 아니라, 해방의 비밀을 아는 것을 통해 자신의 존재의 바탕을 경험하는 것입니다. 그리고 이것을 어떤 방법으로든지 다른 사람들에게 전달하는 것입니다…
> 수도원적인 삶의 전적인 목적은 사람들에게 사랑으로 사는 법을 가르치는 것입니다. 서양에서 가장 유행했던 공식은 어거스틴의 공식으로 탐욕을 사랑으로, 즉 자기중심적 사랑을 밖으로 내뿜어 타자 중심적 사랑으로 만들라는 것이었습니다. 이러한 변화를 겪

---

64) *The Asian Journal*, pp. 235-236.

는 동안 개인의 자아는 환영처럼 보이며 스스로 소멸되고, 자기중심적인 자아의 자리에는 더 이상 개인이 아닌, 각자 속에 그리스도가 내재하는 기독교인이 출현하게 됩니다.65)

이 말들은 그가 겟세마니 수도승들에게도 했을 법한 것이다. 그의 수도원은 "집"이 아니라고 주장했던 이 "절대자로의 순례자"가 자기 수도원에서 몇 천마일이나 떨어진 곳에서, 고독 속에서 "불타버린 사람들"의 무리에 합류했다는 것은 실로 하나님의 섭리의 역설이다.66)

8. 자 다음은?—편지, 일기, 그 밖의 작품들

만약 당신이 끈기 있게 여기까지 오고 머튼 도서관의 모든 책, 혹은 위에서 이야기한 책 중의 일부를 읽어봤다면 십중팔구 당신은 머튼의 주문에 걸려있고, 할 수 있는 한 당신은 그의 작품을 읽어나갈 것이다. 아마도 당신은 그의 다른 작품 중 어떤 것을 읽고 싶을지 대강 감을 잡았을 것이다. 그러므로 나는 이번 장을 간단하게 머튼의 다른 작품을 간결하게 열거함으로 마무리하겠다.

──────── 머튼의 편지 ────────

1985년에서 1994년까지 다섯 권의 머튼의 편지들이 출판되었다. 그것들은 머튼의 도서관에서 중요한 자리를 차지할 것이 분명하다. 존

---

65) *The Asian Journa*, pp.333-334.
66) *The Seven Story Mountain*, p. 423; *The Sign of Jonas*, p. 224.

헨리 뉴맨이 "사람의 진정한 삶은 그의 편지 안에 들어있다"고 쓴 것처럼 편지는 우정을 쌓고 유지해 나가는 방법 중에 하나이다. 머튼의 편지를 통해 당신은 전 세계의 많은 머튼의 친구들을 만나 볼 수 있다. 편지는 그 사람의 인간적인 면모를 보여주고, 공적으로 출판되는 책에서는 나타낼 수 없었던 그의 여러 가지 고민들을 보여준다. 그리고 무엇보다도 머튼은 썩 좋은 편지를 쓸 줄 알았다.

다섯 권의 책의 제목을 보면 각 권에 어떤 종류의 편지들이 실렸는지 예상할 수 있을 것이다.

1권. 사랑의 숨은 근원: 종교적 경험과 사회적 관심들에 관한 편지, 윌리엄 셰논 편집(*The Hidden Ground of Love: Letters on Religious Experience and Social Concerns*)

2권. 즐거움으로의 길: 과거와 현재 친구들에게 쓴 편지, 로버트 대기 편집(*The Road to Joy: Letters to New and Old Friends*)

3권. 자비의 학교: 종교적 갱신과 영적 방향에 관한 편지, 패트릭 하트 형제 편집(*The School of Charity: Letter on Religious Renewal and Spiritual Direction*)

4권. 진리를 위한 용기: 작가들에게 쓴 편지, 크리스틴 M. 보첸 편집(*The Courage for Truth: Letters to Writers*)

5권. 자유의 증인: 위기의 시대에 쓴 편지, 윌리엄 셰논 편집(*Witness to Freedom: Letters in Times of Crisis*)

머튼의 일기

머튼은 자신의 일기가 그의 죽음 뒤 25년이 지나기 전에는 출판되지 않을 것이라고 스스로 약정했다. 그가 죽은 뒤 25년이 지났고 현재 그의 모든 일기가 다 출판되었다.

1권. 산으로 달려가: 소명 이야기, 패트릭 하트 편집(*Run to the Mountain: The Story of a Vocation*: 1939-1941)

2권. 침묵에 들어가며: 수도승 겸 작가가 되기, 조나단 몬탈도 편집 (*Entering the Silence: Becoming a Monk and Writer*: 1941-1952)

3권. 고독을 찾아서: 수도승의 참된 삶을 추구하며, 로렌스 S. 커닝햄 편집(*A search for Solitude: Pursuing the Monk's True Life*: 1952-1960)

4권. 세계를 향해 돌아서기: 중요한 시기들, 빅터 A. 크레이머 편집 (*Turning Toward the World: The Pivotal Years*: 1960-1963)

5권. 생수로 춤추며: 은자에서 평화 구하기, 로버트 E. 대기 편집 (*Dancing in the water of Life: Seeking Peace in Hermitage*: 1963-1965)

6권. 사랑 배우기: 고독과 자유를 찾아, 크리스틴 M. 보첸 편집 (*Learning to Love: Exploring Solitude and Freedom*: 1966-1967)

7권. 산의 반대편: 여정의 끝, 패트릭 하트 편집(*The Other Side of the Mountain: The End of the Journey*, Journals VII: 1967-1968)

──────── 읽고 싶은 머튼의 기타 작품들 ────────

『고독 속의 사색』(*Thoughts in Solitude*, 1959)

『논란의 질문들』(*Disputed Questions*, 1960, 특히 "고독의 철학에 관한 이야기"를 보라)

『행동하는 세상 속에서 관상』(*Contemplation in a World of Action*, 1971)

『신비주의와 선의 스승들』(*Mystics and Zen Masters*, 1967)

『토머스 머튼의 문학 에세이』(*The Literary Essays of Thomas Merton*, 1981)

『장자의 도』(*The Way of Chuang Tzu*, 1965)

『이방인의 날』(*Day of A Stranger*, 1981)

『토머스 머튼의 시 모음』(*The Collected Poems of Thomas Merton*, 1977)

『평화에의 열망: 토머스 머튼의 참여적 에세이』(*Passion for Peace: The Social Essays of Thomas Merton*, 1995)

이 장을 마치면서 나는 그의 작품들을 열거하거나 평가하려는 것이 아니라, 머튼에 관한 수많은 책들, 연구논문들, 석사 박사 논문들이 있다는 것을 강조하고 싶을 뿐이다. 그 중 어떤 것들은 다른 것에 비해 월등하게 우수한 것들이 있다. 하지만 겟세마니의 가장 유명한 수도승에 관해 쓴 것을 구별하고 그 내용들을 밝히는 것은 이 장의 의도를 넘어선다.

에필로그

　머튼의 작품 『침묵의 삶』 *The Silent life* 에서 머튼은 수도승은 하나님을 추구하기 위해 한 평생을 헌신하는 사람들이라고 했다. 오직 하나님 한분만이 그들을 만족시킬 수 있다. 그들이 사회의 가장자리에서 사막에 생존하는 존재처럼 사는 것은 세상에 관해, 세상의 구조와 세상이 아끼는 것들에 대해 비판적인 태도를 취할 수 있는 유리한 점을 제공해준다. 수도승이 "세상을 떠나는 것"은 세상을 배척하기 위해서가 아닌, 세상의 현혹에서 그 자신이 자유해짐으로써 믿음과 사랑에 뿌리를 둔 희망의 비전을 세상에 제공하기 위해서다. 그러나 수도자가 그 비전을 제공하기 전에 그는 자기 자신의 삶, 내면에서 그것을 경험해야만 한다. 이것이 그 자신의 존재와 세상을 위한 그의 소명에 관상이 그토록 중대한 이유이다. 그는 그 자신의 내면의 진리의 깊이를 알지 않고서는 세상의 마음을 탐구해 볼 수 없다고 했다.

　이것은 세상에 메시지를 전하기 위해서 누구나 관상적이 되어야 한다는 것을 말하는 것이 아니다. 아니, 관상적인 삶은 스스로 그것 자신의 본질적인 의미로서 정당화된다. 관상적인 삶은 이것 외의 가치를 필요로 하지 않는다. 하지만 수도승은 관상가이기 때문에, 세상에 전할 심오한 그 무엇인가를 가지고(혹은 가지고 있어야만) 있다.

관상가가 나눠야 할 비전이 있고 선포해야 할 메시지가 있다는 것은 그 또는 그녀가, 가능하다면 이 세상을 괴롭히는 문제들을 풀어줄 답안지를 가지고 있다는 뜻이 아니다. 관상적인 사람은 문제해결사가 아니라 선지자이다. 그나 그녀가 "이스라엘의 문제야"로 즉 인간의 존재에 관한 실제적인 문제들을 흉금 없이 느끼고, 그들의 마음을 바르게 하고 사람의 양심을 불러일으키는 사람인 것이다. 그나 그녀는 대부분 "반항아의 부류"이지만 신성한 말들로 가슴이 불타오르는 충실하고 신실한 반항아이다. 만일 그들이 관상의 열매인 정결한 마음에 다다르면, 그들은 혼란의 표면, 즉 세상이 진실에 관해 잘못 아는 것들에 휘말릴 가능성이 적어진다. 그들은 세상이 찾는 것, 즉 변하지 않고 매우 인간적이고 인간의 영혼을 위해 목숨을 주는 가치 같은 것들을 미처 다 알지 못한다 할지라도 세상이 그것들을 찾는 가치에 자신을 바친다. 내게 머튼은 우리 시대의 위대한 예언자이며, 아마도 다가올 시대에도 위대한 예언자가 될 것이다.

1967년 8월 21일, 세상에 보내는 관상가의 메시지를 위하여, 교황 바오로 Ⅳ가 프랑수아 드크루아 경Dom Francois Decroix을 통해 부탁해 온 요청에 대한 응답으로, 머튼은 "세상에 속한" 형제자매들에게 보낼 비전을 요약한 감동스러운 편지를 썼다. 머튼은 이 편지에서 우리 시대의 사람들을 "고뇌"하게 만드는 문제들에 대하여 이야기한다.

나는 내가 답을 찾았는지 모르겠습니다. 내가 처음에 수도승이 되었을 때, 그래요, 나는 "답"에 대해 더 확신했습니다. 하지만 내가 수도원적인 삶 속에서 나이가 들어가고 훨씬 더 깊은 고독 속으로 나아가면서 나는 내가 단지 질문들을 찾아내기 시작했다는 것을 깨달았습니다. 그럼 그 질문들은 무엇입니까? 사람은 자신의 존재의 의미를 알아낼 수 있습니까? 사람은 단지 일정한 어떤 설명들을, 즉 왜 이 세상이 시작되었고 어디서 끝날지, 왜 악이 존재하고 선한 삶이 필요한 이유는 무엇인지 말해 주는 듯한 설명들을 인정함으로써 정말로 삶에 의미를 부여할 수 있을까요? 나의 형제들과 자매들이여, 아마도 저는 제 고독 속에서…단지 대면하여 경험되어진 것만을 배운 것으로 그리고 더 이상 이러한 설명들이 만족할 수 없는 사람의 마음의 황야를 탐구하도록 부름을 받은 것 같습니다.

그는 희망을 이야기한다. "여러분에게 희망에 대해 이야기하게 된 것을 기쁘게 생각 합니다… 희망은 여러분이 자신을 선하다고 여기기 때문이 아니라, 하나님이 우리를 우리의 장점이나 우리 안에 있는 어떤 선한 것과 상관없이 사랑하시기 때문에 있는 것입니다. 희망은 우리 자신의 행함으로부터가 아니라, 하나님의 사랑으로부터 오는 것입니다."

그는 우리 모두를 부름으로써 끝을 맺는다.

자매 그리고 형제들이여, 관상가가 여러분들에게 건네는 희망의 메시지는, 여러분들이 현재 하나님을 에워싸고 있는 언어와 문제들의 밀림을 통하여 여러분들의 방법을 찾아야 할 필요는 없다는 것 입니다. 하지만 이 희망의 메시지는 여러분들이 이해하든 못하든지 간에, 하나님이 여러분을 사랑하시고, 여러분과 함께 하시고, 여러분과 함께 사시며, 여러분 안에 머무르시고, 여러분을 부르시고, 구원하시고, 여러분이 그동안 책이나 설교에서 들었던 것과 전혀 같지 않은 이해와 빛을 주신다는 것 입니다. 관상가는 여러분이 여러분 자신만의 침묵을 꿰뚫고 여러분을 통해 하나님을 찾고자 하는 외로운 사람들과 함께 하는 고독을 나누는 위험 부담을 감수하고자 한다면, 너무 가까이 있기 때문에 설명조차 할 수 없는 것들 이지만, 이 언어와 표현들을 뛰어 넘는 것을 이해할 빛과 능력을 진정으로 회복하게 될 것이라고 재확인 시켜 주는 것을 제외하고는 다른 아무것도 가지고 있지 않습니다. 이것은 성령과 여러분의 가장 비밀스럽고 가장 깊은 자아가 여러분의 마음 깊숙한 곳에서의 친밀한 일치를 이룬다는 것을 뜻하고, 그럼으로써 여러분과 하나님이 진정으로 하나의 영이 되는 것을 뜻합니다. 그리스도 안에서 당신을 사랑합니다.67)

---

67) *The Hidden Ground of Love*, pp.156-158.

머튼의 저작들

다음은 토머스 머튼의 저작들을 알파벳 순서로 나열한 것으로 이 책에서 언급한 서신들과 저널, 그리고 수필들을 포함한다.

Merton, Thomas. *Ascent to Truth. New York*: Harcourt, Brace, 1951.

Merton, Thomas. *Asian Journal*, The New York: New Directions, 1973.

Merton, Thomas. *Bread in the Wilderness*. New york: New Directions, 1953.

Merton, Thomas. *Cables to the Ace*. New York: New Directions, 1968.

Merton, Thomas. *Collected Poems of Thomas Merton*, The. New York: New Directions, 1977.

Merton, Thomas. *Conjectures of a Guilty Bystander*. Garden City, N.Y.: Doubleday, 1966.

Merton, Thomas. *Contemplation in a World of Action*. Garden City, N.Y.: Doubleday, 1971.

Merton, Thomas. *Contemplative Prayer*. Garden City, N.Y.: Doubleday, 1971.

Merton, Thomas. *Courage for Truth, The: The Letters of Thomas Merton to Writers*, ed. Christine M. Bochen. New York: Farrar, Straus, Giroux, 1993.

Merton, Thomas. *Dancing in the Water of Life: Seeking Peace in the Hermitage, Journals of Thomas Merton,* vol. 5, 1963-1965, ed. Robert E. Daggy. San Francisco: HarperSanFrancisco, 1997.

Merton, Thomas. *Day of a Stranger*. Salt Lake City: Gibbs M. Smith, 1981.

Merton, Thomas, *Dialogues with Silence,* ed. Jonathan Montaldo. New York: HarperSanFrancisco, 2001.

Merton, Thomas. *Disputed Questions*. New York: Farrar, Straus & Cudahy, 1960.

Merton, Thomas. *Emblems of a Season of Fury*. New York: New Directions, 1963.

Merton, Thomas. *Entering the Silence: Becoming a Monk and Writer: Journals of Thomas Merton*, vol. 2, 1941-1952, ed. Jonathan Montaldo. San Francisco: HarperSanFrancisco, 1996.

Merton, Thomas. *Exile Ends in Glory: The Life of a Trappistine*, Mother M. Berchmans, O.C.S.O. Milwaukee: Bruce, 1948.

Merton, Thomas. *Faith and Violence: Christian Teaching and Christian Practice*. Notre Dame, Ind.: University of Notre Dame Press, 1968.

Merton, Thomas. *Figures for an Apocalypse. Norfolk*, Conn.: New Directions, 1948.

Merton, Thomas. *Gandhi on Non-Violence*. New York: New

머튼의 저작들 267

Directions, 1965.

Merton, Thomas. *Hidden Ground of Love, The: The Letters of Thomas Merton on Religious Experience and Social Concerns*, selected and edited by William H. Shannon. New York: Farrar, Straus, Giroux, 1985.

Merton, Thomas. *Honorable Reader: Reflections on My Work*, ed. Robert E. Daggy. New York: Crossroad, 1989.

Merton, Thomas. *Inner Experience: Notes on Contemplation*, edited and with an Introduction by William H. Shannon, New York: HarperSanFrancisco, 2004.

Merton, Thomas. "Labyrinth, The" Unpublished.

Merton, Thomas. *Last of the Fathers, The: Saint Bernard of Clairvaux and the Encyclical Letter, Doctor Mellifluus*. New York: Harcourt Brace, 1954.

Merton, Thomas. *Learning to Love: The Journals of Thomas Merton*, Vol VI: 1966-1967; ed. by Christine M. Bochen. San Francisco: Harper Collins, 1997.

Merton, Thomas. *Life and Holiness*. New York: Herder and Herder, 1963.

Merton, Thomas. *Literary Essays of Thomas Merton, The,* ed. Brother Patrick Hart. New York: New Directions, 1981.

Merton, Thomas. *Living Bread, The.* New York: Farrar, Straus & Cudahy, 1956.

Merton, *Thomas. Man in the Divided Sea, A.* Norfolk, Conn.: New Directions, 1946.

Merton, Thomas. *Monastic Journey, The.* Ed. by Patrick Hart. Mission, KS: Sheed, Andrews, & McMeel, 1977; republished, Kalamazoo. MI: Cistercian, 1992.

Merton, Thomas. *Mystics and Zen Masters.* New York: Farrar,

Straus, Giroux, 1967.

Merton, Thomas. *New Man, The*. New York: Farrar, Straus, & Cudahy, 1961.

Merton, Thomas. *New Seeds of Contemplation*. Norfolk, Conn.: New Directions, 1962.

Merton, Thomas. *No Man Is an Island*. New York: Harcourt Brace, 1955.

Merton, Thomas. *The Other Side of the Mountain: The Journal of Thomas Merton*, Vol. VII, 1967-1968; ed. by Patrick Hart. San Francisco: Harper Collins, 1998.

Merton, Thomas. *Passion for Peace: The Social Essays of Thomas Merton*, ed. William H. Shannon. New York: Crossroad, 1995.

Merton, Thomas. *Raids on the Unspeakable*. New York: New Directions, 1966.

Merton, Thomas. *Road to Joy, The: Letters to New and Old Friends*, ed. Robert E. Daggy. New York: Farrar, Straus, Giroux, 1989.

Merton, Thomas. *Run to the Mountain: The Story of a Vocation: Journals of Thomas Merton*, vol.1, 1939-1941, ed. Brother Patrick Hart, O.C.S.O. San Francisco: HarperSanFrancisco, 1995.

Merton, Thomas. *School of Charity, The: Letters on Religious Renewal and Spiritual Direction*, ed. Brother Patrick Hart. New York: Farrar, Straus, Giroux, 1990.

Merton, Thomas. *Search for Solitude, A: Pursuing the Monk's True Life: Journals of Thomas Merton*, vol.3, 1952-1960, ed. Lawrence S. Cunningham. San Francisco: HarperSanFrancisco, 1996.

Merton, Thomas. *Seasons of Celebration*. New York: Farrar, Straus, Giroux, 1965.

Merton, Thomas. *Seeds of Contemplation*. New York: New Directions, 1949.

Merton, Thomas. *Seeds of Destruction*. New York: Farrar, Straus, Giroux, 1964.

Merton, Thomas. "Sentences." Mimeographed text.

Merton, Thomas. *Seven Story Mountain, The*. New York: Harcourt Brace, 1948.

Merton, Thomas. *Sign of Jonas, The*. New York: Harcourt Brace, 1953.

Merton, Thomas. *Silent Life, The*. New York: Farrar, Straus, & Cudahy, 1957.

Merton, Thomas. *Spiritual Direction and Meditation*. Collegeville, Minn.: Liturgical Press, 1960.

Merton, Thomas. *Strange Islands, The*. New York: New Directions, 1957.

Merton, Thomas. *Tears of the Blind Lions*. New York: New Directions, 1949.

Merton, Thomas. *Thirty Poems*. 1944.

Merton, Thomas. *Thomas Merton: Spiritual Master: The Essential Writings*, ed. Lawrence S. Cunningham. Mahwah, N. J.: Paulist Press, 1992.

Merton, Thomas. *Thoughts in Solitude*. New York: Farrar, Straus, & Cudahy, 1959.

Merton, Thomas. *Turning Toward the World: The Pivotal Years: Journals of Thomas Merton*, vol.4, 1960-1963, ed. Victor A. Kramer, San Francisco: HarperSanFrancisco, 1996.

Merton, Thomas. *Vow of Conversation, A: Journal,* 1964-1965, ed. Naomi Burton Stone. New York: Farrar, Straus, Giroux, 1988.

Merton, Thomas. *Walters of Siloe.* New York: Harcourt Brace, 1949.

Merton, Thomas. *Way of Chuang Tzu, The.* New York: New Directions, 1965.

Merton, Thomas. What Are These Wounds? Milwaukee: Bruce, 1950.

Merton, Thomas. *Wisdom of the Desert, The: Sayings From the Desert Fathers of the Fourth Century.* New York: New Directions, 1960.

Merton, Thomas. *Witness to Freedom: Letters of Thomas Merton in Times of Crisis,* ed. William H. Shannon. New York: Farrar, Straus, Giroux, 1994.

Merton, Thomas. *Zen and the Birds of Appetite.* New York: New Directions, 1968.

토머스 머튼/ 오무수 옮김, 『가장 완전한 기도』(서울: 성 바오로, 1986).

토머스 머튼/ 오무수 옮김, 『구원의 빛』(서울: 성서와 함께, 1993).

토머스 머튼/ 이영식 옮김, 『마음의 기도』(서울: 성 바오로, 1976, 1985)

토머스 머튼/ 조철웅 옮김, 『명상의 씨』(서울: 가톨릭출판사, 1978).

토머스 머튼/ 황남주 옮김, 『명상의 씨앗: 순종에서 자유로』(개정증보판), (서울: 늘푸름, 1993).

토머스 머튼/ 오무수 옮김, 『명상이란 무엇인가?』(서울: 가톨릭출판사, 1986).

토머스 머튼/ 남재희 옮김, 『삶과 거룩함』(서울: 생활성서, 2002).

토머스 머튼/ 오지영 옮김, 『새 명상의 씨』(서울: 가톨릭출판사, 1996, 2005개정초판), (명상의 씨앗과 上同 한 책)

토머스 머튼/ 김성례 옮김, 『생명의 빵』 (서울: 성요셉출판사, 1987).

토머스 머튼/ 장은명 옮김, 『선과 맹금』 (서울: 성바오로, 1998).

토마머스 머튼/ 이현주 옮김, 『성서의 문을 여는 마음』 (서울: 전망사, 1979).

토머스 머튼/ 이영주 옮김, 『신비주의와 선의 대가들』 (서울: 고려원미디어, 1994).

토머스 머튼/ 위미숙 옮김, 『양심, 자유 그리고 침묵』 (서울: 자유문화사, 1990).

토머스 머튼/ 김규돈 옮김, 『영적지도와 묵상』 (서울: 성 바오로, 1998).

토머스 머튼/ 황남주 옮김, 『장자의 길』 (서울: 고려원미디어, 1991).

토머스 머튼/ 권영택 옮김, 『장자의 도』 (서울: 은행나무, 2004.(장자의 길과 上同 한 책)

토머스 머튼/ 장진석 옮김, 『칠층산』 (서울: 바오로 딸, 2001).

토머스 머튼/ 장은명 옮김, 『침묵 속에 만남』 (서울: 성 바오로, 2003).

토머스 머튼/ 오무수 옮김, 『침묵 속에 하느님을 찾는 사람들—시토회 (트라피스트) 수도생활』, (왜관: 분도, 1989).